本书获浙江省哲学社会科学规划课题后期资助项目（编号：15HQZZ037）、浙江师范大学国际与比较教育研究院研究项目（编号：IICE201313）、第十批中国外语教育基金项目（编号：ZGWYJYJJ10A036）、汉考国际科研基金项目暨全球中文教育主题学术活动资助计划（编号：CTI2020B07）、中国计量大学哲学社会科学重大专项（编号：2017SKZX020）的支持。

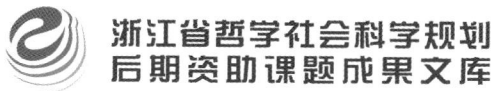
浙江省哲学社会科学规划
后期资助课题成果文库

国家安全视野下的美国语言教育规划研究

刘美兰 著

中国社会科学出版社

图书在版编目(CIP)数据

国家安全视野下的美国语言教育规划研究 / 刘美兰著. —北京：中国社会科学出版社，2020.6

（浙江省哲学社会科学规划后期资助课题成果文库）

ISBN 978-7-5203-6620-5

Ⅰ.①国… Ⅱ.①刘… Ⅲ.①语言教学—教育规划—研究—美国 Ⅳ.①H319

中国版本图书馆 CIP 数据核字（2020）第 096451 号

出 版 人	赵剑英
责任编辑	宫京蕾
责任校对	秦　婵
责任印制	李寡寡

出　　版	中国社会科学出版社
社　　址	北京鼓楼西大街甲 158 号
邮　　编	100720
网　　址	http://www.csspw.cn
发 行 部	010-84083685
门 市 部	010-84029450
经　　销	新华书店及其他书店
印刷装订	北京君升印刷有限公司
版　　次	2020 年 6 月第 1 版
印　　次	2020 年 6 月第 1 次印刷
开　　本	710×1000　1/16
印　　张	17.5
插　　页	2
字　　数	295 千字
定　　价	98.00 元

凡购买中国社会科学出版社图书，如有质量问题请与本社营销中心联系调换
电话：010-84083683
版权所有　侵权必究

前　言

新世纪以来，美国深刻感受到恐怖袭击、文明冲突对美国未来发展的影响，国家安全成为美国战略发展重点。美国的安全观已从传统安全走向非传统安全，语言成为美国全球博弈的重要工具，语言规划成为国家战略重要组成部分。为保证美国的国家安全，维护其世界霸权地位，美国开展安全语言教育规划。

在美国，安全语言是指对美国国家安全有着重要影响的外国语，安全语言与国家的政治稳定、军事强势、外交通畅、信息安全、经济发展、民族团结、文化交流、教育合作休戚相关。美国教育部公布78种安全语言，2006年布什总统推出了美国"国家安全语言计划"（NSLI），提出首批安全语言的语种，它们是：阿拉伯语、汉语、朝鲜语、俄语、印地语、日语、波斯语、土耳其语。

本书从安全语言教育规划的思想来源、发展历程、产生背景、社会现状入手，聚焦美国安全语言教育规划的目标定位、体系构建、实施保障、成效影响。本书共有八章。

第一章介绍研究缘起与选题意义等，并归纳分析已有的研究基础，交代研究方法和研究框架。

第二章分析美国安全语言教育规划的背景。文明冲突、霸权主义和民族主义是美国安全语言教育的思想根源。美国的安全语言教育经历了美苏争霸期、经济竞争期和反恐新时代引发三个发展阶段。语言规划理论和社会语言需求理论是安全语言教育规划的理据。

第三章阐述美国安全语言教育规划所依存的社会状况。美国海内外利益所面临的挑战及语言人才危机使安全语言规划势在必行。国家安全引发联邦政府各部门对安全语言人才的强烈需求，但美国安全语言人才供需严重失衡，现有语言人才远远无法满足国家的需要。本章还剖析了美国的海外利益与安全语言规划的关系以及美国安全语言规划的价值。

　　第四章介绍美国安全语言教育规划的体系构架。本章结合美国在安全语言规划上的政策文件或法案，重点阐述安全语言教育规划的目标、内容以及相关项目集群。本章重在政策文本的阐述与分析。

　　第五章是美国安全语言教育规划的实施与保障。在安全语言战略思想的指引下，美国从机构保障、资助保障和制度保障三个方面开展安全语言教育规划。在国防安全语言战略体系中，教育部、国务院、国防部、情报部门提出法案并出台文件来规划安全语言教育，并推出项目集群。在国民教育体系中，教育界、私人个体、社会群体及家族语社区等响应联邦政府号召，推出与安全语言教育相关的项目。本章还对国防语言学院的安全语言教育规划进行了较为全面的阐析。

　　第六章以案例分析的方法对美国的汉语教育规划展开分析。通过梳理汉语教育在美国的发展历程，追溯美国把汉语列为首席安全语言的原因，分析相关政策文件、汉语教育规划内容、相关的项目以及汉语规划实施的保障措施。

　　第七章概括美国安全语言教育规划的成效和影响，指出美国安全语言教育规划从"语言"为核心过渡到"文化"为中心再到"跨文化交际能力"。美国的安全语言教育规划是以联邦政府为主导，采用顶层设计的规划思路，强调联邦政府各机构间的密切合作，同时保障联邦层面和州层面语言规划的同步展开，强调国防和国民安全语言教育战略的相辅相成，国防安全语言教育规划是重点，国民安全语言教育是后备。美国安全语言教育规划已取得了一些成效，美国安全语言教育规划对美国的国家安全和社会发展都产生了深远的影响。

　　第八章着重讲述美国安全语言教育规划对中国的启示。一方面，中国需结合我国目前的政治、经济、文化、外交发展的需要，遴选中国安全语言的语种，构建有中国特色的外语教育规划体系；另一方面，本书在解读、分析美国华文教育的基础上，为汉语的海外推广提供建议。

　　美国的安全语言规划研究目前在国内也是语言战略研究方面的新探索，语言教育规划的国家安全取向是一个新的视角，这主要是教育政策的研究，也兼是应用语言学研究，既有教育政策研究的思路和方法，也有语言规划研究的理论和范式。本书采取了文献法、比较法和案例法的研究方法。但本书有些内容还有待深入分析。

由于多种因素的制约，本书对美国、中国的一些语言政策与规划研究比较粗浅、尚不深入，涉及的美国安全语言规划内容、规划体系、规划实施等都需进一步展开深入的研究。期待有更多的同行进一步开展国家安全视角下的语言规划研究，以保障国家安全和社会发展。

目　　录

第一章　引言 (1)

　第一节　研究背景 (1)

　　一　全球化时代的国家安全 (1)

　　二　美国安全语言教育规划 (10)

　第二节　研究意义 (11)

　　一　理论意义 (11)

　　二　现实意义 (12)

　第三节　安全语言教育规划概念 (14)

　第四节　文献综述 (28)

　　一　国外研究 (28)

　　二　国内研究 (30)

　第五节　研究方法、内容及思路 (36)

　　一　研究方法 (36)

　　二　内容架构 (37)

　　三　研究思路 (39)

　第六节　研究创新及不足 (40)

　　一　研究创新 (40)

　　二　研究不足 (40)

第二章　美国安全语言教育规划的背景 (41)

　第一节　美国安全语言教育规划缘由 (41)

　　一　安全语言教育规划根源 (41)

　　二　安全语言教育规划动因 (42)

　　三　安全语言教育规划要素 (44)

　第二节　美国安全语言教育规划的发展 (45)

一　美苏争霸期的安全语言教育规划 …………………………… (46)
　　二　经济竞争期的安全语言教育规划 …………………………… (52)
　　三　反恐新时代的安全语言教育规划 …………………………… (55)
第三节　美国安全语言教育规划的相关理论 ……………………… (56)
　　一　美国国家安全观的演变与安全语言战略 …………………… (56)
　　二　语言规划理论与美国安全语言规划 ………………………… (65)
　　三　需求分析理论与美国安全语言规划 ………………………… (81)

第三章　美国安全语言教育规划的现实依据 ……………………… (86)
　第一节　国家安全引发的美国安全语言人才危机 ………………… (86)
　　一　国家安全对语言人才的需求剧增 …………………………… (86)
　　二　美国安全语言人才供需的严重失衡 ………………………… (93)
　第二节　美国的海外利益与安全语言教育规划 …………………… (104)
　　一　美国在亚欧的利益与安全语言教育规划 …………………… (104)
　　二　美国在非洲的利益及安全语言教育规划 …………………… (109)
　第三节　美国安全语言教育投资的战略考察 ……………………… (110)
　　一　美国安全语言教育投资的价值 ……………………………… (110)
　　二　安全语言教育与美国综合国力 ……………………………… (111)

第四章　美国安全语言教育规划体系 ……………………………… (112)
　第一节　美国安全语言教育规划目标 ……………………………… (112)
　第二节　美国安全语言教育的规划体系 …………………………… (119)
　　一　美国语言人才资源流——安全语言教育规划体系的
　　　　基础 …………………………………………………………… (120)
　　二　服务于国防建设的安全语言规划内容 ……………………… (121)
　　三　致力于公民语言能力提升的安全语言规划 ………………… (134)
　第三节　美国安全语言教育规划下的项目集群 …………………… (137)
　　一　Title Ⅵ、富布莱特—海斯项目群 ………………………… (137)
　　二　国家安全教育项目集群 ……………………………………… (140)
　　三　国家安全语言计划项目集群 ………………………………… (142)
　第四节　美国部分州的安全语言教育法案和项目 ………………… (146)
　　本章小结 …………………………………………………………… (150)

第五章　美国安全语言教育规划的实施与保障 …………………… (152)
　第一节　全方位、多层面的安全语言教育规划实施 ……………… (152)

一　美国国防安全语言教育的实施 ……………………（153）
　　二　美国高校的安全语言教育措施 …………………（157）
　　三　美国基础教育中的安全语言教学 ………………（163）
　　四　美国公民安全语言教育状况 ……………………（165）
　第二节　美国国防语言学院安全语言教育规划的实施 …（167）
　　一　国防语言学院的安全语言教育措施 ……………（168）
　　二　国防语言学院的安全语言教育特点 ……………（172）
　第三节　美国安全语言教育规划的保障策略 ……………（173）
　　一　安全语言教育规划的机构保障 …………………（173）
　　二　安全语言教育规划的资助保障 …………………（178）
　　三　安全语言教育规划的制度保障 …………………（181）
　本章小结 ……………………………………………………（183）

第六章　美国安全语言教育规划的个案研究 ………………（185）
　第一节　美国安全语言之阿拉伯语规划 …………………（185）
　第二节　汉语成为美国安全语言的背景 …………………（188）
　第三节　美国安全语言之汉语的教育战略目标 …………（193）
　第四节　安全语言之汉语教育战略的相关法案 …………（195）
　第五节　安全语言之汉语教育的战略措施和成效 ………（197）
　　一　汉语教育行动计划之五年规划 …………………（198）
　　二　美国的汉语教学进展 ……………………………（199）
　　三　美国汉语教学的成功典范 ………………………（199）
　第六节　汉语教师的发展状况 ……………………………（200）
　本章小结 ……………………………………………………（201）

第七章　美国安全语言教育规划的成效与影响 ……………（203）
　第一节　美国安全语言教育规划的成效 …………………（203）
　　一　"语言+区域研究+文化"逐渐增强 ……………（203）
　　二　跨学科安全语言教育的多维发展态势 …………（205）
　　三　美国高校安全语言课程政策转向明显 …………（208）
　第二节　美国安全语言教育规划的特征 …………………（219）
　　一　联邦政府主导的安全语言教育规划 ……………（219）
　　二　联邦政府各机构间的"通力合作" ……………（220）
　　三　以语言作为武器来强化国家安全 ………………（220）

第三节　美国安全语言教育规划的影响 …………………………（221）
      一　安全语言教育规划对国防安全的影响 …………………（221）
      二　安全语言教育规划对公民教育的影响 …………………（223）
      三　安全语言教育规划对美国综合实力的影响 ……………（224）
   第四节　美国安全语言教育规划存在的问题 ……………………（226）
   第五节　美国安全语言教育规划的未来走向 ……………………（230）
第八章　结语：美国安全语言教育规划对中国的启示 ……………（232）
   第一节　构建有中国特色的语言教育规划体系 …………………（232）
      一　规划多语教育体系，应对全球战略需要 ………………（233）
      二　大、中、小学"一条龙"外语教育系统化规划 ………（233）
      三　重视安全语言教育的规划 ………………………………（234）
      四　中国安全语言的界定和选择 ……………………………（235）
      五　重视军队外语能力的规划和建设 ………………………（235）
      六　建立国家安全语言战略预警管理机制 …………………（237）
      七　建立顶层的危机应对机构，加强对语言规划的指导与
　　　　管理 ………………………………………………………（237）
      八　建立语言人才储备库，为国家的未来储备语言人才 …（238）
   第二节　加强汉语教育的国际推广战略 …………………………（238）
      一　重视来华留学生的汉语教育 ……………………………（240）
      二　加快海外汉语国际推广步伐 ……………………………（240）
附录一 ………………………………………………………………（245）
附录二 ………………………………………………………………（248）
参考文献 ……………………………………………………………（249）

第一章

引　言

第一节　研究背景

一　全球化时代的国家安全

国家安全是一个国家战略谋划和政策设计的核心。[①] 中国正处于从地区性大国向全球性大国迈进，再从全球性大国向全球性强国迈进的路途之中，国家战略利益迅速向全球扩展，国际社会对中国的关注越来越深入，加上国内的全面转型也在加速，国内外多元因素的互动不断增强，中国国家安全的内外界限也日渐模糊，国家安全环境更加复杂、国家利益的不断发展和国家利益的维护能力相对薄弱构成了中国国家安全的内在矛盾，中国国家安全利益的维护受到越来越多的制约和挑战。因此，如何优化国家安全战略，加强国际环境的营造是我国当前面临的重大战略议题。

中国国家安全面临的外部威胁与挑战越来越多，主要体现在以下三个方面。

首先，中国从一超多强的格局中脱颖而出，国际影响力不断加大，成为世界强国的战略规划目标已是国际社会尤其是美国等大国的关注焦点，中国国家发展战略体系的完善和国际战略规划的优化引发了美国等世界主要大国的战略调整，中国国家安全面临的议题迅速扩大，外部威胁和挑战也变得更加复杂。从全球来看，随着中国国家利益的向外扩展，中国安全利益正在向全球扩伸，与美国、欧洲等西方大国的传统战略利益出现了一

[①] 肖晞：《加强中国国家安全战略的思考》，《中国外交》2011 年第 9 期。

定的冲突。最显著的是中美之间的矛盾，中国与美国存在着战略利益相悖的矛盾，美国是打算把遏制与接触中国并行的政策一直执行下去，软硬遏制兼有，这主要体现在美国在中国周围加紧构筑遏制带和防波堤，主要是通过与中国周边一些国家的军事联盟、经贸合作、安全协作等手段与方法。同时，中国与世界经济接轨并影响着世界经济，中国的经济安全、金融安全也较多地受制于外在因素。因而，在全球化步伐加快的形势下，越来越多的全球性问题，特别是一些非军事、战略性问题对中国安全的制约和影响越来越突出。

其次，在区域关系发展状况来看，作为邻国最多、地缘矛盾最为复杂的战略主体，中国在亚洲尤其是在东亚面临的安全形势更为复杂、更为严峻。传统的地缘政治思维一直支配着中国周边的一些国家，遏制中国、阻止中国崛起的思想也一直存在着，中国提出的新安全观和搁置争议、共同开发的主张一直也没有得到邻国们实质性的认同，一些边界争端、岛屿归属争端和领海纷争近些年来更是热点问题，甚至成为一触即发的炸弹，中国与少数周边国家的利益矛盾和冲突长期存在，也并非一朝一夕就能解决的，美国等西方国家常常插手干预这些区域争端或问题，使得中国的国家安全面临更加复杂的局面。在东北，朝鲜局势变数加大，美日韩在朝鲜问题上的安全合作给中国造成了越来越大的压力。朝鲜族、蒙古族与汉族的民族关系问题是国家安全关注的重点，这个地区出现了经济发展滞后、不能和其他省份一样在改革开放进程中齐头并进、加速发展的状况，非传统安全的经济社会性质明显，因此"振兴东北"，加快东北地区的经济建设有利于加强东北的力量，进而加强其对周边国家的影响力。在我国的西北，受西北边疆地缘政治变化的影响，新疆的社会稳定存在着隐患，跨境犯罪等问题阻碍着新疆的发展；中亚地区的"三股势力"和"东突"恐怖势力对我国西北安全的影响较大。"三股势力"，又称"三个主义"，即民族分裂主义、宗教极端主义、暴力恐怖主义，冷战后，"三股势力"在中亚地区不断蔓延，制造事端，对我国西部安全构成直接的威胁。"东突"恐怖势力就是三股邪恶势力结合的典型，"东突厥斯坦"思想是泛伊斯兰主义和泛突厥主义在新疆的变种，它制造操突厥语系和信仰伊斯兰教的各民族同其他民族间的对立，竭力鼓吹新疆独立，妄图在新疆建立"东突厥斯坦伊斯兰共和国"，这种"东突厥斯坦"思想是国内外敌对势力妄图把新疆从中国分裂出去这一政治需要的产物，是国内外敌对势力分裂新疆的一面旗帜。① 美国一直很重视其在中亚的地位，目的是要通过对中亚的控制来加强对中国的战略包围。但西南部依旧存在着安全隐患，南亚至波斯湾已成为新的地缘战略重点，对中国陆上的安全影响较大，印度在某种意义上取代日本成为中国在亚洲的主要地区性竞争对手，两国之间的利益存在结构性冲突，印度密切了与美国、日本的联系，这对中国国家安全形势构成了战略性影响。在西部和西南地区，中、阿边境关系的处理问题，巴控克什米尔的宗教民族主义扩张问题，中、印边界问题，达赖集团的分裂活动等都是存在于西南边境上的重要问题，阿富汗战争对我国西部安全的影响也很大，2001年美国对阿富汗采取军事行动后，我国新疆地区为了阻止塔利班的入境，急需普什图语和达里语人才，中国的非通用语言人才储备不足。在华南地区，"金三角"的毒品问题、云南境外少数民族武装问题、周边国家对我国云南边境地区的宗教渗透和影响问题，这些都是非传统安全领域必须关注或考虑的问题，这些问题在缅甸、泰国等东盟国家也存在，因此中国必须加强与东南亚国家的协作与沟通，这也就需要政府加强对东盟国家语言的教育规划和管理。

在海洋安全方面，中日钓鱼岛主权争端白热化，中国东北出海口几乎被封锁，东南出海口正在形成针对中国的准同盟，中国战略作为空间被压缩。南海海域的主权纷争、资源开发正在成为地区新热点，美国和日本等以各种方式直接或间接介入南海争端，给中国国家安全形势和国家发展战略施加压力。海峡两岸关系目前呈现和平发展态势，但台湾问题仍然是久拖不决的难题。

再次，在国内层面上，外部破坏因素的渗透却愈加激烈，外部势力总是利用各种民族分裂势力威胁中国国家安全。维护文化安全成为中国国家安全的远虑，而确保社会稳定是中国国家安全的近忧。我国的国家安全战略已从过去的以"军事安全"为核心的传统安全战略转移到了以"新安全观"为代表的综合安全战略。新型安全战略提出中国更要重视非传统领域的安全问题，如环境安全、经济安全、能源安全、网络安全，要以"经济安全"为核心，以"普遍安全"为前提，从而实现国家的真正安全。②

---

① 杨发仁：《民族分裂主义思潮和宗教极端主义思潮剖析》，《实事求是》2002年第3期。
② 廖亚辉、徐容雅：《论全球化背景下我国国家安全战略转移》，《郴州师范高等专科学校学报》2003年第6期。

在国际社会中，中国一直强调与世界各国和平共处的基本原则，坚决维护世界和平。2005年中国提出"建设和谐世界"的外交理念，胡锦涛首次提出了"共同构建一个和谐世界"的设想，这是对我国新时期全球战略的概括。[①] 近些年来，在以习近平为核心的中国共产党中央的领导下，中国向世界宣告21世纪的中国要实现"中国梦"，习近平在2013年9月和10月也分别提出建设"新丝绸之路经济带"和"21世纪海上丝绸之路"的倡议，强调各国要打造互利共赢的"利益共同体"和共同发展繁荣的"命运共同体"。实现"中国梦"、建设好"一带一路"与非传统安全都有着深远的联系，而这一切都离不开国家总体的语言教育规划，也离不开文化传播战略。

国家安全对中国语言教育与文化战略提出新的挑战：在全球化的背景下，世界各国都采用各种战略来保证国家安全，语言教育是国家教育战略的一个重要组成部分，语言和教育也都是高度政治化的问题。[②] 每个国家都会根据本国对某种或某些语言的需求而制定相关的法律、条例、规定和措施来保证语言需求得到满足，这就是语言政策或语言战略。语言政策或语言战略表面上是解决与语言相关的问题，但最终是为了实现政治、经济等方面的国家利益。每个国家总是根据社会发展、国家利益的需要不断地调整自己的语言政策。[③]

作为和平崛起的发展中国家，我国的国家安全必须依靠多方面的支持和努力，毋庸置疑，语言战略肯定是一个不可或缺的部分，在当今时代，语言学已经进入国家战略的视野，语言已成为大国博弈的工具。

自中华人民共和国成立以来，我国的语言教育政策为保证国家安全、维护政治稳定和促进经济发展做出了积极的贡献。但是，不可否认，我国的语言教育政策在维护国家安全方面表现得比较薄弱，尤其是随着经济全球化、文化多元化的到来，我国的语言教育政策面临的核心问题是由于缺乏科学的语言规划观的指引所致，我国语言教育政策的规划尚未能提升到

---

① 叶江：《全球治理与中国的大国战略转型》，时事出版社2010年版，第5页。

② Desai Zubeida & Nick Taylor, *Language and Education in South Africa*, p.169，转引自周玉忠、王辉主编《语言规划与语言政策：理论与国别研究》，中国社会科学出版社2004年版，第186页。

③ 胡明勇、雷卿：《中美语言政策和规划对比研究及启示》，《三峡大学学报》（人文社会科学版）2005年第6期。

国家安全发展的战略高度，致使语言教育难以全面提升国家软权力，难以为维护国家安全和利益作出更大的贡献，具体体现在：语言资源未得到保护与开发，母语教育资源缺乏；语言教育生态不平衡，外语教育中英语的独占鳌头的地位使得其他小语种的教育呈现出散乱、不系统的状态；国家的语言教育与国家利益、安全需求之间存在着明显的差距，这些问题严重阻碍了语言教育政策对国家安全的维护作用，影响了国家发展战略的实施。2010 年我国制定并颁布了《国家中长期教育改革和发展规划纲要（2010—2020）》强调要培养"具有国际视野，通晓国际规则、能够参与国际事务与国际竞争的国际化人才"，2011 年的《中华人民共和国公民经济和社会发展第十二个五年规划纲要》也强调"人才强国战略""提高对外开放水平"以及"加强国防和军队现代化建设"。2012 年 11 月党的十八大报告强调"推进社会主义文化强国""加快推进国防和军队现代化"。《国家中长期语言文字事业改革和发展规划纲要（2012—2020）》也多次提到了"公民语言能力""国家语言实力"等概念，推进了语言能力及语言规划的研究。2014 年习近平在《积极树立亚洲安全观，共创安全合作新局面》报告中也强调"用亚洲安全观引领亚洲安全合作新架构建设"。同年，"世界语言大会"在苏州召开，会议主题是"语言能力与人类文明和社会进步"，会议引发了对语言能力研究的热潮。2014 年的"语言与国家"学术研讨会也把主题定在国家语言能力的研究上，2014 年 4 月第三届中国语言学研究方法与方法论问题学术研讨会的主题也定为"语言能力与国家实力"，2015 年第八届全国社会语言学学术研讨会的主题也定为"语言能力与语言政策"。在当前全球化进程步伐加快的态势下，我国的外语教育必须服务于高素质的国际化人才的培养。著名语言学家克里斯托（Crystal）曾指出："当前比语言史上的任何时候都需要立足于长远，无论政府的兴趣是推广英语还是扩大其他语言，都需要提前进行语言规划，如果错过了这个时机，将可能不再有任何其他机遇。"[①]

语言的规划直接影响国家的边疆建设和发展，我国跨界民族和跨境语言的总数超过了 30 个，然而我国跨界语言的规划做得还不够，目前进入外语教育体系的只有俄、朝、泰、蒙、越这五种语言。其他语言的教学没

---

① Crystal D., *English as a Global Language* [M]. Beijing: Foreign Language Teaching and Research Press, 2001.23.

有规划和安排，而跨境贸易、反恐、缉毒、边境安全等重大问题与国家安全有着密切的关系。再有，就国家主权来说，台湾问题、新疆问题、涉台军事战斗和反恐、黑客战是安全领域内的第一要务，是军方和政府关注的重点。另外洗钱问题、海盗问题、贫困问题、难民与非法移民问题、严重传染病问题、环境安全问题都属于协作安全的内容。在全球化背景下，协作安全也是政府决策时要重点考虑的问题。因此，跨境语言的规划已成为国家语言规划中的重要议题。①

跨境语言规划是国家在跨国、跨境管理必须高度重视的问题。无论是地区层面、国家层面的问题，还是跨国层面和全球层面的问题都与非传统安全密切相关，而所有这一切归根到底是要保证人的安全和社会的安宁。② 我国在现代化建设的进程中必须把社会安全和国家安全结合在一起，重点考虑经济安全（包含能源安全、金融安全、粮食安全）、信息安全、"三股势力"问题（宗教极端主义、暴力恐怖主义、民族分裂主义）这些非传统安全的威胁。非传统领域的安全是中国和平崛起的社会基础，是实现中国梦的坚实保障。

我国当前面临着诸多来自非传统安全的新挑战。党的十六大报告明确指出："影响和平与发展的不确定因素在增加，传统安全威胁和非传统安全威胁的因素相互交织，恐怖主义危害上升，霸权主义和强权政治有新的表现，民族、宗教矛盾和边界、领土争端导致的局部冲突时起时伏。南北差距进一步扩大，世界还很不安宁，人类面临着许多严峻挑战。作为世界上最大的发展中国家，也同样面临着非传统安全的威胁，而且随着中国融入国际社会的步伐进一步加快，各种安全威胁将会更为严重，安全形势也更加严峻。"③

语言教育与国家安全休戚相关，作为大教育的一部分，语言教育已经从边缘逐渐走向中心，对国家的发展、民族的安全起着越来越重要的作用。语言规划的国家安全取向也引起越来越多的关注和重视，"9·11"后，世界各国面临的国家安全问题给语言政策的制定和规划提出了新的要求与挑战。

---

① 赵蓉晖：《国家安全视域的中国外语规划》，《云南师范大学学报》2010年第2期。
② 王逸舟：《中国与非传统安全》，《国际经济评论》2004年第11—12期。
③ 全面建设小康社会，开创中国特色社会主义事业新局面——中国经济网。

因而，在当前的国际化背景下，我国的国家安全赋予语言教育新的使命：中国的语言教育需要更好地服务于国家安全和国家利益，存在于诸多领域的传统国家安全和非传统安全问题都对中国语言教育及其规划提出了新的要求和任务。一方面，我国应对外语教育的规划作出适当的改进或调整，改变英语一统天下的局面，加强中国的小语种教育。在外语教育中，应注意西方文化与中国文化教育的平衡；在边远省份，应加强少数民族语言和边境语言的教育；对外而言，大力加强汉语教育的国际推广工作，促进中国文化在世界各地的传播。

从语言安全规划的对象层次来看，语言规划有世界范围内的，有国际区域范围内的，也有国家或民族层面上的，更有社区及个人层面上的。从语言规划分类的几个方面来看，有地位规划、本体规划和习得规划，而且语言规划贯穿于军事安全、政治安全、经济安全、文化安全、舆论安全和信息安全等领域。

世界各国都在为加强国防安全、促进经济和社会发展而制定、实施相应的语言战略。澳大利亚推出的"优先语言计划"主要是出于澳大利亚的经济发展的需要，澳大利亚政府根据国家经济、贸易的状况，把外语分三个等级来优先发展，第一等级是日语、汉语、印尼语，第二等级是阿拉伯语、法语、韩语、西班牙语、泰语，第三等级是缅甸语、粤语、波斯语、德语、希腊语、高棉语、意大利语、老挝语、马来语等。[①] 美国的安全语言计划是以国家安全为主要目标，把阿拉伯语、汉语、韩语、俄语、印地语、日语、波斯语、土耳其语列为国家安全语言，大量增拨经费加大对这些语种的教育。

随着中国影响力的扩大，加强经济规划、能源规划、国防建设、军队建设等都已成为国家战略发展的重点。同时，重视语言规划与安全问题的关系，调整现行的语言政策与规划也被提上新的日程。我们要重视国家外语能力的规划，在新世纪，军队的使命也与过去有所不同，从传统的维护国家主权和领土完整到通过非战争军事行动来维护国家安全和发展各项利益，从维和行动到联合军演到人道援救到反恐斗争到海上护航等，这些都对我国军队人员的外语能力提出更高的要求。因此我们特别要加强军队外

[①] 王辉：《近二十年澳大利亚外语教育政策演变的启示》，《北华大学学报》（社会科学版）2010年第12期。

语能力的规划，我们要放眼世界，审时度势，在充分了解我国现有语言教育政策和规划的情况下，结合我国未来发展的需要，借鉴美国的安全语言规划，研究并制定对中国政治、经济、安全和教育等的安全语言规划，提升语种能力和语言资源储备质量。

作为世界超级大国的美国已将国家外语能力看作是保障国家安全的重要资源，其教育政策和规划的很多方面都值得我们研究或借鉴，尤其是新世纪以来出台的一系列以国家安全为导向的语言教育政策。本研究以美国的安全语言战略为抓手，通过系统的介绍和全面的分析来展现新世纪美国安全语言战略的特点，研究美国的安全语言战略有利于丰富和完善我国的语言教育改革的理论和实践。但中国现阶段的语言教育与国家安全需要还是脱节的，中国的语言政策还没有很好地服务于国家利益或国家安全的需要。语言规划存在着一定的失误和偏颇，长期以来，中国英语教育的"一统天下"的局面难以扭转，小语种教育开展和推进力度还远远不够，外语教育没有为中国教育国际化作出应有的担当。

当然，中国不少专家、学者也越来越重视语言规划的问题，特别是在考虑语言规划与国家建设和发展方面。在外语界，胡文仲曾从外语教育史的角度，回顾了中国外语教育政策制定和规划方面的"得"与"失"，在肯定经验和成绩的同时，反思了中国外语教育规划的失误，他强调："一个国家的外语教育政策总是与其外交政策、经贸往来、科技发展密切相关的"。[①] 改革开放促使了外语教育的兴盛，随着全球化的发展，英语逐渐成为国际通用语，也成为我国各级教育的必修课，英语过热而导致的我国公民的母语及母语文化式微及弱化，民族文化自豪感的逐渐消失也引起了社会各界的关注。李雪岩及张正东等学者对此高度关注[②]。鲁子问对包括中国外语考试政策在内的外语教育政策的偏失进行了批判，指出过于重视应试的评价机制对我国外语教育的不利影响[③]。近年来，英语以外的一些语种，如法语、德语、韩语、意大利语等的招生有所升温，但总体而言并

---

① 胡文仲：《我国外语教育规划的得与失》，《外语教学与研究》2001 年第 4 期。
② 张正东：《中国外语教育政策漫议：外语教育是把双刃剑》，《基础教育外语教学研究》2006 年第 1 期。
③ 鲁子问：《我国义务教育外语课程目标质疑与重构》，《课程·教材·教法》2007 年第 7 期。

没有改变过于偏重英语的局面。①

我国的外语教育政策和规划也要考虑其与国家利益、国家安全的关系。杨惠中等认为与英美等国家相比，我国尚没有整体性的外语教育政策，这与中国社会发展对国家外语能力的需求形成明显的反差。②王建勤在分析美国21世纪的语言战略与国家安全的基础上，指出："我国缺乏安全语言战略规划，说明我们缺少这种危机意识。国家也没有相应的机构负责国家安全语言战略的制定、实施、监督和预警管理。在未来以语言为武器的国际竞争中，我国将处于极为被动的地位。"③赵蓉晖曾说："我国现有的语种规模还不够理想，与发达国家尚有不小的差距。美国的外语语种有153种，仅哈佛大学就能为学生提供70多种外语的课程；美国国家安全局建立了涵盖500多种外国语言的资料库，并能对这些语言进行基本的语音识别，同时美国对国防官兵也展开必要的培训。"④

当前，非传统安全的因素向传统安全领域渗透、延伸，也造成了错综复杂、交相跌宕之势。现在的国家安全已延伸和扩展到文化安全和生态环境安全领域。而语言是人与人之间交际的工具，通过学习他国语言，了解他国文化，人们就可以更好地了解和研究其他国家人民的思想、价值观和信仰等无形的文化产品。

在一个经济全球化、文化多元化的世界里，具备多种语言能力是增强国际竞争力、促进国际交流、保障国家安全的一个基本要素。在对外经济、贸易交往中，只有熟练驾驭其他国家的语言和文化，才能更好地促进对外经济、贸易的迅速发展；刘微曾指出新疆的稳定和发展与国家安全关系紧密，对于边疆地区来说，具备多种语言能力是增强国际竞争力、促进国际交流、保障国家安全的一个基本要素。⑤

前国家语委副主任、原教育部语言信息司司长李宇明指出，国家语言能力是一个国家处理国内外事务所具备的语言能力，外延包括五个方面：

---

① 胡文仲：《关于我国外语教育规划的思考》，《外语教学与研究》2011年第1期。
② 杨惠中、桂诗春：《语言测试的社会学思考》，《现代外语》2007年第4期。
③ 王建勤：《美国安全语言战略与我国国家安全语言战略》，《云南师范大学学报》（哲学社会科学版）2010年第3期。
④ 赵蓉晖：《国家安全视域的中国外语规划》，《云南师范大学学报》2010年第2期。
⑤ 刘微：《外语语言教育与新疆稳定和国家安全的思考》，《新疆教育学院学报》2010年第3期。

语种能力、国家主要语言的国内外地位、公民语言能力、拥有现代语言技术的能力、国家语言生活管理水平。然而，我国国家语言能力存在明显不足，这些已经成为影响国家安全的潜在因素。① 他还指出：中国是一个外语学习大国，但是国家能够开设的语种有 50~60 种，常用的只有 10 多种，这与我国的走出去的国家发展战略很不相称②。戴曼纯则从语言规划的安全需求及安全价值、外语人才的培养、小语种的开发利用等角度论证了提高国家语言能力的理据。③ 另一方面，我国的汉语教育国际推广的力度还远远不够，值得高度重视。全球化对中国的汉语国际教育提出了新的要求：伴随着中国的崛起，汉语教育国际推广也逐渐成为国家语言战略发展的重点工作。文秋芳、张天伟指出国家外语能力不取决于一个国家掌握外语的绝对人数，也不取决于一个国家外语教育的普及程度，衡量它的根本标准是一个国家能够使用外语资源的种类和质量。④

张文木提出了三种世界治理发展模式：英国模式、美国模式和中国模式，英国模式主要是通过殖民的方式，美国模式则是间接的经济渗透，甚至是政治控制的方式，而中国提出"和谐世界"的理念，中国模式的兴起为中国语言政策与规划提供了广阔的舞台。⑤ 这也为加强汉语国际推广、促进中华文化的世界传播提供了契机。

二 美国安全语言教育规划

语言具有战略价值，语言已成为大国博弈的重要工具。安全语言在美国由来已久，1958 年"斯波尼特"事件后，美国开始加大对影响国家安全的一些外语教育的重视，依据不同语言对国家安全影响的程度差异，把这些安全语言分成几类，在实际教育中分别予以不同程度的重视。

到 20 世纪 70 年代末，美国处于经济发展迅速上升的时期，面对环太平洋的亚洲四小龙，特别是日本、韩国的经济崛起，美国加大对这些地区

---

① 李宇明：《提升国家语言能力的若干思考》，天津市语言文字培训测试中心 2010 年工作总结暨"十二五"规划会议，2011 年 1 月 15 日。

② 李宇明：《中国外语规划的若干思考》，《外国语》2010 年第 1 期。

③ 戴曼纯：《国家语言能力、语言规划与国家安全》，《语言文字应用》2011 年第 11 期。

④ 文秋芳、张天伟：《国家语言能力理论体系构建研究》，北京大学出版社 2018 年版。

⑤ 张治国：《国家战略视角下的外语与外语政策——2010 年中国外语战略论坛述评》，《现代外语》2010 年 11 月。

的语言的重视，日语、韩语等也成为这个时期美国高度关注的国家安全语言。

"9·11"事件后，美国再一次深刻地感受到恐怖袭击和文明冲突对美国发展的影响，美国把亚洲地区以及前苏联等地区的一些国家的语言列为国家安全语言。2006年美国推出的"国家安全语言计划"不仅仅是一个外语教育计划，而且有着明确的战略目标。"国家安全语言计划"与美国政治、经济和军事目标高度相关，其首要目标是确保美国在21世纪的安全和繁荣；其次是想通过提升国家外语能力来提高美国在全球的经济竞争力；第三个目标是利用"语言武器"传达美国的意志，希望通过说"别国的话"来实现"新帝国"的理想；第四个目标是为重要区域的海外战场上的军事、情报人员、外交人员提供"语言武器"，以满足海外战场的需求。

新世纪的美国前所未有地加大对安全语言的重视，无论在立法上、政策支持上，还是在经费资助、措施落实等方面，其努力程度都是以往任何时期都无法比拟的。

以军事、情报为主要服务目标的美国安全语言计划试图通过进一步强化语言规划，调集政府各部门的力量，加大对语言教育的经费投入与管理，最终形成以语言规划为核心的国家战略，实现从军事、情报转向以经济发展、信息技术为重点的语言规划，再转向以跨文化沟通为重点的安全语言规划。

鉴于美国语言战略与国家安全之间存在的必然联系，本书把美国的安全语言规划研究作为主题，不仅关注与语言战略相关的政策文本，而且深入美国安全语言战略的内核，探究其来龙去脉，挖掘内在动因、实现机制等，为安全视野下的中国语言规划提供实用的参考意见。

第二节　研究意义

已有不少学者从不同的角度对美国的语言教育战略展开了系统、全面的研究，但对美国安全语言教育规划的系统研究尚未有见。有鉴于此，本书有以下几个方面的理论意义和现实意义。

一　理论意义

本书从国家安全视角对美国的语言教育政策与规划进行全面、深入的分析，有助于大家从国家利益或国家安全的角度解读美国的语言政策，认清其目标与取向。在理论上看，本研究借助语言政治学、语言安全理论、语言软实力论及需求理论来展开论述，特别是语言安全理论，这是语言学领域里的一个新的理论。面对日益纷繁复杂的非传统安全问题，语言的安全价值日增，语言安全规划也越来越重要，这也是本书在理论上的创新。本书试图在安全理论、需求理论等的框架下厘清美国语言规划、美国外语政策、美国语言软实力与国家安全之间的逻辑关系，有助于人们更好地识别隐藏于语言背后的政治目的和国家意图，从而清晰地认识到语言政策对一个国家发展战略的重要意义，这也有助于我国更好地规划我国的语言战略。

二 现实意义

在全球化进程加快的情况下，中国的和平崛起需要安全、稳定的国内外环境，探究美国安全语言教育规划对中国未来的语言规划有着重要的意义。

首先，有利于应对美国的语言教育战略。在国际竞争日趋激烈的知识经济时代，国家的经济和社会的发展越来越依赖于各个国家在国际竞争中的优势。从1958年美国开始制定国家外语政策以来，美国的外语教育始终与国家安危、民族兴亡联系在一起，"9·11"事件强化了美国的这种倾向，美国将敌对国家或者美国认为在政治、经济安全等方面对美国造成威胁的国家的语言作为重点进行学习，重点主要是针对中国等国家，这些都是美国力图防范和遏制的对象，体现出美国对国家安全威胁的判定已从现实存在推进到对潜在力量的估判。

对美国安全语言教育规划的研究有利于我们全面细致地了解美国安全语言的政策出台的背景、采取的措施、达到的效果等，以便我国审时度势，采取有针对性的战略举措应对美国的语言战略。

其次，有利于借鉴美国语言战略的经验、教训。外语政策与规划的价值受政策制定主体和执行主体的价值观的影响，美国政府在一定的时期内，出于国家安全的需要，强化对安全语言的学习，提升安全语言的地位，鼓励和资助人们学习安全语言，体现了美国政府对外语教育政策的价值导向。

"唯英语"思想一直是美国语言教育的主流思想，外语在美国的教育体系中的地位一向不高。进入新世纪，美国一反先前的态度，突然非常重视外语，尤其是阿拉伯语、汉语等语种。为了更好地控制世界，维护霸权地位，新世纪的美国重点强化国家安全战略，加强基础防御、追求全面参与、倡导公正、持久的国际秩序是美国国家安全战略的基本方法。同时，美国也重视对世界强劲合作伙伴的投资，加强对网络世界的监管。不难发现，美国需要对这些国家和地区的语言以及相关的文化有更深入的学习和了解，因此，新世纪初，美国投入大量的人力、物力和财力在安全语言上。联邦政府的安全语言规划，尤其国防部和情报部门的语言战略是美国历史上少有的，安全语言规划对美国的国家安全起到了很大促进和保护作用，特别是在制止恐怖活动上作用尤为明显，击毙本·拉登也是一个很好的证明。

再次，有利于提升我国的语言教育规划的研究，在国际竞争日趋激烈的全球化时代，我国的语言政策制定和规划需要研究其他国家，尤其是美国的语言战略取向和发展历程。全球化时代，我国应及时调整语言教育战略，最大限度地减少语言教育政策的制定和语言规划方面的失误。我们仍然并将继续生活在一个国家与国家间差距巨大的世界上，无论是着眼于过去，还是放眼于当下，美国的强大似乎是无庸置疑的事实①。因此，研究美国的安全语言规划有利于促进我国的语言教育规划。

已有很多学者对不同的国家或地区的外语规划作了研究。沈骑选择东亚地区，全面分析全球化视角下的中、日、韩三国的外语政策发展状况②，王辉剖析澳大利亚语言政策的发展演变过程，并从语言资源、语言与认同、语言与政治、语言与经济等视角分析了澳大利亚语言政策制定和变化的动因③。孙渝红、李英姿和张治国等也对美国的语言政策作了研究，孙渝红主要以语言权利、民族主义思想和国家利益为视角，对美国移民、土著居民、外语教育的发展情况进行总结和归纳，剖析美国现行的语言教育及其政策的价值取向和特点④；李英姿梳理了美国语言政策的历史发展历程，分析了移民的语言、土著居民的语言、英语、外语的境内外推

---

① 门洪华：《霸权之翼：美国国际制度战略》，北京大学出版社2005年版，第21页。
② 沈骑：《当代东亚外语教育政策发展研究》，北京大学出版社2012年版，第2页。
③ 王辉：《澳大利亚语言政策研究》，中国社会科学出版社2010年版，第11页。
④ 孙渝红：《语言教育与国家战略》，博士学位论文，西南大学，2009年。

广过程①；张治国运用全球化理论比较了中美两国强势语言的政策规划。②李艳红从关键语言战略入手系统解读并分析了新世纪的美国语言政策。

但系统研究美国安全语言规划的还是不够多。虽然已有越来越多的学者关注语言战略研究，但是多数研究还是中观和微观的政策、课程、教学等探讨和分析，基于安全理论、需求分析的宏观政策研究偏少，研究的视角也相对单一。本书通过把文献分析和调查访谈相结合，对美国安全语言教育规划进行较为系统的分析，丰富了我国语言教育规划研究的成果。作为世界强国的美国，在步入 21 世纪的经济大发展时代却遇上了恐怖袭击等威胁国家安全的大事件，其语言战略指向也发生了很大的变化。分析这些变化的背景和原因，探究美国安全语言教育规划的核心内涵，展望其发展动向和趋势，有利于我国科学地制定、完善和实施语言教育战略，也有利于我国的汉语国际教育规划。

总之，本书力图通过对美国安全语言规划的全面考察来分析其得失、利弊，为国家安全利益视角下的我国语言教育规划提供建议，本书可以帮助我国语言教育政策的制定者从宏观层面上制定切实可行的语言教育政策，从而推动我国的语言教育改革，提升国家软实力，维护国家的利益和安全。

第三节　安全语言教育规划概念

本书的研究焦点是以国家安全为取向的美国安全语言教育规划，因此涉及的相关核心概念为"战略规划""语言教育规划""国家安全""国家外语能力"及安全语言。解读与安全语言教育规划以及与之高度相关的概念有利于了解安全语言教育规划本质特性和特点。

战略规划

"战略规划"一词主要有如下三种意思："指导战争全局的计划和策略"；有关战争全局的，如战略部署、战略防御；比喻决定全局的策略，

---

① 李英姿：《美国语言政策研究》，博士学位论文，南开大学，2009 年。
② 张治国：《全球化背景下中美语言教育政策的比较研究》，博士学位论文，华东师范大学，2009 年。

如革命战略、全球战略。"战略规划"一词，韦伯斯特大辞典的定义为"对作为一个整体组织来说的首要的、普遍性的、持久重要的计划或行动方向"①。什么是教育战略规划？有些学者从实践角度对教育战略的定义进行分析。例如，冯大鸣等认为"国家教育战略是一个国家在一定时期内教育改革与发展的全局性的目标取向与策略体系，也是一个国家在一定时期内制订教育政策框架的基础"②。这揭示了教育战略的要素包括"目标取向"与"策略体系"。此外，高书国指出"教育战略规划"是"对教育发展全局性、长远性和战略性的整体谋划，是解决复杂性战略问题的一种政策工具，是一种国家、地区或组织站在全局与未来角度对教育发展进行战略决策和谋划的行为"。他还提出，"规划教育战略的主体可以是全球、国际区域、国家，也可以是省、区、县"③。可见，教育战略规划是动态发展的，它是有关全局的"整体谋划"，谋划主体具有多元性。另一些学者从理论研究的角度对教育战略进行了探讨。如徐名滴提出"教育战略是研究带有全局性的目标以及实现目标的对策的学问"④。他同时指出，教育战略规划包括"目标"和"对策"，具有"全局性"。教育发展战略研究主要是探究教育发展中具有全局意义的宏观问题，它也是发展谋划的决策研究。

语言教育规划

语言教育规划作为语言规划与教育规划的集合体，集中了语言和教育的共通之处，是政府在一定时期内，为实现国家的语言教育目的所制定的有关语言教育与教学等方面的计划和措施，语言教育规划既是语言政策在教育领域的体现，也是教育政策中专门针对语言教育的计划和措施，是为实现与语言教育相关的特定政治、军事、经济、外交、文化、教育等领域的目标而制定的、运用各方面相关力量实施的全面行动计划。

根据不同的语言类别，可把一个国家的语言教育政策分为很多种，比

---

① 中国社会科学院语言研究所词典编辑室：《现代汉语词典》，商务印书馆2002（增补本）年版，第1583页。

② 冯大鸣、赵中建：《世纪初美、英、澳国家教育战略述评》，《教育发展研究》2002年第10期。

③ 高书国：《教育战略规划——复杂—简单理论》，教育科学出版社2009年版，第5页。

④ 高书国：《教育战略规划》，博士学位论文，北京师范大学，2007年。

如我国的语言教育就分为语文教育、外语教育、少数民族的语言教育和汉语国际教育。本书主要涉及的是外语教育和汉语国际教育，外语教育是针对非本民族语言的教育，包括对世界上有影响力的语言的教育，例如，英语、法语、德语、西班牙语等，也包括对相对弱小语种的教育，例如，老挝语、泰语等，我国目前主要的外语教育是英语教育，汉语国际教育主要是向国际推广中国的语言与文化，扩大中国语言文化的影响力，提升汉语的国际话语权。

国家安全

国家安全主要分为国防安全、政治安全、经济安全、文化安全等方面。国家安全有传统安全和非传统安全之分，传统安全主要是指由军事、政治和外交冲突而带来的威胁。非传统安全是除军事、政治和外交冲突以外的其他对主权国家及人类整体生存与发展构成威胁的因素，主要包括：经济安全、金融安全、生态环境安全、信息安全、资源安全、恐怖主义、武器扩散、疾病蔓延、跨国犯罪、走私贩毒非法移民、海盗、洗钱等。一般来说，传统安全问题往往通过军事手段来解决，而非传统安全问题往往通过非军事的手段解决。[①]

"非传统安全"，或称"非常规安全""非传统威胁""新威胁""新安全"，非传统安全是传统安全的扩展和延伸，包含了以军事和政治为核心的传统安全在内的其他所有危及人类的生存与发展的安全问题。

从威胁的来源看，非传统安全有来自实体单位的，也有来自一些虚拟的单位的；既可来自人类，也可来自自然界。传统安全的威胁来源主要是国家，非传统安全的威胁则是形形色色。像基地组织这样的恐怖主义组织是有健全完善的组织制度和数量庞大的人员的实体组织，而像"非典""禽流感"病毒这样的威胁则像空气一样看不见摸不着。非传统安全问题"既可以针对国家和政府，也可能瞄准社会和个人，还可能带来邻国区域的动荡和全球性的不安"。[②]

冷战结束后，国际社会除了霸权主义、局部战争等传统安全威胁外，还有更多新的安全挑战，即所谓的非传统安全挑战，如"9·11"事件、

---

① 常庆波、糕宝山：《论冷战后的非传统安全问题》，《开封教育学院学报》2005年。

② 王逸舟：《"非典"与非传统安全》，《中国社会科学院研究生院学报》2003年第4期。

"非典"疫情及印度洋海啸等,非传统安全威胁与传统安全威胁相互交织、相互影响、相互渗透,威胁着人类的生存与发展,非传统安全问题日益凸显是20世纪90年代以来国际形势的一个显著的特点。

中国学者关注非传统安全问题:陆忠伟全面探讨了非传统安全的起源、非传统安全概念的含义等理论问题,并就经济安全、金融安全、能源安全、环境安全、水资源安全、民族分裂问题、宗教极端主义问题、恐怖主义问题、文化安全等做了全面和仔细的分析,有利于读者更好地理解非传统安全问题。① 王逸舟指出生态安全、经济安全、金融安全、资源安全、恐怖主义、毒品泛滥、难民问题的专项研究都属于非传统安全研究的内容。② 蔡拓对南北问题、环境问题、资源与人口问题、难民问题、人权问题、毒品问题、恐怖主义、艾滋病问题、信息安全等非传统安全问题对国际关系的影响进行了研究。③ 俞晓秋等对非传统安全的定义、内涵等做了细致的分析和解读。④ 余潇枫通过对非传统安全领域的现状、问题、经验的调查研究,深层次分析了中国非传统安全领域的问题及国家发展的安全方略,并形成相应的对策性咨询;其研究对象除涉及经济安全、能源安全、信息安全、生态安全、水资源安全、公共卫生安全、食品安全、文化安全以及认同安全等,还涉及我国边疆跨境民族冲突、宗教极端主义、恐怖主义、大规模杀伤武器扩散、毒品走私等。⑤ 非传统安全研究已经成为近些年我国国际关系研究的重要领域。

中国学术界和媒体开始频繁使用"非传统安全"一词是在"9·11"发生后,"非传统安全"一词一般也用来指代恐怖主义、走私贩毒、跨国犯罪、资源短缺、人口和生态环境恶化等问题。2002年的《关于加强非传统安全领域合作的中方立场文件》和《中国与东盟关于非传统安全领域合作联合宣言》启用了中国在非传统安全领域的境外合作计划。

2002年12月《中国的国防》白皮书中指出,一些地区因民族、宗教、领土、资源等问题引起的争端时起时伏,武装冲突和局部战争不断发

---

① 陆忠伟:《非传统安全论》,时事出版社2003年版。
② 王逸舟:《全球化时代的国际安全》,上海人民出版社1999年版。
③ 蔡拓:《全球问题与当代国际关系》,天津人民出版社2002年版。
④ 俞晓秋:《非传统安全论析》,《现代国际关系》2003年第5期。
⑤ 余潇枫:《非传统安全蓝皮书:中国非传统安全研究报告(2011—2012)》,社会科学文献出版社2012年版。

生。恐怖主义、跨国犯罪、环境恶化、毒品等非传统安全问题日益突出，尤其是恐怖主义已经对国际和地区安全构成现实威胁。

"国家语言能力"与"国家外语能力"

在西方国家，尤其是在美国的国家综合能力发展规划中，国家语言能力与外交、国防等连接在一起，是重要的国家资源。国家语言能力的研究主要有两个方面，一是语言能力的研究，二是外语能力的研究，外语能力是语言能力的一种，本书提出的美国国家语言能力建设主要是指外语能力建设，因为美国的国家安全战略也主要是针对外语能力建设的。美国呼吁和号召美国公民努力学习外国的语言和文化，增强国家的外语能力以应对21世纪经济全球化和国际恐怖活动对美国的影响、攻击[1]。美国国家外语中心的理查德·布莱启特和若纳尔德·沃特在1993年就从国家需求和满足需求的能力角度完整地提出"国家语言能力"（National Language Capacity）的概念，他们把国家能力定义为"国家应对各种原因产生的内定语言能力需求的能力"，包括创建当前没有提供的或者没有广泛提供的语言教育的能力，同时指出这种国家能力还应该能够应对长期的或者变化的国家需求。布莱启特和沃特进一步论述了国家语言需求和联邦政府对国家语言能力的支持，从新的世界格局出发，分析了国家政治、军队、社会、经济对外语能力的需求，还分析了高等教育法在满足国家外语能力需求方面发挥的作用。

李宇明是国内最早使用国家语言能力这一概念的学者，他把国家语言能力定义为"一个国家处理国内外事务所具备的语言能力，包括国家发展所需要的语言能力，其外延包括五个方面：国家主要语言的国内外地位、语种能力、公民语言能力、拥有现代语言技术的能力、国家语言生活管理水平"。杨亦鸣指出广义的国家语言能力包括公民个人语言能力和社会语言能力，狭义的国家语言能力指国家层面在处理政治、经济、外交、军事、科技、文化等各种国内外事务中所需要的语言能力[2]。赵世举认为国家语言能力是一个国家掌握利用语言资源、提供语言服务、处理语言问

---

[1] Frederick H. Jackson, Margaret, E. Malone, *Building the Foreign Language Capacity We Need: Towards a Comprehensive Strategy for a National Language Framework*, 2008.

[2] 张强、杨亦鸣：《语言能力：从理论探讨到重大需求》，《语言战略研究》2016年第1期。

题、发展语言及相关事业等多方面能力的总和。魏晖把国家语言能力定义为"国家分配和管理国家资源的效率，是一种突出内部要素禀赋的内生性能力，是建设文化强国的基础"。苏金智把国家语言能力分为个体语言能力（包括习得能力、交际能力、传播能力、技术处理能力和管理能力）、政府机构语言能力（包括职业语言能力、语言国内外传播能力、语言资源管理能力、语言信息处理能力和机构话语能力）和国家语言管理能力（包括语言法制建设能力、语言规划能力和制定国家发展需要的语言政策能力）。文秋芳从构成要素、存在形式、转换机制三个方面对国家的外语能力进行了剖析，指出外语种类和外语质量是外语能力的核心构成要素，外语能力的存在形式有潜在能力、现实能力和未来能力，国家通过对外语资源的掌控以及对外语资源的规划、管理和实施来管控国家的外语能力，进而调节各种形式的外语能力。不同的时期、不同的地区可以根据其发展的实际情况来对外语能力实行规划、调节。同时，文秋芳还指出国家外语能力大体可分为军事外语能力、商务外语能力、政务外语能力、科技外语能力和文事外语能力。[①] 国家外语能力与国家的各个政府部门、军队等密切相关，随着现代社会技术的发展，国家外语能力逐渐成为重要的软力量。

安全语言

安全语言是对美国国家安全有着重要影响的外语。安全语言的说法最早是在1957年由美国提出的。苏联的"斯普特尼克"刺激了美国政府在1958年出台《国防教育法》，首先把外语教学与国家安全联系在一起，把外语与科学技术放在同等重要的位置。确立了三个层次的安全语言：第一层次有六种语言：汉语、日语、阿拉伯语、北印度语—乌尔都语、葡萄牙语和俄语，第二层次有18种，第三层次有59种[②]。美国联邦政府对安全语言的要求不一样，不同机构在不同的时期所提出的安全语言也不相同。

美国向来推行"唯英语"的政策，对从国外来的移民，美国当局在

---

① 文秋芳、苏静、监艳红：《国家外语能力的理论构建与应用尝试》，《中国外语》2011年第3期。

② 从丛、李联明：《美国高校外语教育服务国家安全战略的启示》，《教育学研究》2008年第10期。

语言教育上采取同化政策，要求移民接受英语教育，忽视移民的本族语教育，同时美国公民教育中，不重视外语教育，致使很多学生到了大学阶段还不会使用英语以外的语言，比如阿拉伯语、汉语、日语等语种，更不用说斯瓦西里语、达里语等语言了。自 20 世纪 60 年代后，在美国一直没什么人提安全语言这种说法，只是在 70 年代末 80 年代初才在《经济安全教育法》的影响下，把一些经济上发展迅猛的对手国家的语言如日语、俄语等的语言称为安全语言。

2006 年，美国提出安全语言的概念，布什总统在全美大学校长国际教育峰会上，正式推出美国"国家安全语言计划"，在该计划中，美国政府明确提出了鼓励美国公民学习国家需要的八种安全语言，分别是：阿拉伯语、汉语、朝鲜语、俄语、印地语、日语、波斯语、土耳其语。这些语言在国际舞台上关乎着美国的政治稳定、外交通畅、信息安全、经济发展、民族团结、文化交流、教育合作等。[①]

美国安全语言的语种也不是一成不变的，事实上，美国联邦政府每年都会责成联邦政府各部门，如：能源部、农业部、中情局、联邦调查局等对本部门涉及的国外交流语言进行排列，根据重要程度定出相应的安全语言，再上报给联邦政府总秘书处，联邦总秘书汇总收集的总体数据，对一些方言进行归类，再去除一些重复的语种，最后列出对国家发展有重大影响的语种，发布在联邦政府的网站上。2003 年美国统计出约 78 种安全语言。

安全语言隶属于语言政策和语言规划。语言政策和语言规划是一项长期的、复杂的和面向未来的系统工程。同样，外语教育政策的制定和实施过程也是一个系统工程，它涉及国家的政治、经济、科技、文化、教育、历史、民族、社会心理等因素。以色列社会语言学家斯伯尔斯基指出，外语语种的选择主要受到以下三个因素的影响：历史因素、地理因素和经济因素。[②]

那么什么是安全语言？为什么是这些语言？这些语言是不是对所有人同样重要？对谁最为关键？阐释性政策分析观认为，不同的人对安全语言理解不一样，不同的人在理解什么对自己最重要时所依据的价值观、信

---

① 张治国：《中国的关键外语探讨》，《外语教学与研究》2011 年第 2 期。

② Spolsky B., *Sociolinguistics* [M]. Oxford：Oxford University Press，1998.

仰、思维方式等是不一样的，在美国，对于联邦政府的情报部门、军队管理、外交人员和商务人员来说，出于事务管理和业务发展的需要，尤其是在"9·11"发生后，阿拉伯语、汉语等语言的需要一下子变得格外急迫，很多部门急需借助这些语言来提升综合实力，维护国家安全，因此这些语言成了"关键语言"，而对于普通民众，选择什么样的语言来学习，是与自己的兴趣、爱好、文化欣赏等有关系，并不像政府机构那样有着明确的政治目的或野心。因此，学生和学校多从自身的利益来考虑语种的选择。但是，政府和国家是从国家利益来考虑语种的选择，国家安全语言的选择要从长远和大局利益出发。

阿拉伯语、汉语等语言在美国被称为"较少被教语言"，美国安全语言与"较少被教语言"有很多重合之处，安全语言几乎都是较少被教的语言，但是许多较少被教语言的并不是安全语言，较少被教语言要比安全语言广泛得多。安全语言主要是美国联邦政府根据美国国防安全需要而设定的，是有着明确目的性的；而较少被教语言是在美国各级教育没有广泛开展教学的语言，美国外语界根据不同语言在美国地位和教学总体状况而对语言进行分类。在高等教育领域，较少被教语言是指区别于已经在美国普遍教的西班牙语、法语和德语等非传统欧洲现代语言，如日语、汉语、俄语、阿拉伯语、朝鲜语等。同时美国土著语也被包含在较少被教语言之列。

随着时间的推移，美国安全语言的语种会有些变化。美国安全语言的确定通常也是根据教育部秘书统计的各联邦机构、部门对外语的需求情况而确定的国家关键语言。美国的农业部、商务部、国防部、能源部、城镇住房与发展规划部、内务部等部门分别上报自己部门急需发展的语言和急需加强重视的地区，然后经教育部协调后再确定。因国家安全高于一切，所以美国的安全语言一般都是应国防部的要求而定出的。

安全语言教育规划思想

2005年的美国《国家外语行动倡议》、2006年布什总统的《国家安全语言行动计划》及2011年的《语言与文化：变化中的视角》等是美国安全语言战略思想的核心所在。在这些行动纲领中，政府领导或国会议员提出的政治主张大大影响美国新世纪的语言战略。

美国安全语言战略思想主要是指由政府领导或议员提出的与美国国家

安全高度相关的一些外语教育战略主张。美国高层领导、政府智囊团经常通过召开高端峰会的方式向参会人员宣传国家安全语言的思路，同时征求大家的意见，依据会议的共识颁发相关的文件来落实安全语言规划。

新世纪以来，美国的国家战略对语言需求越来越大，要应对21世纪的挑战，美国必须培养美国公民成为通晓世界语言和文化的世界公民。国家发展的需要使得美国迫切要求增加更多外语专业人士。国防部已经明确表示对阿拉伯语、中亚和南亚地区的语言、汉语、法尔斯语、印度尼西亚语、韩语、土耳其语、菲律宾语、俄语、塞尔维亚语、克罗地亚语、西班牙语、撒哈拉地区的非洲语言等的需求迫切。除了当下的语言需求外，美国也有长期的语言需求，语言需求已是美国的贸易、外交和国家安全的刚需。美国对外语的需求主要集中在：一是政治、军事、外交的国家安全方面，二是贸易、旅游、商品和服务的质量管理方面，三是公共健康、国际合作与发展、国际与社会正义等的社会福利方面。

促成新世纪美国安全语言规划思想的高端会议主要有：2005年1月的"全美语言大会"，这个会议的直接结果是《国家外语能力行动倡议书》白皮书的出台；另一个重要的会议是2006年1月的"全美大学校长国际教育峰会"，会上布什总统宣布了《国家安全语言行动计划》；另外，教育部在2006年提出了《为国家安全和美国竞争力而开展的语言教育》，还有就是2011年1月美国国防部组织来自政府、商界、学术界的人士参加的"基于战略驱动的语言与文化峰会"，推出了《语言与文化：变化中的视角》白皮书。

《国家外语能力行动倡议书》主要内容及其所体现的安全语言战略思想：号召美国公民学习国家需要的安全语言，提高国家外语能力以及文化理解能力，以确保美国在全球化竞争中保持领导地位。该倡议的目的就在于适应"国家外语和文化能力的急迫需求"。白皮书发出七项号召：第一项是发展跨部门的语言和文化能力。政府机构、学术组织和私有企业共同开发提高公民外语与文化理解能力的计划和项目，这对联邦政府各部门和国家的利益至关重要。第二项是联邦、州和地方政府一起努力共同寻找提升国家语言和文化方案。第三项是以跨职业领域合作的方式来整合语言培训。第四项是重点发展对国家安全特别重要的一些语种。地方、州和政府机构必须公开那些对国防、外交和公共管理非常重要的语种及其区域研究，并将官方语言需求告知于学术界、商界以及传统社区等。第五项是加强外语与文化教育，特别是跨文化教学。第六项是将语言政策与教育制度进行整合。第七项是开发、提供教材和技术工具。

《国家安全语言倡议》的主要内容及其所体现的安全语言战略思想：2006年1月5日，出于对国家安全和国防力量的现实考虑，全美大学校长国际教育峰会在美国国务院办公大楼召开。这次峰会的主角不再是来自美国50多个州的100多位大学校长，而是美国总统布什、国务卿赖斯、国防部长拉姆斯费尔德、国家情报局局长内格罗蓬特和参议院外交关系委员会主席卢格。会上，美国国务院、国防部和教育部共同推出了一个《国家安全语言倡议》，这是自1958年《国防教育法》以来最重要的外语立法，布什亲自推动"国家安全语言倡议"，首次将外语教育上升到国家层面，由联邦政府行政立法进行干预。

布什在会上大声呼吁，"这是保卫我们的国家这个战略目标的组成部分，我们需要会说外语的士兵和当地居民交流；我们需要情报人员了解对方在说什么；我们需要外交人员说服别国政府与我们联合起来对付恐怖分子，我们的短期目标是保障自由，长期目标是传播自由，这是一场理念之战"。"这一启动计划范围广泛，涉及国防、外交、保卫国家的情报和人民的教育。"该倡议由三个目标：一是增加美国掌握安全语言的人才数量；二是培养美国高水平的安全语言人才；三是培养更多的安全语言教师。

美国拥有强大的军事优势，之所以还需要把外语当作一种安全保障的武器来使用，是因为原子弹只能运用在政治恫吓和军事威胁上，而外语的作用是全方位的：政治、经济、军事、安全、外交，哪里也缺不了它。"文明冲突论"的声音还在耳边，布什又开始动员美国士兵、情报人员和外交官员用外语打一场理念之战，足见美国外语战略这一招术的过人之处，美国确实是把外语当作最厉害的国家安全保障武器。时任美国国务卿赖斯、国防部长拉姆斯菲尔德、中央情报局局长内格罗蓬特等纷纷闻风而动，作出新的战略部署。赖斯明确指出："美国为赢得冷战的胜利做了很大的投资，近些年来，美国还没有做过类似的大投资，特别是在语言规划投资上。"她还指出："近些年来，随着国际形势的变化，世界上的一些关键地区，如：中东、中亚、东亚、非洲等对21世纪的发展起着决定性的作用，对我们来说，没有什么比用这些地区的本族语来和这些地区和国家的人民交流更重要的了。"

《国家安全语言倡议》努力确保美国在外语，特别是安全语言方面有足够的能力储备，要努力实现：对国家旗舰语言计划和教育部的外语资助计划拨款的增加；创设国家语言服务兵团；建立教育部管辖下的从幼儿园到大学毕业（K-16）的外语资助项目；国务院管辖下的高中学生的海外外语学习交换机会。[①]

根据《国家安全语言倡议》，美国联邦政府将在 2007 年财政预算中拨款 1.14 亿美元资助安全语言，以保证美国及其公民在国际竞争中处于有利的竞争地位，保证美国的民主自由政策在国际上被广泛接受。大约 75%的经费来自教育部和国务院，国防部也拨款来培养安全语言人才，目的在于培养掌握国家所需的安全语言的高级人才。该倡议主攻阿拉伯语、汉语、俄语、印地语和波斯语这几种安全语言。主要包括以下内容：拨款鼓励从幼儿园到大学直到职场的全程学习安全语言的计划；资助暑期和学期内学习安全语言的计划，这也包括国内学习和到国外强化学习；鼓励外国人来美教外语计划；海外交流项目；教师交流计划等。具体来讲，此倡议包含教育部、国务院、国防部和国家情报局这四个母项目。其中，教育部项目中下设了外语资助、外语合作、语言教师团、远程语言教育和教师交流计划五个子项目；国务院的项目下设了六个子项目：美国富布莱特学生项目、暑期语言强化机构项目、吉尔曼奖学金项目、富布莱特外语教学资助项目、教师交流项目和青年人才交换项目；国防部项目包含美国旗舰语言计划扩展项目和民间语言学家储备团在内的两个子项目。

《国家安全语言倡议》进一步明确了美国鼓励公民学习国家需要的八种重要安全语言的政策，以培养国家安全需要的高级语言人才。在这八个安全语言的旗舰项目中，汉语排在第二位，由美国杨百翰大学承担。通过这个项目，美国计划在未来几年中培养众多高水平的阿拉伯语、汉语、俄语、波斯语和印度语人才。在这一政策引领下，美国国防部将进一步扩大"国家旗舰语言项目"。

美国政府从国家利益与国家安全的角度审视外语教育，把外语能力提高到前所未有的高度，并试图通过提高美国公民外语能力以确保美国在新世纪的安全和繁荣。美国联邦政府与高等教育机构合作为政府培养具有高级语言能力的专业人才。美国政府认识到，只有拥有高水平外语能力才能

---

① http：//www.state.gov/r/pa/prs/2006/58733.htm for full details of NSLI.

深刻了解世界各地文化，在全球化竞争中提高经济竞争力，从而进入世界各地的贸易市场，维护美国在全球的经济利益。

与美国国家安全密切相关的主要语种如下：阿拉伯语：美国把阿拉伯语作为安全语言教育中的重中之重，其主要战略目标就是要通过语言与文化的教育来应对恐怖组织，以便能在反恐斗争中取胜。汉语：在美国一般都称为"华文"，汉语是汉族的语言，是中国各民族的族际语言，也是世界上使用人数最多的一种语言。美国的汉语旗舰项目主要设立在杨百翰大学、密西西比大学、俄亥俄州立大学、俄勒冈大学和波特兰公立中学、亚利桑那州立大学、印第安纳大学、罗德岛大学、西肯塔克大学等大学。从世界发展的趋势来看，美国对中国在亚洲的崛起和在全世界影响力的增强还是提防着的，因此，美国加大对汉语教育的重视，特别是新世纪以来，美国对汉语教育项目的经费投入在相关的安全语言中是仅次于阿拉伯语，是第二高的。朝鲜语：朝鲜语或韩国语，是南北朝鲜的官方语言，也是中华人民共和国延边朝鲜族自治州的官方语言之一。在美国，朝鲜语的学习者往往是朝鲜或韩国的家传语的继承者，学习的目的和动机因人而异，就工具性动机而言，完成学业要求、提高找到工作的概率、比较轻松地拿到 A 等级是部分学生的动机，就综合性动机而言，把学习语言与了解语言的历史、文化结合在一起也是很有意思的目的和动机。当然，也不乏为了交朋友和到韩国、朝鲜等相关地区找工作、旅游。日语：新世纪美国对日语学习的需求仍然较大。目前，在美国，选择日语学习的人数介于意大利语和汉语之间。① 根据美国少数被教学语言协会网站的介绍，美国约有 574 所小学或中学进行日语教学。在美国，学习日语的目的和动机因人而异，有些出于与日本的国际贸易的需要，日本市场在美国经济发展中占据重要的份额，未来亚洲的经济格局将会与现在大不相同，很多人会更加重视日语学习。俄语：是俄罗斯人的民族语言，属印欧语系斯拉夫语族分支。俄语是俄罗斯、白俄罗斯、哈萨克斯坦、吉尔吉斯斯坦及未获得国际承认的"德涅斯特河沿岸共和国""南奥塞梯""阿布哈兹"的官方语言。全球以俄语为母语的使用人数超过一亿四千万人，当作第二语言使用的则有近四千五百万人。俄语是联合国和俄罗斯联邦的官方语言之一。虽然每个成员国都有自己的官方语言，但俄语成了俄罗斯联邦各国共同的语言。在美国

---

① http：//www.nvtc.gov/lotw/months/november/USschoollanguages.htm.

也有相当大的俄语社区，特别是在美国的纽约、洛杉矶、旧金山、迈阿密、芝加哥和克利夫兰郊区的里士满高地。单在纽约、洛杉矶使用俄语人口估计达 50 万人。他们发布自己的报纸，居住在自给自足的区域里。俄语的近亲语言是乌克兰语和白俄罗斯语。现代俄语主要有两种地域方言：南俄方言和北俄方言。

另外，美国的安全语言还有一些其他小语种，如阿塞拜疆语，阿塞拜疆语属阿尔泰语系南支的突厥语族，与土耳其语有很大的联系，是阿塞拜疆的官方语言，在伊朗和原苏联地区也有少部分的使用者，使用人口约 600 万。主要分布在原苏联阿塞拜疆、格鲁吉亚、达吉斯坦和伊朗等国。阿塞拜疆语方言可划分为东部、西部、北部、南部几个部分。伊朗境内的卡施卡依语则成为阿塞拜疆语的特殊方言。

波斯语：波斯语是世界上的古老语言之一，属于印欧语系印度—伊朗语族，又称法尔斯语，是一种在伊朗、阿富汗和塔吉克斯坦等中东和中亚地区使用的具有悠久历史传统的语言。波斯语是伊朗、塔吉克斯坦、阿富汗的官方语言。波斯语有三种变体：伊朗的现代波斯语或法尔西语，阿富汗的达里语和塔吉克斯坦的塔吉克语。波斯语也是阿富汗境内的两种主要语言之一（另一种是普什图语）。波斯语还分布于前苏联的中亚部分地区和中国新疆的个别地区。在长期的发展中，波斯语积累了丰富的文学、哲学、历史和其他学科的文献，它至今仍然是近东地区最重要的语言之一。土耳其语：土耳其语主要在土耳其本土使用，并通行于阿塞拜疆、塞浦路斯、希腊、马其顿、罗马尼亚、乌兹别克斯坦、土库曼斯坦以及在西欧居住的数百万土耳其裔移民。土耳其语是突厥语族诸语中最普遍使用的语言。土耳其语在美国被列入最重要的 10 种安全语言行列中。希伯来语：希伯来语属于亚非语系闪米特语族（或属闪含语系闪语族），为犹太教的宗教语言。过去的二千五百年，希伯来语主要用于《圣经》等与相关宗教方面的研究，以色列建国后将希伯来语定为官方语言之一，以色列的另一种官方语言是阿拉伯语。印地语：又称北印度语，属于印欧语系印度—伊朗语族的印度—雅利安语支。印地语和乌尔都语（合称印度斯坦语）大同小异，主要区别在于前者用天城文，后者用乌尔都字母，前者引进的梵语借词多一点，后者的阿拉伯语和波斯语借词多一些。印地语和乌尔都语加起来是世界上第二大语言，使用人口超过 5 亿人，仅次于汉语。乌尔都语：乌尔都语属于印度—雅利安语支，是印欧语系的一支。类似的方言分布在南亚从旁遮普到孟加拉的广泛区域中。这些语言有类似的语法结构和大部分相同的词汇。旁遮普语很类似于乌尔都语，如果用梵文字母书写的话，使用乌尔都语的人不难看懂旁遮普语，但是旁遮普语口语发音同乌尔都语却有很大差别，同乌尔都语最接近的是印地语。[1] 乌尔都语是巴基斯坦所有省份的官方语言。而在印度，乌尔都语在北方邦、克什米尔、德里、班加罗尔、海得拉巴、孟买和中部其他地区使用。一些印度学校以乌尔都语作为第一语言，并有其课程和考试。印度的伊斯兰学校同时教授阿拉伯语和乌尔都语。乌尔都语在阿富汗的市区也被使用。而在南亚以外，亦有为数甚多的劳工在波斯湾国家和沙特阿拉伯的主要城市中使用乌尔都语。在香港，由于南亚裔人士众多，不少国际学校都有专门开设乌尔都语的课程。[2] 使用乌尔都语作为母语的国家有印度、巴基斯坦、孟加拉、沙特阿拉伯、阿拉伯联合酋长国、尼泊尔、阿曼、巴林、毛里求斯、卡塔尔。乌尔都语与英语并列为巴基斯坦的官方语言，虽然英语在精英的圈子内使用，旁遮普语也有大量的母语使用者，但是乌尔都语作为交际语被广泛使用。乌尔都语也是印度、印度控制的克什米尔地区和安得拉邦的官方语言。孟加拉语：孟加拉语属于印欧语系印度—伊朗语族印度语支。孟加拉语使用地域主要在孟加拉国和印度西孟加拉邦、特里普拉邦、阿萨姆邦部分地区。目前，全世界范围内有2.4亿人使用孟加拉语，孟加拉语是继汉语、英语、印地语、西班牙语、阿拉伯语和葡萄牙语之后的第七大语言。孟加拉国的官方语言是孟加拉语和英语，孟加拉语也是印度的官方语言。旁遮普语：旁遮普语属于印欧语系印度—伊朗语族的印度—雅利安语支。旁遮普语是印度的旁遮普邦和巴基斯坦的旁遮普省所使用的语言，也是印度旁遮普邦的官方语言。旁遮普语源自梵语，现代旁遮普语受其他语言的影响较大，其中主要是印地语、波斯语和英语。斯瓦西里语：斯瓦西里语是在非洲撒哈拉沙漠以南最广泛使用的非洲语言，它是坦桑尼亚和肯尼亚的民族语言，也广泛应用于乌干达、卢旺达、布隆迪、刚果民主共和国、科摩罗等国家。斯瓦西里语是非洲联盟中唯一的非洲官方语言，它是非洲东部和中部地区的通用语，因此要成为一个大家都来学习的重要语言。美国约有50多所大学开设斯瓦西里语课程。

---

[1] http：//aiislanguageprograms.org/urdu.php.

[2] http：//zh.wikipedia.org/wiki.

第四节 文献综述

一 国外研究

美国安全语言是以国家安全为导向的，2006年布什总统推出安全语言战略，发布《国家安全语言计划》，美国联邦政府和各州都相继出台一系列政策和法规来保障安全语言的开展。

就安全语言教育而言，美国空军上校约翰·康威提出了军方应和高校外语系共同探讨课程设置。① 斯蒂芬·施瓦布在《国防部外语改革指导方针实施看空军外语人才短缺危机》中对国际事务专家的任务分配、军官晋升程序、晋升标准提出了建议，流利的外语和文化能力将是未来战争取胜的关键，因此要保证21世纪的国防部拥有这些技能和人才，就必须大刀阔斧地改革。② 理查德·布莱特和威廉姆·瑞福斯指出美国国防部在履行其对外进攻和国内防御的职责时，大量地投入人力、物力以加强对安全语言的重视，从语言学的角度来看，这些不是很值得采取的举措。他们认为语言首先是教育领域的问题，语言与国家安全的关系不应超越这一点。③ 杰夫利·贝尔运用阐释性政策理论分析美国是如何把国家安全理念运用于联邦政府的语言教育中，指出美国政府幻想其语言教育，如同军事领域和经济领域的帝国主义化一样，会在国家安全的名义下取得征服世界的效果，因此美国不惜一切代价，大力开展针对性很强的语言教育，这样不但达不到目的，同时对美国的多元文化和多元语言教育也不利。④ 克莱尔·克莱姆斯更是尖锐地指出美国国家主权的维护始终是与不断壮大的全球恐怖主义作斗争，美国的外语教育已经陷入了一种莫名的、令人不安的症

---

① John Conway, Civilian Language Education in America: How the Air Force and Academia Can Thrive Together [J]. *Air & Space Power Journal* (ASPJ).

② Stephen Schwalbe, Potential Air Force Shortfalls in Implementing the Defense Language Transformation Road map [J]. *Air & Space Power Journal* (ASPJ).

③ Richard D. Brecht. National language educational policy in the nation's interests: Why? How? Who is responsible? *The Modern Language Journal*, 91, 264-265. (2007)

④ Jeffrey Bale. Language Education and Imperialism: The Case of Title VI and Arabic [J]. *Journal for Critical Education Policy Studies*, vol. 9. no. 1 375-409. (2010)

状。在越来越浓郁的商业化氛围中，学校外语教育应走向何方？"语言教育已成为维护政治力量的一个特别的工具，"这是不利于语言教育发展的，美国应用语言学家、语言研究人员和语言教育工作者要在探究语言的发展历史、语言的地理政治状况以及它们所带来的在语言教育问题的基础上重新构建知识和权力间的关系。①

针对安全语言教育规划引发的思考和存在的问题，学者观点如下：科姆·普陀斯基详细分析了美国的一些外语，包括安全语言在美国的发展状况，指出在美国发展多元语言教育，推行多元文化发展的必要性。② 泰仁斯·瓦利从国家安全需要和全球贸易发展对美国造成的外语人才"危机"引发对大力发展家族传承语言和社区语言教育的讨论，他结合美国的多元语言环境，建议发展美国家族语和社区语言来解决"9·11"后美国外语教育面临的困难和挑战。③ 就安全语言在美国的现状，曼菊拉·辛格指出，虽然印地语已被列入"国家安全语言计划"，印度语的教学越来越受到重视，然而《国家安全语言计划》指向下的印度语教育是为美国培养国家安全发展所需要的高级语言人才，而不是正常的学校外语教育，她指出把印度语作为一种家族传承语在广大印度移民中展开，这不失为一种满足国家安全语言计划的好办法。④ 王淑菡分析汉语在美国教育中的地位和现状，指出美国应把汉语作为一种社会资本，在社会各阶层中深入展开汉语教学，同时她又指出把汉语家族传承语教育、社区里的汉语教育与正式的学校教育结合起来，使彼此互相促进。⑤

加强服务于国家安全的语言教师队伍建设是新世纪美国的重要任务。美国对安全语言教师发展和培养的研究也很多。莱斯利·希莱尔指出，在阿拉伯语、汉语等转变成安全语言后，这类语言教师相应地也被从边缘推

---

① Kramsch, C. Post 9/11: Foreign languages between knowledge and power. *Applied Linguistics*. 26, 545-567. (2005)

② Kim Potowski, *Language diversity in the US*. Cambridge University Press. (2010)

③ Terrence G. Wiley, The Foreign Language "Crisis" in the US: Are Heritage Language and Community Languages the Remedy? *Critical Inquiry in Language Studies*, Taylor & Francis. (2007)

④ Manjula Shinge, The National Security Language Initiative and the Teaching of Hindi. *Language, Culture and Curriculum*, Taylor & Francis. (2008)

⑤ ShuHan C. Wang, Building Societal Capital: Chinese in the US *Language Policy*, 6: 27-52. (2007)

到中心位置上来，美国教育部门一方面要提升他们的语言能力，使他们胜任语言授课，另一方面又要给他们传授教育理论与实践，使他们在教学方法上成为有经验的老师，同时也要培养他们的独立精神、创造能力、合作能力等。[①] 美国华盛顿乔治敦大学把阿拉伯语教师和汉语教师组成混合学习社区，建立在线教师交流社区"Ning"，不同语言的教师通过分享教学中各种资料和信息，交流教学中遇到的问题来提高对学校、课堂、学生的了解和对学习的掌控。教师在社区的交流和互动中大大提高了兴趣和动力。威斯康星大学有近二十个校区，该校利用网络平台建立"协作式外语教师发展"模式，老师授课在平台上共享后，不同校区的学生都可以在线学习并互动，这样达到资源共享，有效缓解了安全语言教师不足的问题。

二 国内研究

通过"中国知网（CNKI）"数据库和外文数据库 EBSCOSH 对"美国语言教育""美国外语教育""安全语言教育"为主题词的搜索显示，到 2019 年 11 月，我国学者对美国语言教育战略与规划、美国外语教育、美国安全语言教育、关键语言的研究论文 344 篇、硕士论文 47 篇、博士论文 55 篇，这些研究多为对过去美国外语政策的梳理及对教育部、国防部和国务院的与安全语言教育相关的政策文本的解读。这一方面反映了美国在新世纪以来日益强化其安全语言教育规划，另一方面也说明为探求我国新世纪外语教育的改革和发展方略，学者在世纪之交及新世纪对美国语言教育战略的研究不断增加，尤其是安全语言教育方面。

美国安全语言战略对政治、经济和军事的影响研究

美国教育战略与政治、经济和军事等关系密切。迈克尔·阿普尔在《文化政治与教育》中运用社会理论分析美国教育政策如何与社会进程相关联，从而表现出现行教育的复杂而又相互矛盾的特征。约翰·沃克和哈罗德·瓦特在《美国大政府的兴起》一书中，论述了美国政府的成长，包括不干涉主义的衰落、战后经济与政府的扩张、财政政策与政府的扩

[①] Leslie L. Schrier & Michael E. Everson, From the Margins to the New Millennium: Preparing Teachers of Critical Languages. *ADFL BULLETIN*. (2001)

张、国际影响与美国地位的提升等①。罗伯特·阿特在《美国大战略》中运用国际关系理论考察了美国大战略的历史、现实以及未来趋势。该著作不仅通俗易懂，还具有较强的前沿性与学术性②。史蒂文·麦茨博士对美国的军事战略进行了研究，他认为美国国家安全战略有三种关系类型：亲善战略关系、必要战略关系和人道主义战略关系。通过亲善战略关系，美国与其他国家组织在法制、人权、市场制度及创建地区安全体系等方面享有共同的价值观。在这种战略框架下，美国跟加拿大、英国、澳大利亚建立了长期合作关系；跟以色列、德国和日本建立了中期合作关系；跟其他一些国家也建立了新的战略关系。在与其他国家建立必要战略关系时，美国要考虑的因素不仅包括政治、经济、军事，还包括地理位置、关键资源以及防范侵略等。而在人道主义战略关系框架里，值得思考的是人道的武力干预问题③。此外，美国前国务卿亨利·基辛格对美国在全世界的战略布局进行深入分析；约翰·伊肯伯里对美国单极权力的持续性以及未来趋势进行探讨。胡国成、韦伟、王荣军结合政治经济等因素，对21世纪美国经济发展战略及未来发展走势作了预测④。学者们的分析为研究者在各种关系中把握美国教育战略的核心议题及其发展趋势提供了便利，也为研究安全语言对美国政治、经济、军事的影响打开了新视角。

美国安全语言的霸权维度分析

美国的安全语言战略彰显着美国的霸权思维。孙大廷运用历史法、文献法等对美国实施国家教育战略目标的条件、路径选择以及美国教育战略的具体目标及其核心价值作了阐释，认为"美国教育战略的霸权性向是明显的，每当遇到危机时，美国首先检讨教育的得失，把教育战略视为国家战略的基础"。孙大廷提出，"几乎所有研究美国教育战略的学者都在关

---

① [美]约翰·F.沃克、哈罗德·G.瓦特：《美国大政府的兴起》，刘进、毛喻原译，重庆出版社2001年版，第1页。

② [美]罗伯特·阿特：《美国大战略》，郭树勇译，北京大学出版社2005年版，第1—10页。

③ Metz, S. American Strategy: Issues and Alternatives for the Quadrennial Defense Review [R]. *Strategic Studies Institute*, 2000: 95.

④ 胡国成、韦伟、王荣军：《21世纪的美国经济发展战略》，中国城市出版社2002年版，第1—5页。

注美国教育战略与教育平等、人权、国家安全与发展的关系问题",美国教育战略"在培养坚强个体的同时,强化国家的霸权地位"①。这不论是对进一步研究美国教育战略,还是对我国教育战略的实施都有很大的参考价值。于泓珊以葛兰西的文化霸权理论为基础,从文化霸权的角度分析美国的语言政策,指出美国语言政策所隐含的霸权思想,批判美国语言政策比较强势的霸权倾向。②

"9·11"事件和安全语言教育规划的关系

有研究认为,"9·11"极大地影响了美国安全语言教育战略及其取向。为了全面实施安全语言教育规划,美国教育部于2006年1月发布《国家安全语言计划》,提出具体的战略目标,这被认为是美国语言战略调整的重要标志,也预示着美国未来语言教育战略的可能走向"③。陈赟认为"9·11"事件"对美国的影响是广泛且深远的,它促使美国国家战略发生了一些重大变化。美国教育部终止了旧的战略规划,重新编制新的战略规划",它对美国教育新战略框架更进为精细地构建,向世人传递了'9·11'后美国教育战略更为清晰、更为完整的画面"④。

2002年美国问责委员会(GAO)发布的"外语:纠正办事人员语言能力的人力资源方法"显示问责委员会在调查中发现很多机构都存在着语言缺失问题。参议院萨德·克启兰举行了两次听证会,关注"在国家安全和联邦政府中的外语能力状况",在第一次听证会上,来自国防部、情报局及联邦调查局的人员证实了联邦政府"语言危机"的事实,很多官员和一些项目负责人呼吁加强语言教育。因此,安全语言很快成了一个非常吸引眼球的词,语言也跟数学、科学和技术等一样成了美国在21世纪加强竞争力,确保其超级大国地位的重要法宝,2007年通过的《美国创造机会来有意义地在技术、教育和科学行动方面提升卓越》法案中,美国政

---

① 孙大廷:《美国教育战略的霸权向度》,吉林大学出版社2009年版,第2页。
② 于泓珊:《Gramsci's Cultural Hegemony Theory and the Language Policy of the United States of America——葛兰西文化霸权理论与美国语言政策》,硕士学位论文,天津师范大学,2008年。
③ 冯大鸣、赵中建:《"9·11"后美国教育战略调整的两个标志》,《教育发展研究》2003年第23期。
④ 陈赟:《20世纪90年代以来美国教育发展战略分析》,《外国中小学教育》2003年第11期。

府又一次意识到语言与文化研究的重要性。美国的《国内安全条例》《国家语言旗舰计划》《K-12 旗舰和高等教育语言教学合作》等都是在国家安全的名义下产生出来的，国防部逐渐成为一个在语言和国际教育方面考虑得最多，也是发布语言教育信息最多的、最活跃的部门。国家语言联合委员会和其成员一起协作，与国会一起制定和完善法案，与国家安全教育项目负责人、国防部负责人、情报委员会负责人、国内安全部门负责人一起制定、执行、改进这些与语言教育相关的项目。

语言的立法及相关政策规划也不是在"9·11"后才热起来的，而是在不同领域里的立法和教育目标早就出现了的，如：2004 年的《财政年度计划》、2003 年《高等教育法案》中的《国际教育、国家安全语言法案》及 2004 年的《国际和外语研究法案》等，2004 年财政年度拨款中也包含了《亚伯拉罕林肯海外研究助学法案》给美国到国外学习的学生提供资助，这就是后来参议员保尔·西蒙的《国外研究基金法》。2004 年，国家语言会议在马里兰召开，各界人士共聚一堂共同探讨外交安全、经济发展和教育对语言的诉求，随即国防部的《语言改革路线图》也顺利出台。

美国的语言教育及安全语言规划

中国研究美国语言教育战略，尤其安全语言教育规划学者的研究通常涉及多个领域。中国在美国语言教育，尤其是安全语言教育规划问题上研究专长的专家和学者有蔡永良、王建勤、孙大廷、文秋芳、鲁子问、赵蓉晖、孙渝红、李英姿和张治国等。

李英姿对美国从殖民时期到现在的语言政策的历史发展变化进行大体的梳理，同时对移民、土著居民、外语、英语的境内境外推广展开了剖析[1]；孙渝红从语言权利、民族主义的观照和国家利益的角度分别研究和分析了美国的少数民族语言教育、移民语言教育和外语教育，从整体上对美国语言教育的发展情况进行了总结和归纳，透视了美国现行的语言教育及其政策的价值取向和特点[2]；张治国借助于全球化理论，从中美两国的

---

[1] 李英姿：《美国语言政策研究》，博士学位论文，南开大学，2009 年。
[2] 孙渝红：《语言教育与国家战略》，博士学位论文，西南大学，2009 年。

强势语言、少数民族语言及外语的教育政策三个维度展开比较①。蔡永良指出美国语言教育与语言政策最本质的东西是同化，语言政策的宗旨是维护英语的支配地位，其实质是以盎格鲁-撒克逊为核心的文化侵略和征服，他还指出研究语言教育和语言政策，不能就事论事，它们背后有深刻的文化内涵，甚至政治内涵②。美国的安全语言教育规划印证了其深刻的政治内涵。陈东东运用美国现代语言协会（MLA）过去五十年所发表的高校外语选修人数统计数据来考察影响美国高校学生学习中文的主要因素，他指出：注册学习中文人数持续上升，这在很大程度上是受到美国外交政策的影响，美国会根据全球化的发展、中国的崛起等因素而不断调整其外交政策③。肖舜良分析美国语言意识形态和政府主导的语言政治，揭示美国外语政策与规划的实用主义本质和特性。文章还提出应加强政府主导，推动汉语在美国的传播④。王建勤提出美国的"关键语言"战略实际上是美国的安全语言战略，他分析美国教育部、国防部、国务院以及情报主任办公室的安全语言的具体战略目标和具体的实施方案，指出美国的安全语言战略对中国的国家安全有着潜在的威胁和挑战⑤。他同时指出，我国要尽快研制面向全球的汉语教学与评估标准以向世界推广汉语⑥。针对语言安全化，王建勤指出美国安全语言战略的实施是导致语言安全化的必然结果，我国需考虑"语言安全化"背景下的对内和对外战略调整，主要是如何加强语种规划、如何制定我国的国际事务和突发事件下的语言政策、如何加强对外的语言战略规划⑦。丁安琪提出了一些有关国外汉语教师培训的方法和建议，以使我国的汉语教师培训更符合汉语国际推广发展

---

① 张治国：《全球化背景下中美语言教育政策的比较研究》，博士学位论文，华东师范大学，2009年。

② 蔡永良：《美国的语言教育与语言政策》，上海三联书店2007年版。

③ 陈东东：《美国的中文教学：从小语种发展到关键语言》，《汉语国际传播研究》2011年第2期。

④ 肖舜良：《美国外语政策与美国汉语传播》，《汉语国际传播研究》2011年第2期。

⑤ 王建勤：《美国安全语言战略与我国国家安全语言战略》，《云南师范大学学报》（哲学社会科学版）2010年第2期。

⑥ 王建勤：《汉语国际推广的语言标准建设与竞争策略》，《语言教学与研究》2008年第1期。

⑦ 王建勤：《语言问题安全化与国家安全对策研究》，《语言教学与研究》2011年第6期。

形势的需求①。贾爱武指出美国外语教育政策是以国家安全为取向的本质特征,是美国对当前国家局势的战略性回应。② 陈倩分析华文教育在美国的现状及其对全球化背景下教育与文化交流所起的作用,指出美国的华文教育发展空间还很大③。张治国结合政治、经济、综合国力与教育、信息安全、地理位置和语言本身的强弱等多种因素分析中国是安全语言定位,运用统计分析法遴选出了三个层级的中国关键外语④。王华丹分析我国跨界民族的具体情况,指出我国国家安全对外语能力的需求很大,并对安全语言规划提出了建设性建议⑤。闫秋菊提出了把俄语当作我国的安全语言来建设的几点看法⑥。鲁子问指出中国应该重视外语在国家安全中的地位与作用,对外主要是加强对世界主要媒体的舆情研究,对内主要是要加强基于国家软实力的语言规划和高层次外语人才的培养⑦。孙大廷探讨了美国教育战略的演进及实施条件和因素,探究了美国教育战略的多维向度,重点分析了其霸权维度⑧。周明朗指出美国的语言政策深受美国语言意识影响,他还指出在全球化的影响下,美中两国的语言意识正在发生改变⑨。俞晓梅从国家安全的视角指出我国的外语教育政策应以提升母语意识为主线,同时拓宽外语语种,推进英语教育的通识化和精英化⑩。群懿等论述了外语教育在社会主义现代化建设中的地位与作用,回顾我国外语

---

① 丁安琪:《美国星谈语言教师培训项目论析》,《云南师范大学学报》(汉语国际教学与研究版) 2010 年第 1 期。

② 贾爱武:《以国家安全为取向的美国外语教育政策》,《比较教育研究》2007 年第 4 期。

③ 陈倩:《美国华文教育的现状与启示》,《比较教育研究》2010 年第 3 期。

④ 张治国:《中国的"关键外语"探讨》,《外语教学与研究》2011 年第 1 期。

⑤ 王华丹:《知己知彼 百战不殆——谈国家安全对外语能力建设的需求》,《江西教育学院学报》2011 年第 2 期。

⑥ 闫秋菊:《试论俄语在中国国家语言战略中的地位和作用》,《中国俄语教学》2011 年第 2 期。

⑦ 鲁子问:《外语影响中国国家安全的形态与对策建议》,《国际关系学院学报》2011 年第 6 期。

⑧ 孙大廷:《美国教育战略重塑与维护霸权的国家意向》,《东北亚论坛》2009 年。

⑨ 周明朗:《语言意识形态和语言秩序:全球化与美中两国的多语(教育)战略》,《暨南学报》(哲学社会科学版) 2009 年第 1 期。

⑩ 俞晓梅:《国家安全视阈下的中国外语教育政策问题研究》,《社会科学辑刊》2011 年第 2 期。

教育改革开放的历程，指出外语教育发展的战略对策等。①

安全语言与美国教育国际化研究

学者们还从不同角度对美国 K-12 和高等教育中的安全语言教育的实施展开研究。在美国，保证国家安全重在保持经济竞争力；军队（包括情报系统）建设的目标是加强军队的力量。这都需要采取行动来保证国家安全，国际教育已经深刻融入国家安全之中。②

李联明认为，在经历了"9·11"事件后，美国的安全部门对于安全语言人才的需求大增，服务于反恐战争和加强国土安全成了美国高等教育中压倒一切的问题，安全语言在美国高等教育中呈现出"超常规"的发展态势，最终实现"控制世界的目的"③。语言规划是高等教育国际化的重要保证，陈卫东以 20 世纪 90 年代以来世界不断增强的全球化趋势为背景，探究美国政府对高等教育的战略重组，进而分析我国高等教育进行战略重组时应该注意的几个问题，突出安全语言教育对高等教育国际化的作用。④

随着安全语言战略的深入开展和实施，美国的教育国际化出现了移位现象，国际留学的流向也从原先的集中于欧洲、大洋洲、亚洲发达地区流向中东、东亚等地区，同样，美国也通过各种手段，如项目资助、互相获益等办法吸引涉及安全问题的地区的学生、学者来美国交换学习、访问或教学，一方面解决教师不足的问题，另一方面加大与这些地区的国际交流与合作。

第五节　研究方法、内容及思路

一　研究方法

本研究的方法主要是"文献分析法"和"比较研究法"。对于局部主

---

① 群懿：《外语教育发展战略研究》，四川教育出版社 1991 年版。

② Walter C. Parker, International Education in US Public Schools [J]. Globalization, Society and Education, September-November, v r3rek 2011.

③ 李联明：《后"9·11"时代美国高等教育国际化新发展研究》，博士学位论文，南京大学，2012 年。

④ 陈卫东：《全球化背景下的美国联邦高等教育战略分析》，硕士学位论文，首都师范大学，2001 年。

题的分析，本研究在方法上有所侧重，而对于整体美国安全语言教育规划的探讨，本研究主要综合运用了以下三种方法。

文献分析法

不管对历史的研究，还是对现实的探讨，文献分析都是很重要的一种方法。鉴于"美国安全语言教育规划"主题，相关研究资料不仅包括各种政府报告、文件、政策法规、政府官员的发言和演讲，还包括政府部门和各种研究组织的统计数据，以及国内外学者的相关分析和评价。本研究结合有关学者或学术组织的研究，着重对上述一手资料进行了深入分析。

本研究涉及的文献主要有：美国政府领导人的讲话及其颁发的文件，如：美国国防部部长的备忘录，美国国防部有关提升军队外语能力的调查报告，政府颁发的相关政策和法案，网上公开发布的有关美国国家外语能力相关的信息和文件，如美国国防语言与国家安全教育办公室发布的信息和文件。

比较研究法

比较研究是分析对象之间异同的一种研究方法。危机和竞争意识强烈的美国经常将其语言教育与其他国家比较，鉴于此，本研究将美国安全语言教育规划与其"竞争对手"的语言规划进行了比较，并阐述了美国安全语言教育规划核心内涵和特点。

个案研究

美国号召公民学习安全语言的目的也是试图通过对这些国家和地区的语言和文化的学习来达到深度把控对象国。本研究在阐述美国安全语言规划后，又开展个案研究，试图挖掘并解析美国加强汉语学习的深层动因、所采取的各项保障措施以及战略实施带来的成效。

二　内容架构

本书从美国政治、经济、外交和社会发展多个方面入手，以美国国内外环境的变化为背景和依据，重点探讨了新世纪以来美国安全语言教育规划的核心内涵和发展趋势。本书分以下几个部分。

第一章介绍研究缘起与选题意义等，并归纳分析已有的研究基础，交代研究方法和研究框架。

第二章分析美国安全语言教育规划的背景。文明冲突、霸权主义和民族主义是美国安全语言教育的思想根源。美国的安全语言教育经历了美苏争霸期、经济竞争期和反恐新时代引发三个发展阶段。语言规划理论和社会语言需求理论是安全语言教育规划的理据。

第三章阐述美国安全语言教育规划所依存的社会状况。美国海内外利益所面临的挑战及语言人才危机使安全语言规划势在必行。国家安全引发联邦政府各部门对安全语言人才的强烈需求,但美国安全语言人才供需严重失衡,现有语言人才远远无法满足国家的需要。本章还剖析了美国的海外利益与安全语言规划的关系以及美国安全语言规划的价值。

第四章介绍美国安全语言教育规划的体系构架。本章结合美国在安全语言规划上的政策文件或法案,重点阐述安全语言教育规划的目标、内容以及相关项目集群。本章重在政策文本的阐述与分析。

第五章是美国安全语言教育规划的实施与保障。在安全语言战略思想的指引下,美国从机构保障、资助保障和制度保障三个方面开展安全语言教育规划。在国防安全语言战略体系中,教育部、国务院、国防部、情报部门提出法案并出台文件来规划安全语言教育,并推出项目集群。在国民教育体系中,教育界、私人个体、社会群体及家族语社区等响应联邦政府号召,推出与安全语言教育相关的项目。本章还对国防语言学院的安全语言教育规划进行了较为全面的阐析。

第六章以案例分析的方法对美国的汉语教育规划展开分析。通过梳理汉语教育在美国的发展历程,追溯美国把汉语列为首席安全语言的原因,分析相关政策文件、汉语教育规划内容、相关的项目以及汉语规划实施的保障措施。

第七章概括美国安全语言教育规划的成效和影响,指出美国安全语言教育规划从"语言"为核心过渡到"文化"为中心再到"跨文化交际能力"。美国的安全语言教育规划是以联邦政府为主导,采用顶层设计的规划思路,强调联邦政府各机构间的密切合作,同时保障联邦层面和州层面语言规划的同步展开,强调国防和国民安全语言教育战略的相辅相成,国防安全语言教育规划是重点,国民安全语言教育是后备。美国安全语言教育规划已取得了一些成效,美国安全语言教育规划对美国的国家安全和社会发展都产生了深远的影响。

第八章着重讲述美国安全语言教育规划对中国的启示。一方面，中国需结合我国目前的政治、经济、文化、外交发展的需要，遴选中国安全语言的语种，构建有中国特色的外语教育规划体系；另一方面，本书在解读、分析美国华文教育的基础上，为汉语的海外推广提供建议。

总之，本书全面梳理和分析美国安全语言教育规划的背景、内容、特征、成效及其发展趋势。主要问题是：

（1）试图通过对安全语言教育全方位的解读来了解美国安全语言教育是如何服务于国家安全的。

（2）聚焦于美国的语言安全战略，全面梳理安全语言战略文件、法案、项目、实施方法和措施等。

（3）基于美国安全语言教育规划的发展历程和具体的制度、文件、项目和措施，与我国的语言教育政策作比较，为我国的语言政策与规划提供借鉴。

三 研究思路

本书的基本思路是从绪论开始，然后进行理论分析，再结合实践展开探索，最后是结论。研究的主体是理论分析和实践探索两个部分（图1-1）。

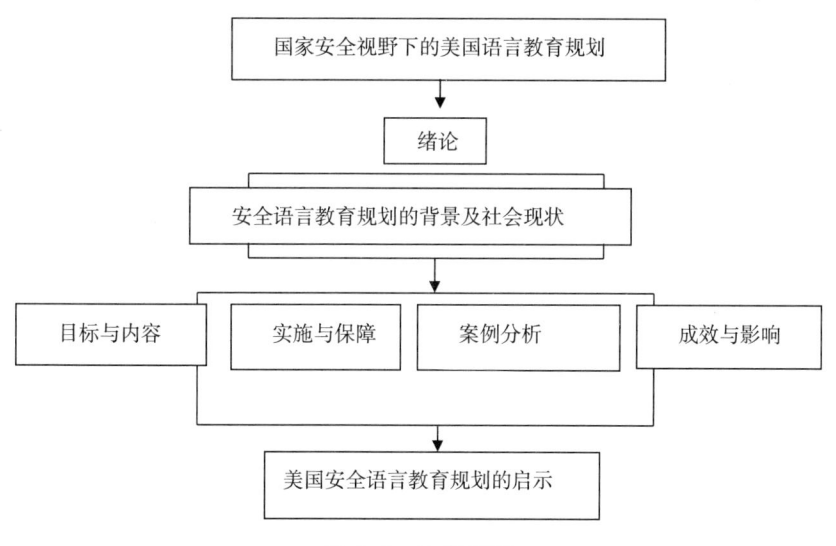

图1-1 本书思路

第六节　研究创新及不足

本书主要分析美国安全语言的特点，教育战略的演变、内涵、实施情况及其成效，重点探究了安全语言教育规划在高等教育和 K-12 中的实施现状和效果。创新和不足如下：

一　研究创新

首先，本书具有一定的系统性、全面性。本书以美国的国家安全为目标，较为全面、系统地梳理了美国安全语言教育的宏观规划，归纳了美国安全语言教育规划的特点、成效和影响。本研究从美国国防安全语言规划和公民安全语言规划两个方面来展开，还分析了实施措施和保障策略，另外也对汉语教育状况进行了个案研究。

其次，本书具有一定的新颖性、前瞻性。已有的研究主要是对美国"唯英语"教育、双语教育、语言教育政策等的研究，专门讨论安全语言教育政策的还不多，更不用说对影响国家安全的关键语言的研究。对美国安全语言教育规划进行全面、系统分析的研究也不多见。

再次，这是一个跨教育政策学和社会语言学两个学科的研究，本书既有教育政策研究，也有语言规划研究。

二　研究不足

一方面，本书对安全语言教育规划与美国外交、政治、经济、社会的互动关系探讨不足。美国实施安全语言教育规划的目的是提高国家竞争力、保证美国的国家安全。同样，美国的外交、政治、社会的发展反过来也会促进安全语言教育规划的实施，本书对这种互动关系的分析不够深入。

另一方面，对美国安全语言教育规划的内容规划有待系统深化、对成效分析欠相关的数据。限于时间、资料的占有情况、精力和篇幅，本书还没能在深度上对美国安全语言规划进一步挖掘。

再有，本书中的国防安全语言教育规划是主体，因国防战略部分涉及美国国务院、国防部、情报部等联邦政府部门，虽说相关的文件和数据基本上都能在美国官网上找到，但有些是国家机密，因此，有些数据难以获得。

第二章

美国安全语言教育规划的背景

美国向来就是一个危机意识很强的民族，纵观美国的历史发展和现实国情，美国的国家安全意识非常强，而且美国竭力追求绝对安全，联邦政府的很多策略也都是为这个目标服务的。

第一节 美国安全语言教育规划缘由

一 安全语言教育规划根源

文明冲突与美国的安全语言战略思维：塞缪尔·亨廷顿在《文明的冲突与世界秩序的重建》一书中指出，冷战后世界格局的决定因素表现为七大或八大文明。冷战后的世界，冲突的根源不再是意识形态，而是文化方面的差异，主宰全球的将是"文明的冲突"，全球政治将沿着文化线被重构。作者直言，西方文明并无普适性，西方中心主义已经没落，未来的世界将是越来越多元化的世界。避免全球的文明间的战争要靠合作。[1]

20世纪以来，美国借着全球化和现代化的幌子，推行普世文明的理念，对其他社会实行文化同化或统治。普世主义是西方对付非西方社会的重要的意识形态，有助于为西方对其他社会的文化统治和那些社会模仿西方的实践和体制的需要作辩护。美国总是从自己的国家为本位出发寻找对手，是美国所遵循的世界观的内在逻辑。[2] 美国的战略文化中充满了源于

---

[1] [美] 塞缪尔·亨廷顿：《文明的冲突与世界秩序的重建》，周琪等译，新华出版社2002年版，第5页。

[2] 周建明：《美国国家安全战略的基本逻辑：遏制战略分析》，社会科学文献出版社2009年版，第5页。

宗教的"使命感",他们把世界看作是分裂和对立的同时,又把世界的完整性看作是尚未完成的历史使命,美国人在全世界积极推广和保护新教资本主义,其目标是建立全世界范围的基督文明秩序,这个秩序就是美国人所理解的自由民主制度。① 美国不能容忍社会变革,不愿尊重与美国不同的文化模式,② 美国人对于对外政策中意识形态的存在缺乏自觉。

从社会现实层面来分析:"9·11"事件让美国的一些政治领导人和学者琢磨阿拉伯世界为什么如此痛恨美国。美国人拼命地搜致恐怖袭击的原因。由此,美国的整体国家发展战略越来越呈现出动态化的发展态势,相当不确定。一方面,随着通信技术的发展,美国人随时都能取得与外界的联系;另一方面,随着全球性金融危机的蔓延,美国经济发展速度放慢,美国开始考虑自己国家的贸易安全问题。"9·11"后,美国对基地组织及相关的恐怖活动非常重视。另外,在国际事件的处理上,美国的重心已经向中东和亚太地区转移。在中东地区,美国高度关注中东和平进程,维护伊拉克的稳定,限制伊朗大规模杀伤性武器的发展,打击阿富汗—巴基斯坦的基地组织势力。在亚太地区的边缘,随着中国和印度的崛起,美国努力维护自己在亚太地区的位置和利益,竭力占据主导地位,同时始终关注并控制北朝鲜的大规模杀伤性武器的发展。另外,各种全球性事件如全球气候问题、能源依赖与调配问题、网络攻击或犯罪问题、空间安全、自然灾害、普遍流行性疾病的潜在威胁也会困扰美国。

美国推行的安全语言战略是美国对抗非西方文明的强力武器,美国大力提倡安全语言和非西方文明、文化的学习,其目的是为美国的国家利益服务。要征服一个国家,首先要征服一国人民的心,语言和文化是进入人民心灵的最直接、最有效的工具。

二 安全语言教育规划动因

就美国的大教育而言,孙大廷也直截了当地指出美国教育政策的霸权倾向就很明显,美国企图通过向世界推广它的教育模式和理念,从而达到

---

① 于歌:《美国的本质》,当代中国出版社2006年版,第6页。
② [美]迈克尔·亨特:《意识形态与美国外交政策》,褚津元翻译,世界知识出版社1999年版。

征服世界的目的①。

美国语言政策的最大特点是隐性而非显性的。在美国,联邦政府虽然从来没有出台过官方的语言政策来宣布英语是美国的官方语言,但是对美国国内而言,英语是全美通用的语言,英语已成为美国社会默认的官方语言。"唯英语"政策也一直是美国隐性的语言政策,其目标就是"维护英语的绝对中心地位,打击、排斥一切其他语言"②,这与葛兰西所批判的文化霸权高度相关。于泓珊分析了葛兰西的文化霸权理论,指出美国语言政策的霸权倾向。③

美国不但在国内推行隐性的唯英语政策,而且也竭力向海外推行英语,在美国,英语不但帮助美国政权维护国家的统一和安全,也有效地促进了美国海外利益的保障和扩张。因此,对外而言,语言自然就成为美国国家政权扩张的工具,透过国家机器的运作与教育制度的落实,语言就成了国家、民族、种族之间权力较量的工具。戴维·克里斯托指出,美国向全世界竭力推销英语的最重要的目的就是企图通过语言来争夺更多的话语权,从而达到争霸世界、控制世界的目的④。

新世纪以来,无论是克林顿、布什,还是奥巴马执政,都改变不了美国以全球主义为取向的外交政策。扩张、霸权贯穿美国对外政策始终,⑤从美国近些年的国家安全战略文件来看,总统对美国的战略定位是"维持美国在全球的领导地位"。不管美国历届政府的战略话语是什么,他们共同的战略目标都是维持美国在全球的霸权地位或者领导地位。作为世界唯一的超级大国,美国最大的国家安全和利益便是维持这个霸权地位,只不过是每一任总统所使用的方法大同小异而已。如:小布什政府奉行的是单边主义政策,而奥巴马和特朗普政府则奉行多边主义的政策。

葛兰西认为语言可以起到"霸权"的作用,语言的霸权是通过统治阶级对其他阶级的文化统治或者统治阶级的语言对其他语言的支配来实现

---

① 孙大廷:《美国教育战略的霸权向度》,吉林大学出版社2009年版,第2页。
② 蔡永良:《美国的语言教育与语言政策》,上海三联书店2007年版。
③ 于泓珊:《葛兰西文化霸权理论与美国语言政策》,硕士学位论文,天津师范大学,2009年。
④ David Crystal, *English as a Global Language*, Cambridge University Press, 1997.
⑤ 赵学功:《当代美国外交》,社会科学文献出版社2001年版,第1页。

的①。美国的安全语言规划就是美国利用语言这一工具实现霸权的重要手段。因此，美国的安全语言战略规划不仅仅是一个语言方面的规划，更是国家的大战略，是美国实现世界霸权的重要手段。

三 安全语言教育规划要素

美国民族主义思想的核心是对其独特的政治体制的高度认同以及对上帝的虔诚信仰，它确立了美国的战略思维框架，并贯穿于美国国家安全战略之中。美国的国家安全战略始终是围绕着美国民族主义的思维逻辑运作的，"就是不仅要领导这个世界，还要支配这个世界"②。因为美国认为其价值观和制度是全世界最优越的，世界各国正在逐步接受其制度和价值观，同时无论在军事、经济，还是其他方面，美国的力量是最强大的，其他国家不能对美国的领导产生挑战，也不能在力量上追赶美国，否则就是对美国的威胁，美国不允许有这样的威胁存在。

语言战略是美国实现其政治利益、民族利益的一种手段，政府往往是推进语言政策最为普遍的权威，政府把语言规划看作是一种培养自己依附于或卷入国家体系的重要手段，语言政策与政治关系研究方面的专家赫伯特·凯尔曼曾指出："语言可以被看作是统一多元民族，使大家融入到国家中的强有力的、独特的工具。"③ 在政治体系中，语言规划应该是来帮助实施国家政策，这些政策的目标是建立帮助人们达到社会目标或经济目标的交际模式，政策应该关注来自不同的语言背景的人们怎样有平等的机会了解国家体系，对于政治学家来说，语言规划是一个重要的领域，在这个领域中语言被看作是依附国家政权的重要手段。

每个国家的语言政策，不管是显性的，还是隐性的，都是针对不同的政治环境需要而制定出来的。斯科恩曾指出：语言政策是紧紧扎根于历史的，是政治、经济、社会力量的工具。语言政策是政治力量的重要工具，语言政策的制定首先是基于对国家语言状况的充分了解，然后才是相应的语言规划，语言规划怎样被操作来服务于政府或政治集团是语言政策的终

---

① [意] 安东尼奥·葛兰西：《狱中札记》，葆煦译，人民出版社1983年版。

② 张爽：《冷战后美国国家安全战略的抉择——民族主义视角的思考》，《华中师范大学学报》（人文社会科学版）2013年第2期。

③ Kelman H. C., *A Time to Speak*: *On Human Values and Social Research*. San Francisco. Jossey-Bass, 1971.

极目标。在美国的安全语言教育规划中,我们也已经看到语言政策是如何被操控来服务于美国政府或政治集团的利益和目标的,不难发现,美国安全语言战略中的语言选择是权威机构为实现国家的政治目标所作出的选择和决定。

刘海涛指出,"要研究美国的外语政策,要先把外语置于美国的语言政策的历史发展脉络中去看";"美国的语言政策最突出的特点就是语言是维护美国的国家安全、民族统一的工具"。①

美国的安全语言战略规划在根本上也是对美国民族主义的维护,美国不允许世界其他国家对美国的领导产生挑战,也不希望其他国家在综合力量上赶上或超过美国。面对恐怖分子的挑衅,面对国际新生力量的崛起,美国感觉压力超大,对一些特殊地区的重视,加强安全语言教育无疑是保护民族主义最好的方式。

第二节 美国安全语言教育规划的发展

二战以来,美国外语教育政策的安全目标始终未变,相关的语言政策全面而具体,② 因此,美国的安全语言战略是紧紧围绕着国家安全目标的。20世纪以来,美国的安全语言教育经历了三次重大战略调整。第一阶段:20世纪50年代末至70年代,这是以争霸世界为导向的安全语言教育时期。在这一阶段,美国和前苏联争霸世界主导地位,为了满足国家安全的需求,美国的外语教育以俄语教育为主,兼顾亚、非、拉国家和地区的语言教育;安全语言教育内容除了语言之外,还包括区域与国别研究、历史、政治和文化风俗研究等。第二阶段:20世纪70—90年代,这是以经济发展为目标的安全语言教育规划时期。在这一阶段,为了提高美国经济的国际竞争力,美国在安全语言战略上作了调整,重点放在以日语、韩语和汉语为主的东亚国家的语言教育上,强调外语教育对国家经济贸易发展的价值,将外语教育与商科、经济学等课程紧密联系在一起。第三阶段:20世纪90年代至今,这是以对付恐怖活动为主要目标的安全语

---

① 刘海涛:《语言规划的动机分析》,《北华大学学报》(社会科学版)2007年第4期。
② 鲁子问:《美国外语政策的国家安全目标对我国的启示》,《社会主义研究》2006年第3期。

言教育时期。全球化进程加快，加之恐怖袭击事件的爆发，美国关注其国家安全、外交往来和经济发展在全球化时代所遇到的新挑战，强调培养语言和跨文化沟通能力兼备的外语人才的必要性。安全语言教育不仅仅是语言学习本身，还涉及安全语言地区的政治、经济、文化、历史、社会习俗等领域。

一　美苏争霸期的安全语言教育规划

20世纪50年代末，苏联的斯波尼特事件刺激了美国，《国防教育法》随之颁发，这个法案以加大对中小学和高校的外语教育资助为重点，促使美国的外语教育得到了快速发展。这是冷战时代的安全语言教育，战略的重点很明确，加强以俄语为主的安全语言教育以对抗苏联，保证美国在美苏争斗中有足够的能力打败苏联。

由于长期受"唯英语"政策的影响，美国联邦政府一直不重视外语教育。在与苏联的争斗较量中，美国发现在国防和政府机构里熟练掌握外语的人才非常匮乏，发现美国的外语教育算不上成功。于是国防机构的各语言教育部门开始外语教学，比如海军建立了日语学校向政府提供口译、笔译或密码解读人员。美国社会学习委员会提供资金支持一些非政府组织开展与战争密切相关的语言，如日语、汉语、阿拉伯语等语言的教学。美国政府也开始委托大学承担开发以培养军事语言人才为目的的外语计划项目或任务，同时军队建立了自己的语言学校来教美国士兵相关的外语实践技能。

1958年8月26日，美国国会以212票赞成、85票反对、131票弃权通过了旨在大力发展针对非西方语言及区域研究的《国防教育法》，提出了加强自然科学、数学和外语等八个关键领域的教育规划，在美国历史上第一次把现代外语教学与科学技术教学放到了同等重要的地位，也是美国历史上第一次把外语教学与国家安全联系在一起。《国防教育法》的第6条专门论及外语教育问题，经过多次的补充调整，该条文后来成为美国很多外语项目制定的法律基础。据此，美国确立了三个层次的安全语言：第一层次6种：汉语、日语、阿拉伯语、北印度语—乌尔都语、葡萄牙语和俄语；第二层次18种；第三层次59种。[①]

[①] 从丛、李联明：《论美国大学外语教学如何与国家安全战略发生联系》，《南京社会科学》2008年第12期。

在1958年之前，美国高校外语教学中占主要地位的语种是：法语、西班牙语、德语、意大利语和俄语。安全语言的三个层次显然已经不同于传统外语的概念，政府还决定投资建立暑期语言强化学院，要求学员接受最新的教学法和语言学的训练，提高口语技能，了解最新的目标语国家文化信息。另外，《国防教育法》还资助一些冷门语种的语言教育项目，并授权K-12年级的学校从事这些冷门外语的教学。

当时的美国总统艾森豪威尔强烈地意识到外语，特别是与国家安全密切相关的语言教育的重要性。美国肩负着领导自由世界的重任，促使美国要更快、更好地学习亚洲、非洲和中东等地区的语言和文化，因此他非常支持《国防教育法》。《国防教育法》的最终目标不仅仅是为了外语教育本身，更重要的是保障美国在全世界的地位和利益，但正是因为《国防教育法》，美国才前所未有地重视外语教育，对重要的非西方国家的语言和区域知识的研究特别重视，使得美国的外语教育进入了黄金时代。[1] 一方面源于冷战后的国家安全的需要，另一方面是随着空间时代的来临，美苏之间展开了对太空世界的争夺，美国开始不断地加强语言教育与区域研究，这种对语言教育和区域研究的重视主要是以下三股力量交织在一起互相作用的结果：一是美国军队在二战期间重视在数学、物理、电子、工程和外语五大关键领域的国家能力的发展；二是美国觉察到并强烈地意识到学习外国语言、文化对国际教育的重要性；三是美国高等教育对知识教育与智力发展的不懈追求。在1957年，美国吃惊地发现自己没有足够的语言能力来保证自己在经济和军事上的竞争力，因此美国政府开始加强对外语教学研究的拨款资助。资助主要来自教育部，但国防部对外语教育和区域研究的资助力度也很大，这些资助的经费也不是直接流向学校或高校，而是进入设在高校的各类研究中心，确保学术界和实体需求部门间的合作都在联邦政府的掌控之下。新世纪以来，美国联邦政府也大量资助高校中的研究中心或相关项目，这是一脉相承的。美国在处理现实语言需求相关问题时，总是努力帮助联邦政府干部队伍和军队官兵在语言和文化方面都达到较高水平，使他们能够收集、解读、翻译对美国国家安全至关重要的

---

[1] Swenson, Steven Robert (1999). *International Education and the National Interest: The National Defense Education Act of 1958, the International Education Act of 1966, and the National Security Education Act of 1991.* PhD thesis: University of Oregon, Eugene, Oregon.

情报。

1958年，美苏冷战进入相持阶段，《国防教育法案》确认外语教育对国家安全的作用，美国政府提供大量经费加强外语教育。美国政府投资数千万美元来重新培训语言教师，购置语言实验室及其他电子设备，开展外语教材编写，现代外语教学出现了前所未有的活力。在短短的几年中，听说法成了主流教学方法，学习外语渐成时髦，在公立中学里，学外语的中学生从1958年的16.4%上升到1965年的26.4%；1963年美国高校的学习外语的人数比1960年多了31.7%，研究生同期增加了77.8%，到1965年又增加了15.1%。20世纪60年代初，现代外语教育前景一片光明，国家还致力于培养双语人才。①

在《国防教育法》实施后的第一个财政年度，即1959年，美国国会拨款2.8亿美元用于语言教学，改善美国高校的外语教学环境，美国建立了众多专职机构，高校设立了106个与语言学习相关的中心，相关的语言奖学金472项，研究项目95个和语言学院42个；外语教学正式进入小学、中学和大学，尤其是著名大学，现代外语的招生人数也开始迅速上升。

继《国防教育法》之后，美国又推出了一系列关于安全语言教育方面的政策法规，如：1959年的《美国国家安全法》规定国家安全局局长应为军事或非军事安全人员安排语言及与语言相关的各项培训，资助必要的语言培训项目。1961年的《教育文化交换法案》是1958年《国防教育法》的继续，是美国高等教育体系中在语言、区域、国际政治、国际贸易的研究方面的规模最大、期限最长的联邦项目，开始只集中在语言培训方面，逐渐成为支持国际合作、国际教育等加强国家安全的复合体。在国际经济快速发展的过程中，外语教育在保障美国未来经济发展方面起着至关重要的作用，1965年5月推出的《高等教育法》鼓励商业界与外语教育计划合作，建立相互促进的共生关系，有利于国家经济利益的最大化。

《国防教育法》启动外语教学与区域研究，《国防教育法》大力支持高等院校课程的国际化。美国总统林登·约翰逊大力倡导外语教育和国际教育，他认为，"是思想，而不是武器持久影响和平的前景"，"外交政策

---

① 郭家栓：《美国外语教育史——60年代末到现在》，《佛山大学学报》1993年第3期。

的行动不会比学校的课程前进得更快"。①

美国外语的危机是促使美国出台《国防教育法》和高等教育法 Title Ⅵ的原因,只有具备更强的外语能力,美国才能防备苏联斯波尼特卫星发射的刺激。美国国会也公开表示如果有更多的美国人通晓俄语或美国急需的语言,美国可能就不会有这么强烈的智力震撼。但《国防教育法》和高等教育法 Title Ⅵ 的原始目标都非常狭隘,主要是想培养一批具有高级外语水平的专业干部队伍,这些人能作为国家专业外语人才的储备,以防备紧急需要时使用。

顺着这个目标,联邦政府的资助主要是指向研究生教育,政府把资金注入学校,鼓励学校建立各种中心来开展区域研究,通过这些中心去资助研究生出去留学,鼓励他们花更多的时间和精力去学习非西方世界的语言,从而成为这些语言方面的专业人员。

其实在二战刚结束之时,美国参议员威廉·富布莱特就提出通过教育交流来实现和促进各族人民相互交流的议案,以维护世界和平的名义来确保美国国家安全。签署该法案的美国前总统杜鲁门也说:"如果不想在战争中死亡,我们就必须学会和平相处之道。"② Title Ⅵ项目的创立也是为了保卫国家安全,正如众议院议员詹姆斯·罗斯福所说:"Title Ⅵ是最应该得到广泛支持,美国的大学忽视语言教学,我们甚至没有足够多能流利讲法语、德语的人来满足国际事务发展的需要。快速发展的民族解放运动已经使亚洲、非洲成为世界权力的中心,但我们却不懂他们的语言、更不了解他们的文化。"③ 美国在阿拉伯地区工作的人员中,只有 5 个会讲当地的语言,但苏联却有 300 名工作人员会讲阿拉伯语。在 1961 年的《教育和文化交流法案》的听证会上,众议院代表约翰·林得塞认为:"以前的教育和文化交流基本上是零星的和碎片的,但教育和文化交流确实是外交关系的重要组成部分。与大规模的国防和外国援助项目相比,教育和文化交流花费也是最少的。"④ 20 世纪 60 年代,为了推动美国国家外交发

---

① Johnson, L. B. *Remarks at the Smithsonian Institution at a Ceremony Marking the 200th Anniversary of the Encyclopedia Britannica* [Z]. http://www.presidency.ucsb.edu/ws/index. 2009.11.

② Truman, H. S. *President Truman's Address to Opening Session of United Nations Conference on International Organization at San Francisco* [Z]. http://www.ibiblio.org/pha/policy/1945/450425a.html.

③ Congressional Record [Z]. House, August 7, 1958. 16692-3.

④ Congressional Record [Z]. House, September 6, 1961. 18273-4.

展，当时的卫生、教育和社会福利部长约翰·加德纳也竭力倡导外语教育和国际教育："与其他国家建立联系，开展国际教育，对国家长远发展极其重要。我们寻求征服的敌人不是别的，而是我们对不同文化的人为什么会有和我们不同的行为和反应的无知、无能、狭隘的地方主义及缺乏敏锐的理解力。"①

以"语言+区域发展"为核心的安全语言规划

针对国家安全下的语言规划，美国通过了多项法案，主要有：1958年的《国防安全教育法》、1959年的《美国国家安全局法》、1984年的《经济安全教育法》、2003年的《国家安全语言法案》。同时，美国也启动了多项计划来加强安全语言教育，如1993年的"国家安全教育项目"、2005年国防部的"国家外语能力行动倡议"及"国家安全语言计划"。特别是"国家安全语言计划"，对新世纪的美国影响深远。

《国防教育法》正式提出安全语言规划

《国防教育法》是美国最早提出的关于安全语言战略的法案，也是最早启动外语教学和区域研究的法案。

二战的硝烟还未散尽，美苏两个超级大国紧接着就进入了冷战阶段，双方都加强军备力量，强大经济实力，在科学技术上争取领先，同时取得军事上的优势。但就是在1957年10月，在大约1个月的时间里，苏联在世界上首次连续发射两颗斯波尼特的卫星绕地球飞行。美国在当年的12月6日也发射卫星，但却以失败而告终。苏联这两颗卫星使美国本引以为豪的科学和技术优势"黯然失色"，全美也因此情绪低落。

随后社会各界纷纷指责美国学校教育水平的落后，认为学校教育是美国整个防御战略中最薄弱的环节，很多学者指出美国的学校教育在走下坡路，而且政府对教育的支持也很不够。正是在这样的情况下，美国国会议员疯狂地向联邦政府甩出教育方面的议案，通过了至少几十项与教育相关的法令，要求政府彻底改造教育，应对国防危机和挑战。1958年9月2日，由美国总统德怀特·戴维·艾森豪威尔签署，美国国会通过《国防教育法》（Public Law 85-864），这是美国历史上里程碑式的法案，它第

---

① Congressional Record [Z]. House, March 30, 1966.7284.

一次把美国的国防安全与教育,特别是高等教育紧密联系在一起。在通过《国防教育法》的时候,国会认识到国防、安全已经与教育不可分割地绑定在一起了。①《国防教育法》的第六条"语言发展法令"规定,设立外国语语言中心、设置研究奖学金,开展外语教师的培训等。

《国防教育法》对语言教育,尤其是安全语言的重视主要体现在以下三个方面:一是加大对自然科学、数学、现代外语等重要科目教学的财政援助;二是确立了安全语言的地位,重视普通公立高校的外语教学,增建语言实验室;三是建立众多的亚洲、中东、非洲和拉丁美洲等区域研究中心,培养美国在外语、地区研究和国防事务问题方面的专家。该法首次通过法律的形式把教育与国家安全联系在一起,表明美国政府进行教育改革的意图和决心,重视加强学生对世界各国政治、经济、科学、文化、民族乃至风土人情的学习和了解,使他们对国际问题有更多的关注、更深的了解,目的是满足美国培养优秀人才以领导世界。

在《国防教育法》的指导下,美国政府加大了对外语教育和区域研究的资助,特别是安全语言对应的国家和地区。1959年,美国国会拨款2.8亿美元资助大学改善教学设施、提高外语教学,并为研究生专门设立"外语和区域研究奖学金",仅用于设立19个中心、171项奖学金和20个研究项目的经费就达到350万美元,美国还投资150万美元成立16个语言学院。《国防教育法》颁布后,从1958年到1962年美国政府共花797万美元资助各种中心、奖学金或研究项目,另外还花费725万美元资助各语言学院。这些投资主要用于加强训练教师、编写教材、购置语言实验室及其他电子设备,外语教学出现了前所未有的活力。在短短的几年中,外语,特别是一些对美国国家安全有着重要影响的语言的招生人数迅速上升,美国的外语教育情景一片大好。②

1959年的《美国国家安全局法》中明确指出,国家安全局局长应该为军事人员和非军事人员安排外语培训,同时要加强对地区知识和实际交流使用语言的训练,可以通过利用其他政府机构资源的方式来加强外语培

---

① Scarfo, R. D. (1998) *The history of Title Ⅵ and Fulbright-Hays*. In J. N. Hawkins (Ed.), International Education in the New Global Era: Proceedings of a National Policy Conference on the Higher Education Act, Title Ⅵ, and Fulbright-Hays Programs (PP. 23-25). Los Angeles, CA: Los Angel es International Studies and Overseas Programs, University of California.

② 郭家栓:《美国外语教育史考略60年代末到现在》,《佛山大学学报》1993年第3期。

训,在政府训练条件无法满足培训需要时也可以通过采取定立合同、物质补助或者与一些非官方组织合作来完成培训任务。同时,《美国国家安全局法》还通过补助津贴或奖励等办法来保证民间军事语言后备人才的储备。[1]

"安全语言+区域教育"的兴起和发展

在20世纪60年代,美国对安全语言的重视还可以从《高等教育法》略窥一斑。20世纪60年代初,美国政府就开始酝酿并制定有关高等教育的法律,1965年美国国会颁布了《高等教育法》,这个法案的第六款在1980年修订时增加涉及外语教育的内容:成立国家资源中心、设立外语和区域研究奖学金、开展国际研究和学习、成立本科阶段的国际研究与外语课程项目以及国际商业和教育项目、国际商务教育中心、语言资源中心、美国海外研究中心、国际公共政策研究所、建立技术创新与对外合作信息访问计划。还将《富布莱特—海斯》法令纳入第102款的第6条,补充了国外博士论文研究计划、教师国外研究、海外研讨会等内容。

20世纪70年代以来,美国虽然领先于其他国家,但美国上层认识到仅靠美国的力量难以在美苏争霸中取胜,必须还要借助其他力量,特别是欧洲和中国,因此美国一改六十年代之前的对中国的敌对、遏制政策,努力寻求中美关系的正常化,美国在外交政策上作了一些重大调整,反映在外语教育中就是美国加强了汉语等亚洲国家语言的教育,中美关系的改善成为美国在美苏争霸中由守转攻、从被动变为主动的关键因素。

二 经济竞争期的安全语言教育规划

20世纪70年代至90年代末是美国安全语言教育规划的调整期,这个阶段可称为经济发展时代的安全语言教育,战略的重点很明确,加强以日语、韩语等为主的国家安全语言的教学以在经济发展、贸易交往上对付日本等新兴国家的挑战,从而保证美国在世界经济中的霸权和垄断地位。

70年代爆发的能源危机以及日本等经济新兴体对美国构成了威胁,美国开始重新思考其在世界经济体中的地位,美国在70年代对外语教育的忽视被认为是美国失去国际贸易优势及经济竞争力的原因之一。很多政

---

[1] National Security Agency Act of 1959, Public Law 86-36.

策制定者，包括国会的重要成员都认为"丰田是八十年代的斯波尼特"，商务来往和国际经济的竞争力成为国家发展考虑的重点，日本、韩国等亚洲国家经济的迅速发展引起了美国的警觉，美国国内各个领域都加强了对这些国家和地区的政治、经济和文化的学习，在语言学习方面也不例外。在1980年的教育修正案听证会上，教育和劳工部的报告强调，由于世界经济的相互依赖，如果美国不了解世界其他国家的语言和文化，美国经济将变得脆弱不堪。议员保尔·西蒙认为："这是一种不会受到很多人重视，但是却对整个国家具有重要意义的立法"，"对高等教育的资助也就是对国家的资助"。[①] 70年代末80年代初，卡特政府成立了外语和国际研究委员会，该委员会发布了《智慧造就力量——外语和国际学习总统委员会报告》，要求政府出资高达一亿七千八百万美元来资助外语和国际教育项目。日语、韩语成为这一时期美国语言教育战略的要点。1980年，经重新授权后，美国高等教育法再次实施，美国国家语言和国际研究理事会、美国教育协会、美国商业教育大学联合会和参议员克里斯托弗·托德及其他国会议员在历经两年多的努力中，成功地修改高等教育法案的 Title Ⅵ 内容，并创设了国际商务教育中心，加强对与美国经济、贸易往来频繁的国际和地区的语言和区域知识的教育。

提高外语教育质量成为这个时期美国教育战略发展的重点。在日本、韩国、新加坡等国家经济大发展的刺激下，美国外语教育的投入倍增，联邦政府积极参与全国语言教育事务，成立了协调全国教育改革和发展的领导机构，由总统和州长共同参与的"全国教育高峰会议"，会上特别强调对以日语为首的一些安全语言的重视。1978年卡特政府成立"外国语言和国际研究总统委员会"来负责外语和国际教育。委员会重视外语教育，对与国家安全密切相关的语言教育采取的措施主要有：设立20个区域研究中心，这些中心主要由教育部出资，调查美国各级外语教育状况及教师的教学能力；教育部资助设立近30个暑期学院来加强语言培训；从小学到大学的各级学校重新突出外语教学要求，特别是一些国家安全方面急需的语言的教学；教育部提供奖励基金来资助中小学、大学的外语教学，就中学前的外语教学，平均每位学生会得到每天20美元的资助，中学生每人每天30美元，大学生每人每天40美元，对于学习国家安全急需的外语

[①] Congressional Record [Z]. House, October 29, 1979. 29844.

的学生，平均每个学生每天可以有 15 美元的资助。教育部支持语言和国际研究，国家教育研究院、国家人文教育研究院和国家安全教育法案的 Title Ⅵ 研究项目一样，支持外语教学方面的课程改革实验；为各州教育部门聘请外语专家，同时设立外语和国际研究咨询委员会来对在美国教育体系中如何加强外语和国际研究提出建议和帮助。

80 年代主要针对前苏联地区的语言学习和区域研究的"第八条款研究和语言培训联合项目"，其外交和安全意义是不言自明。80 年代末，随着亚洲经济的崛起和欧洲统一市场的形成，传统的商业课程已经不再适应现实要求，1988 年的《大型贸易和竞争力法案》资助高校建立国际商务教育中心，使外语教育和商务教育国际化联系起来。90 年代，美国在政治军事力量上成为全球霸主，但同时在经济发展上也面临前所未有的全球性挑战。美国《高等教育修正案》中对外语和国际教育的内容和重心进行了新的调整，以适应全球事务中的语言和区域问题专家的需要。冷战后美国出台的《国家安全法案》把安全语言列入资助的重点，且项目由国防部管理，不仅支持个人的国外学习和研究，而且还资助对高等教育机构开发安全语言课程和学习资料，反映了美国在冷战后，试图独享世界霸权地位，在外交上插手全球事务的野心。

与安全语言相关的政策规划

1980 年，美国把《国防教育法》中的外语教育条例与《高等教育法》中的第六款合并，组成新的法令，法令给予商业和国际教育项目拨款，全国高质量教育委员会发布了《处于危急中的国家》报告，报告具有里程碑意义，报告建议对要升入高校的学生须有两年以上的外语学习，使外语教育成为高中教育的五个基本组成部分内容之一。1984 年美国通过《经济安全教育法》（P. L. 98-377），该法授权联邦政府拨款提高国家外语能力以保证国家的经济安全。[①]

1986 年《高等教育法》重新授权设立语言资源中心，以提高外语教学质量。1988 年美国国会颁布的《小学和中学教育法》第五款建立外语援助计划和外语激励计划，用于创建学校的外语课程，其中外语援助方案旨在通过三年的计划来发展国家和地方教育机构，改善小学和初中阶段的

---

① Education for Economic Security Act, Public Law 98-377.

外语教育。

1991年美国国会提出《国家安全教育法》，1993年对此法案作了修改，主要是为了保障美国情报机构和外交部能有更多的高水平的外语人才。在这个法案的基础上美国设立了国家安全教育计划，试图通过设立奖学金、外语研究项目和科研项目来提升国家综合能力，以提高美国公民对外国文化的了解，增强美国的经济竞争力，加强国际合作。在该法令的支持下，大学本科生和研究生学习安全语言可以获得该资助，并在国防部、国土安全局或国家情报部门工作。同年成立《全国旗舰语言计划》，支持大学培养具有较高安全语言水准的外语毕业生，该计划的重点是阿拉伯语、汉语、印度语、日语、韩语、波斯语、俄语和土耳其语等语言，这是第一个由联邦政府和高等教育机构联手来推进安全语言人才培养的计划。

三 反恐新时代的安全语言教育规划

"9·11"后，美国的安全语言教育规划进入了第三个重要的时期，这个时期的语言规划重在加强以阿拉伯语、汉语为主的安全语言教学以对抗在宗教信仰和文化上与美国有很大差异的国家，达到打击恐怖袭击，从而保证美国的本土安全，继续向全世界传输美国思想，确保美国在世界的霸权地位。

这个时期，美国对安全语言教育规划进行了调整，美国联邦政府主动出击，国务院、教育部、国防部和情报侦察部门携手强制干预全国的外语教育事务，将外语教育提高到事关国家安全的新高度[①]。这个时期美国安全语言教育规划的主要目标是打击恐怖分子的袭击、阻止对抗美国新力量的形成，以阿拉伯语和汉语为主的安全语言成为这个时期美国重要的传授语言，阿拉伯语被成为"新俄语"，这个时期的安全语言战略被称为反恐时代的语言战略。

"9·11"后，美国把未能防范恐怖袭击和美国低弱的外语能力联系起来，布什政府发布《国家安全外语教育决议》，国家安全又一次成为外语教育的政策的中心目标。总的来说，美国外语教育政策的安全目标自二

---

① 郭玉贵：《全球化背景下美国教育政策的战略调整（摘要）》，《中国高等教育评估》2005年第4期。

战以来一直持续着，所制定的政策是全面而具体的。①

2007年促成林肯国外学习奖学金项目实施的《保尔·西蒙国外学习基金法案》指出："学生在海外学习其他国家语言，能够和其他的国际学生进行交流，了解其他国家的语言和文化，这也是为全球化时代所做的基本准备。该法案力图使了解其他国家成为美国本科教育的一个基本部分，使海外学习成为一个规范，而不是一种特殊案例。"②

第三节 美国安全语言教育规划的相关理论

这一节主要探讨国家安全与语言教育战略之间的关系，国家安全对语言教育规划、政策制定到底有何影响，从国家安全的视角来探究语言规划的理论基础究竟何在，在此来解答这些问题，并试图构建以维护国家安全为目标的语言教育政策的理论框架，为下文的分析奠定理论基础。

一 美国国家安全观的演变与安全语言战略

美国国家安全的内涵：传统安全研究是以国家为中心，研究国家间的政治与军事的关系，即如何运用军事力量来保卫国家的领土主权。传统的安全理论更多地关注政治、军事和外交方面的国家之间的关系，即所谓的"高级政治"，传统安全观也是限于国家间的军事博弈，是一种非此即彼的"零和游戏"。一般来说，传统安全主要是指以军事和政治为核心的、以维护国家主权和领土完整为核心内容的安全，是一种狭义的概念。

国家安全需求分近期国家安全需求和长期国家安全需求，近期国家安全需求可以被看作是国家安全以及在军队、情报机构、法律实施部门、外交团体中填补具有语言和区域知识专长的人员③；长期国家需求包括发展和保持对未来国家安全需求做出反应的能力，保持美国在全球市场中的竞

---

① 鲁子问：《美国外语政策的国家安全目标对我国的启示》，《社会主义研究》2006年第3期。

② Association of International Educators. Senator Paul Simon Study Abroad Act [EB/OL] http://www.nafsa.org/public_ policy. sec/commission.

③ National Commission on Terrorist Attacks Upon the US. (2004) Reforming law enforcement, counter-terrorism, and intelligence collection in US (Tenth Public Hearing, Staff statement No. 12) Available: http://www.9·11 Commission.gov/staff_ statements/index. htm [accessed Feb. 2007].

争力，保持在科学技术方面的优势，拓展分析思维能力，并努力使美国公民具备全球意识，长期国家安全需求是在一个更长的时间宽度上服务国家安全目的，而不仅仅局限在某个具体的时间点上。①

美国国家安全与国家利益之间的关系："安全""国家安全"不仅仅意味着国家主权不被干涉或领土不被侵犯，而且更重要的是指国家整体的安全、国内社会的稳定状况、公民个体的安危以及人与自然的关系都保持良好的平衡、处于良性循环的状态。"国家安全"的内涵与外延却不相同。美国学术界认为，国家安全就是一个国家处于没有危险的客观状态，也就是国家既没有外部的威胁和侵害又没有内部的混乱和疾患的客观状态。我国学术界一般认为，国家安全是指"客观上不存在威胁，主观上不存在恐惧"的状态。国家安全的主体是主权国家，其核心概念是利益和威胁。国家安全研究就要研究如何保护国家利益，即一国的生存利益和发展利益。②

20世纪70年代开始国家安全的内涵不断地扩展和深化，"安全问题"已经从传统的军事方面扩大到包括经济、社会、环境等诸多领域，非传统安全的议题也在更广泛的领域内得到探究。

汉斯·摩根索指出："国家利益应以权力来定义，国际政治就是一个权力斗争、国家私利主导的过程，用权力界定的国家利益有利于在国际政治中认清主要目标。"③ 美国政治家弗雷德·桑德曼指出："当我们谈国家利益时，我们是在谈价值观念，是某一社会的一部分人、许多人、或者所有人所拥有的价值观念。"④ 塞缪尔·亨廷顿指出："国家利益是一种公共产品，是所有美国人关心的问题，国家利益包括安全和物质上的考虑，也包括道德和种族上的考虑。"⑤ 建构主义认为国家利益不仅包含安全利益、

---

① O'Connell, M. E. & Norwood, J. L. (Eds.) *International Education and Foreign Languages: Keys to Secure America's Future* [C]. Washington, D. C.: The National Academies Press, 2007. 18.

② 孟凡礼等：《国家安全战略的四种文化视角初探》，《国防科技》2009年第1期。

③ Hans J. Morgentllau. *In Defense of the National Interest: A Critical Examination of American Foreign Policy* [M]. New York. Alfied A. Knopf. 1951. 172.

④ [美] 弗雷德·桑德曼：《国家利益》，《环球季刊》1977年第1期。

⑤ Samuel R Huntington. The Erosion of American National Interests. [J] *Foreign Affairs*, September/October, 1997.

政治利益、经济利益,还包含精神利益。① 王逸舟把国家利益界定为"民族国家追求的主要好处、权利或受益点,反映这个国家全体公民及各种利益集团的需要与兴趣"②。综合各学者的观点,曹迪谈道:"国家利益是国家满足和维护其生存与发展的需求的总和,国家利益包括国家安全、政治利益、经济利益和文化利益等。"③ 因此,简单地说,国家安全是国家利益一部分,一个国家或民族的安全直接影响到国家的利益。

国家安全与美国国家利益的关系,国家安全首先就是要为统治阶级服务,维护国家政权的稳定,因而,国家安全是以国家政治为目标的。同时,国家安全也是保障国家经济建设和发展的,只有具备安定、和平的环境,才能为国家的经济建设创造更加的条件。另外,一个国家的文化建设更离不开国家安全的保障。

新时代的美国安全观——从传统安全走向非传统安全:在美国,以"9·11"事件为标志,非传统安全问题成为日益突出的新威胁。一般来说,西方学者较少使用"非传统安全",而是更多地使用非军事安全、全球安全、跨国安全、综合安全、人的安全、新安全等概念。"非传统安全",或称"非常规安全""非传统威胁""新威胁""新安全",非传统安全是传统安全的扩展和延伸,包含了以军事和政治为核心的传统安全在内的其他所有危及人类的生存与发展的安全问题。非传统安全问题是由军事、政治和外交以外的其他因素所引发的,直接影响甚至威胁本国和别国乃至地区与全球生存、稳定、发展和安全的跨国性问题及其状态,以及与此相应的一种新安全观和新的安全研究领域。非传统安全问题主要包括:经济安全、金融安全、生态环境安全、信息安全、资源安全、恐怖主义、宗教扩张、武器扩散、疾病蔓延、跨国犯罪、走私贩毒、非法移民、海盗、洗钱等。

非传统安全与传统安全有时相互转化,恐怖主义、跨国犯罪和武器扩散是属于非传统安全的范围,但这些问题往往需要通过军事手段来解决,非传统安全问题同传统安全问题的相互关系越来越密切。

---

① 郭树勇:《建构主义与国际政治》,长征出版社2001年版,第112页。
② 王逸舟:《国家利益再思考》,《中国社会科学》2002年第64期。
③ 曹迪:《国家文化利益视角下的中国语言教育政策研究》,博士学位论文,北京师范大学,2011年。

非传统安全研究则将一些从前与军事和国防相关性不大的社会、经济和环境问题越来越当作"安全问题"来看待,这种发展不仅反映安全观的变化,而且更根本的是对安全本质的解读也在发生变化。非传统安全在内涵和外延两方面拓宽了安全的定义,不仅扩大安全研究的领域,将经济、环境、文化和社会等所谓的"低级政治"纳入安全研究的范畴,还将安全主体从国家扩展到个人和非政府组织等其他非国家行为主体。[①] 在非传统安全的理念影响下,共同安全和合作安全成为维护安全的重要手段,国家与国家之间的安全关系是"双赢格局",而非"零和游戏"。因此,非传统安全并没有否定传统国家安全的重要性,而是拓展了安全研究的范围和层次,丰富了安全研究的内容。

从历年美国国家安全战略的报告看,美国的国家安全包含狭义和广义两层含义,狭义的国家安全意指美国及其盟国不受其他军事力量的军事打击的能力,而广义的国家安全则包括有利于美国实现其国家利益和全球领导地位的军事、经济、文化和全方位国际秩序等诸多要素。因此,从根本上来说,美国所谓的"国家安全",实质上就是美国确保并进一步延伸其国家利益和全球领导地位的实力部署和制度安排。[②] NSS(2010)界定了涉及美国国家安全的"四大持久的国家利益":一是美国及其公民、美国的盟国及伙伴国的安全,特别是防范核恐怖袭击的能力,二是持续创新、不断成长的美国经济,三是在美国国内对"普世价值"的尊重,四是由美国推进的国际秩序。

现代科学技术和网络的迅猛发展助长了非传统安全威胁的滋生,互联网已全面渗透到现实世界中的政治、社会、经济、军事、科技和文化等领域,对国家安全来说,网络已经成为一个没有硝烟的新战场,它关系到一个民族、一个国家在互联网时代的兴亡。[③] 美国一直将网络安全视作国家安全的重要方面。2000年,美国提出《信息系统保护国家计划》,计划指出重要网络信息安全关系到国家战略安全,美国把重要网络信息安全放在优先发展的位置。2003年2月,布什政府发表了《国家网络安全战略》

[①] 傅勇:《非传统安全与中国》,上海人民出版社2007年版。

[②] 吕祥:《美国国家战略传播体系初探》,载玛雅主编:《美国的逻辑:意识形态与内政外交》,中国经济出版社2011年版。

[③] 黄永垠:《互联网与国家安全》,《中国党政干部论坛》2010年第2期。

报告,正式将网络安全提升至国家安全的战略高度,从国家战略全局对网络的正常运行进行谋划。2009年5月,奥巴马正式发布了《网络空间安全政策评估》报告,对美国政府及军队当前的网络状况进行评估并讨论对策,表明奥巴马政府已经把网络安全视为国家安全优先考虑的问题。2009年6月,美国国防部正式宣布成立网络战争司令部,提出"攻防一体"的口号,迎接网络战争。

美国国家安全实现机制的转变:全球化时代美国国家权力性质的转向:对于"权力"的含义,不同的学者给出了不同的解释。英国著名哲学家罗素从权力所产生的结果来定义权力,他提出:"权力可以被定义为有意义的事情而努力的产物。"① 另外一些学者则从能力的角度来界定权力,例如马克斯·韦伯认为权力是"在一种社会关系里,哪怕是遇到反对也能贯彻自己意志的任何机会,不管这种机会建立在什么基础之上"②。美国社会学家丹尼斯·朗也认为:"权力是某些人对他人产生预期效果的能力,是参与者为了达到目的而激活或动员资源的能力,资源占有的不平等导致了权力的不平等。"③ 中国国内学者李景鹏指出,"权力就是根据自己的目的去影响他人行为的能力。"这就是说,权力是一种力量,依靠这种力量可以造成某种特定的局面或结果,也就是使他人的行为符合自己的目的。④ 在后现代主义的"边缘、局部、多元"的视角下,福柯认为权力是一种处于流动、循环过程中的关系,具有不确定性。⑤ 在综合国内外专家、学者对权力的定义和解释的基础上,曹迪指出:"权力是硬性制约力和软性影响力的集合体,硬性制约力中包含了权力关系中的强制力,而软性影响力中包含了文化和意识形态的诱导力和吸引力。"⑥ 根据权力的行使者的不同,权力可分为个人权力、集体权力和国家权力,本研究主要聚焦于美国国家安全视域下的国家权力,按照上述对权力的理解来看,国家

---

① [英]罗素:《权力论》,商务印书馆1991年版,第23页。
② [德]马克斯·韦伯:《经济与社会》(上卷),林荣远译,商务印书馆2004年版,第81页。
③ [美]丹尼斯·朗:《权力论》,陆震纶译,中国社会科学出版社2001年版,第5页。
④ 李景鹏:《权力政治学》,黑龙江教育出版社1995年版,第32页。
⑤ [法]米歇尔·福柯:《必须保卫社会》,上海人民出版社1999年版,第27—28页。
⑥ 曹迪:《国家文化利益视角下的中国语言教育政策研究》,博士学位论文,北京师范大学,2011年。

权力是维护国家安全的手段。现实主义代表人物约翰·米尔斯海默则指出:"强国应寻求改变世界权力的分配,强国不仅不惜牺牲别国利益来获取权力,还会不惜代价竭力阻挠对手获得权力。"① 而新现实主义代表人物肯尼思·华尔兹认为,"国际社会实际上是一个权力斗争及和解的领域。"② 但华尔兹在承认武力重要性的同时,也重视经济和其他方面的实力。因此可见,军事、经济等硬力量并非权力的全部,在国际竞争中,国际权力的话语已转向"软权力"或称"软实力"。

国家权力向"软实力"的转变:自从20世纪90年代初哈佛大学约瑟夫·奈提出"软实力",软实力成了研究热点。"软实力是一种通过吸引力而不是通过威逼或购买而达到目的的能力,是一个国家所具有的除经济、军事以外的第三方面的实力,主要是语言文化、价值观、意识形态、民意等方面的影响力。"如果说军队等硬实力可以征服一国领土,那么,语言文化等软实力就可以征服一国人民的心。③ 约瑟夫·奈将软实力归纳为四个方面的影响力:文化的影响力、意识形态的影响力、制度安排上的影响力和外交事务中的影响力。这些影响力都需要通过语言传播给大众。

在全球化时代,国家与国家之间的熟悉、了解日益加深,相互间依存程度的加深带来了"世界权力的变革"和"权力性质的改变"。约瑟夫·奈指出:"过去,对一个大国的考验是其在战争中的实力,而今天,实力的界定不再仅仅强调军事权力和征服,技术、教育和经济增长等因素在国际权力中正变得日益重要"④;"软权力是一种能力,它通过吸引力而非威逼或利诱达到目的。这种吸引力来自一国的文化、政治价值观和外交政策,当一国的政策在别人的眼里是合法、正当时,国家的软权力就得到了提升"⑤。

---

① [美]约翰·米尔斯海默:《大国政治的悲剧》,王义桅等译,上海人民出版社2003年版,第82页。

② Kenneth. N. Waltz, *Theory of International Politics* [M]. New York: Mac Gram Hii, 1979. 112.

③ 佟晓梅:《国家安全视阈下中国外语教育政策问题研究》,《社会科学辑刊》2011年第2期。

④ Nye J. S., Jr. Soft Power [J]. *Foreign Policy*, Fall 1990.

⑤ Nye J. S., Jr. *Soft Power: The Means to Success in World Politics* [M]. New York: Public Affairs, 2002. 25.

21世纪是世界各国以软实力相互竞争、相互较量的时代，是以文化为中心的时代，世界上很多国家尤其是发达国家都高度重视软实力。约瑟夫·奈还进一步探讨了美国软力量在文化、国内价值观、政治、外交等领域中的资源并试图寻求如何通过公共外交使用软力量的具体实践问题。"不光是剑，橄榄枝也能代为其言"，这对于更好地理解美国的外交实质和风格，理解美国海外英语推广的众多机构、政策、项目等均具有极其重要的意义①。

在全球化的今天，每个国家都在想方设法增强自己的软实力。如果一个国家的文化能够得到其他国家的普遍认同，甚至被吸纳和融合到其他国家的文化中去，这个国家与其他国家就会少几分敌意多几分理解。美国一方面依仗自己的军事力量强撑着"硬实力"，另一方面已经意识到软硬兼施，对加强自己国家安全，维护世界霸权地位的重要性，特别是"9·11"后，美国不但在国内一如既往地加强英语的主导地位，而且加大力度在全世界推广英语。同时，美国又深刻地认识到加强外语和外国文化的学习对美国的发展尤为重要，语言不仅是交流工具，更是一种重要的国家资源，是颇具杀伤力的软实力。于是外语学习被提高到了国家战略的高度，即作为美国公民，懂得一种以上的语言已经是国家安全的需要。这标志着美国政府的外语教育观念开始发生转变。美国上下达成了重视外语学习和外国文化交流的共识，美国教育部、国防部、国务院等采取多种手段鼓励公民学习并掌握外语，从此外语教育与国家安全更加紧密地联系在了一起。

美国原教育部长理查德·赖利曾在参议院国际安全会议上指出："加强全国外语教学，将会使美国的劳动大军更加出色，国家安全得到更好的保障，其他领域也将随之改善。"

国家权力向"巧实力"的转向："巧实力"最早是由美国学者苏珊尼·诺瑟提出的，强调综合运用硬实力和软实力发展综合实力。2006年约瑟夫·奈发表题为"重新思考软实力"的文章，称"单独依靠硬实力或软实力都是错误的，两者有效结合起来可以称作巧实力"。2007年美国前副国务卿阿米蒂奇和约瑟夫·奈明确提出运用"巧实力"进行对外战

---

① ［美］约瑟夫·奈：《软力量——世界政坛成功之道》，吴晓辉等译，东方出版社2005年版，第157页。

略转型，帮助美国摆脱当前困境，重振全球领导地位。

美国在国家安全战略调整上，也明显地反映出美国对软实力和巧实力提升的重视，2006年版的《国家安全战略报告》① 略见一斑，美国的安全语言战略就是军方在硬实力的基础上，加之语言与文化软实力，从而达到巧实力的提升。

美国国家安全实现的保障——软实力和巧实力的共同发展：美国的国家安全战略思维在发生转变，国家安全思维是当今贯穿美国整个国家发展的主线，维护美国自身超级大国地位和霸权的国家意志是美国各种政策立法的重要的依据。美国的安全观明显不同与其他国家，美国总是感觉到不安全，并且总是偏执地认为外部存在着对美国的阴谋和威胁，这种国家安全观与美国的民族特性是分不开的，因为美国的民族认同是建立在对相关制度和信仰的认同基础之上，美国政府往往通过向民众灌输阴谋论和威胁论、树立起敌人的形象，从而来加强美利坚民族的凝聚力。这种国家安全观进一步强化了美国的不安全感。

贯穿美国国家安全的核心思想首先是零和博弈的美国国家安全观：对美国来说，在权利或地位等争夺过程中，一方的成功或取胜是要以牺牲对方的利益为代价的，不存在着共赢的可能。在这样思想主导下的美国国家安全也就意味着美国安全和利益实现是以牺牲其他国家或民族的利益为代价的，因此，对世界其他国家或民族来说，美国在考虑自己国家安全时，是不会为别人着想的，在任何时候，美国首先顾及的是自己的安危和利益。其次是主导美国国家安全思维的实用主义的观念，美国在考虑一些战略、做出一些决策时，也是坚持实用为先的原则的。次是美国的一切国家安全策略都是为了稳固自己的世界领袖地位的，美国从来就没有放弃过主宰世界的地位，这在历届美国总统的竞选或就职宣言中反复申明的，冷战结束后，美国始终维护着自己的世界一超的地位，其一切战略都是为此服务的。从根本上来说，美国的"国家安全"实质上就是美国确保并进一步伸张其国家利益和全球领导地位的实力布署和制度安排。② 美国是非常崇尚综合实力的国家，软实力和硬实力兼重向来是美国实现其战略的重要

---

① 刘栋：《美国2006年版国家安全战略报告》，《国际资料信息》2006年第6期。
② 吕祥：《美国国家战略传播体系初探》，载玛雅主编《美国的逻辑：意识形态与内政外交》，中国经济出版社2011年版。

手段，特别是在"9·11"后美国更强调对软实力的重视。

国家安全需求分近期需求和长期需求，近期需求可以被看作是国家安全以及在军队、情报机构、法律实施部门、外交团体中填补具有语言和区域知识专长的人员，正如"9·11"委员会所讨论的；[1] 长期需求更加宽泛，包括发展和保持对未来国家安全需求做出反应的能力，保持美国在全球市场中的竞争力，保持在科学技术方面的优势，拓展分析思维能力，并努力使美国公民具备全球意识，长期需求是在一个更长的时间范围内服务国家安全目的，而不仅仅局限在某个具体的时间点上。[2]

美国制定安全战略时首先判断自己国家处于何种国际环境，面临着何种外部威胁，并在此基础上考虑如何减轻种种外部威胁。美国总是刻意寻求外部威胁，这已成为美国国家安全的一种需要，也就是"不自主地甚至有意把某些或某类国家作为现实的或潜在的对手，并以此来判断对方的意图、基本战略，规划自己的战略目标和相对能力"。[3] 对美国而言，最理想的敌人莫过是在意识形态上与美国为敌，种族和文化上与美国不同，军事上又强大到足以对美国的安全构成可信的威胁。从冷战开始到结束，美国相继提出苏联威胁论、日本威胁论、中国威胁论，近些年来，对于中国的发展和崛起，美国不断地发出"中国威胁论"的声音，美国有线电视新闻网曾进行了民意调查，结果发现：多达58%的美国人认为迅猛发展的中国经济对美国构成了"威胁"，而只有35%的人认为是"机遇"。[4]

冷战后美国国家安全的内涵从传统的摆脱军事与政治的"主权性威胁"拓展到了摆脱经济、文化、环境等的"生存性威胁"；美国国家安全的外延从传统的领土、领空、领海的边界拓展到了任何与"人的安全"和"社会安全"相关的边界；国家安全的要素从军事武力、政治权力方面拓展到了精神、文化、制度及社会方面。

---

[1] National Commission on Terrorist Attacks Upon the US. (2004) Reforming law enforcement, counter-terrorism, and intelligence collection in US (Tenth Public Hearing, Staff statement No. 12) Available: http://www.9·11 Commission.gov/staff_statements/index.htm [accessed Feb. 2007].

[2] O'Connell, M. E. & Norwood, J. L. (Eds.) *International Education and Foreign Languages: Keys to Secure America's Future* [C]. Washington D. C.：*The National Academies Press*, 2007, 18.

[3] 时殷弘、陈然然：《论冷战思维》，《世界经济与政治》2001年第6期。

[4] 中国威胁论在美国兴起，可能影响对华外交政策 [OL]. http://www.cnr.cn/allnews/201011/20101119_507347829.html。

硬实力、软实力和巧实力共同铸造美国的国家安全屏障：语言教育以及伴随着语言而来的文化等"软实力"，已从大教育的边缘逐渐向中心移动，对国家的发展、民族的安全越来越重要，美国力求硬实力、软实力和巧实力一起发展，以综合实力来保证在世界霸主地位。

二 语言规划理论与美国安全语言规划

国家资源发展中的语言规划：在我们这个纷繁复杂、彼此间的互相依赖不断加深的世界里，规划变得越来越重要。国家资源发展规划往往是由人力资源发展规划和自然资源发展规划两部分构成，语言规划是国家资源发展规划中的一个比较宏观的规划。[①] 而在一个国家，语言规划又往往是由政府机构、教育部门、非（半）政府组织等多个部门合作开展的。

20世纪后期以来，很多国家的政府卷入语言规划，有些主动开展语言规划，有些是被动。在语言规划中，往往有一系列政府机构被卷入，比如商务部会因为国际贸易、军队会因为武器问题或与国外盟军合作问题、外交部会因外事人员的培训或遴选人员往国外派送、信息服务部会就如何接近全球通信系统问题、劳工部将就如何培养多语工作人员的问题卷入语言规划中来。

虽说中学后的学校教育不是政府机构，但学术关注的是如何接近世界最先进的科学、技术信息储存和提取系统，教育机构实际也被卷入语言规划中来，事实上，语言规划的担子基本都落在教育部门，而没有考虑到教育部门没有那么多的资源可以调配，或者他们没有权力来影响超越教育领域范围以外的语言使用。

但教育领域也需要语言规划：第一，就是决定什么语言将要在教育机构中被教，要考虑语言课程的设置与规划；第二，必须对语言教师教学规划；第三，要决定语言学习者的群体范围；第四，决定语言教学索要采取的手段和方法等；第五，制定语言教育的评价体系；第六，如何在财政上和物质上支持这些语言教育活动，要充分考虑资源从哪儿来，怎样维护语言教育系统的平稳发展。

半官方组织或非官方组织对语言规划的作用：有很多非官方组织深度

---

① Kaplan, Robert B., *Language planning from practice to theory*, Robert B. Kaplan and Richard B. Baldauf, *Multilingual Matters*, 1997.

卷入在语言规划中，如：德国的歌德学院、法国的法语联盟、英国的文化委员会、日本的日本基金会、韩国的韩国基金会等，这些组织机构的作用往往超越了机构范围本身，而且得到了政府的扶持。

另外一个半官方组织机构就是各种类型的国家语言学术委员会和语言规划董事会，在世界很多国家和地区，各种类型的语言学术或教学委员会对本国的语言决策起着大大小小的作用，如美国的外语教学委员会就是一个很好的例子。

语言规划在宗教领域也是起着很大的作用，不同的宗教信仰也会影响着语言政策的制定。同样银行、医院及和平工作队等对语言规划的影响也不容忽视，在美国，如何在和平工作队内进行语言规划，如何提升和平工作队队员们的语言水平事关国家安全问题。①

语言学家豪根曾说："哪里有语言问题，哪里就需要有语言政策，就需要对那里语言进行规划。"② 语言政策也称为语言规划，是国家有计划、有目的地对语言生活进行管理的方案。20世纪80年代末就有不少语言学家开始研究语言政策，语言学家费希曼认为语言政策是"为了解决社会语言问题而采取的有组织的行动"③。开普兰和波尔多夫把该术语定义为"为了在某一社会或团体内部实现语言目标而制定的一系列思想、法律、法规、规章制度，旨在使规划的语言在社会、团体或系统中有所改变"④。斯波斯基认为语言政策是"一个国家或一个社区者整体的语言实践、语言信仰和相关的管理决策"⑤。瓦德哈认为语言政策是现代国家建设的一部分，不仅彰显民族主义精神，还加强国家团结的意识。陈章太认为："语言政策是政府对语言文字的地位、发展和使用所作的行政规定，语言政策

---

① 在美国，Peace Corps（和平工作队）是一个隶属于美国政府的志愿者组织，其主要目标是帮助其他国家的人们更好地了解美国人民和美国的多元文化社会。为了实现这一重要目标，Peace Corps 致力于确保这个志愿者团体能够反映美国的多元化。Peace Corps 积极招募拥有各种背景和有经验的人士，以便在全球充分发挥美国的资源及美国人民的作用。

② 豪根：《语言学与语言规划》，林书武译，《国外语言学》1984年第3期。

③ K. L. Adams&DT. Brink. *Perspectives on Official Language*：the Campaign of English as the Official Language of the USA［M］. Berlin and New York：Moutonde Gruyter, 2013.

④ ZH. W. Kam &R. L. Wong（eds.）. *Language Policy Learning in East Asia in the Next Decade*［M］. Singapore：Time Academic Press, 2008.

⑤ Spolsky, Bernard, *Language Policy*. UK：Cambridge University Press, 2004. 8.

主要包括两个方面的内容：就语言本身的地位、发展、规范和改革所制定的标准与法规；对语言文字使用的要求与规定。"① 总之，语言政策一向用来服务国家或机构，在很大程度上与政治利益相关。

语言政策和规划在社会语言学中是一个很重要的研究课题，自20世纪60年代以来，不少社会语言学家在这个领域展开研究，但其作为一门学术研究，还是比较年轻的，尤其在中国。

丹尼斯·阿格认为，语言政策和语言规划就是政府对语言文字的地位和应用进行有目的管理行为，语言规划分为地位规划、本体规划、教育规划和声望与形象规划。其中，地位规划是指国家关于不同类别语言地位的决策；本体规划是指对语言本身的规划，包括语言标准化和规范化的问题；教育规划主要是探索语言政策的思想、目标和内容与教学的关系以使这些目标在教育领域内得以实现；声望和形象规划是刻意营造一种有利的心理环境，这种环境对于语言规划活动取得持久成功具有至关重要的作用。② 政府在制定语言政策与规划时，需要考虑许多因素，如社会文化背景、政治和经济等。随着语言政策与规划的逐步完善及合理化，语言的发展将朝着正确的方向，因此我们要对语言政策与规划更加深入了解、研究。

语言规划是有着系统的理论基础的，语言规划通过研究各种语言的使用以及语言的选择来制定相关的政策，从而解决人们间的交流问题。从该定义可以得知，语言规划的目的是解除人们或社区内交流的障碍，此外，语言规划的发展应该基于现有语言的学习研究上。佳尔认为，语言规划是有组织的活动，旨在解决指定社会通常是国家范围内的语言问题。他还指出，依据相关的声明和已定义的标准，语言规划不仅由官方委员会或团体进行，也由私人机构组织进行。关于语言规划的定义，库珀给出的更易于接受也更加有意义。他提出："语言规划是指努力通过对语言结构、功能配置的认识来影响他人的行为。"可以看出，语言规划在语言的使用中只告诉人们应该做什么，它不会迫使人们去遵守某些规定，而是在语言使用中尽可能地去影响他们的思想，行为与表达。"影响"这个字表明，规划并不仅限于那些有官方权力或手握军权的人。影响力经常在意识形态控制

---

① 陈章太：《语言规划研究》，商务印书馆2005年版，第148页。
② 周庆生：《国外语言规划理论流派和思想》，《世界民族》2005年第4期。

的环境中起作用，库珀曾说影响力的运用呈现了当前行为的保持，语言规划的合理目标及当前行为的改变。所有这些的共同点有两个：一是共同的目标。语言规划是被用来解决语言问题。二是以类似的方法来实施。它就像一个语言原理，人们会义不容辞地遵守。语言规划由三部分组成，它们分别是语料规划、地位规划和习得规划。胡壮麟提出："语言规划是有意识的、有组织的活动，它既涉及私人的努力，也关乎官方的努力，主要是解决交际问题，这些问题既有语言学的，也有非语言学的。再有语言规划要解决的是全国性问题，故需较长时间评估并在一定社会中解决这些问题，语言规划要有一定的理论框架指导。"[1]

语料规划：库珀提出了语料规划，语料规划是指根据新的形势，修改旧的模式或以口头、书面代码方式在可选择模式中进行筛选。语料规划通过改变或引进拼写发音词汇语法形式来试图改变或改革标准语言。泰伦斯·瓦利指出，语料规划还包括正字规划，这涉及字母、音节和表意书写系统的创建与改革。

地位规划：地位规划关系到国家政府对各种语言的重视，尤其是小语种，权威机构也在扩展或限制语言在各种语境中的使用。地位规划注重的是语言之间的关系而不是他们之间的变化。此外，它还注重单一语言中各种变体的特点。决定一种官方语言、禁止学校使用某种语言等都属于地位规划。世界各地大部分国家的官方语言都不止一种，例如新加坡和印度。而有些只有一种官方语言的，则是一个多民族国家，有着各种各样的少数民族语言，就像中国。

习得规划：习得规划涉及语言教学，库伯指出，"语言决策的制定涉及语言教学和使用的有关决定，那些制定者做出如此详细的规划是为了指导他人"。努力宣传和弘扬学习一门语言被看作语言习得规划的重要实例。语言习得规划与语言的传播相关。为了增加语言的使用者，我们不能靠决定该语言的地位或对语言本身做出某些变化，而是靠语言的传播。语言教学是增加语言使用者数量最重要的方式，它可以让更多的人了解各种不同的语言。一个有效的语言习得规划必须包括合理的教学计划，系统的教学材料，高效的教学方法及定期评估系统等。库伯提出的其他相关类别毫无疑问把语言学习和教学及语言传播放在了一个非常突出的位置。

---

[1] 胡壮麟：《语言规划》，《语言文字应用》1993年第1期。

安全语言规划：语言规划始终是某个语言政策的体现。政府或官方从社会需求或他们自己的需要来制定语言政策，然后在语言政策的基础上进一步规划。语言政策直接影响语言规划，同时，在语言规划中，语言政策是一种表现形式。在20世纪50年代，因为国际关系，许多人认为英语是帝国皇家语言，因此当学校都教俄语时，导致了负面的效应。显然是不合理的语言规划所致。语言规划和语言政策有不同的对象，政府选择和规范官方语言属于前者；同时，后者涉及更广泛的领域。除了一些基本的语言政策本身，后者还包括对非官方语言、方言和他们的变体的看法。许多语言学家对此有自己的看法。正如伊斯特曼所说："语言规划是由制定语言政策的人执行的。"语言规划是在目标语确定后，通过对语言政策的制定、阐述、执行得以实现的。"语言政策和语言选择是确保语言规划可接受性、实用性和可行性的主要方面。"鲁宾和杰纳德曾指出，语言规划是关于语言的官方政策，所以语言规划和政策是紧密相连的。

美国安全语言教育规划的目的：语言学家库伯在探讨语言与国家政治之间的关系时指出，"语言规划的目的不仅仅是语言本身，而是为了达到其他非语言的目的，例如国家统一、政治控制、经济发展等。"[①] 美国的语言政策反映了美国政治家们是如何操纵语言来达到其相应的政治目的的。丹尼斯·阿格对语言规划和语言政策的七大动机，即身份、意识形态、形象、不安、不平等、融合、工具等进行了充分阐释，他指出语言规划的动机不是单一的，而是一个复杂的，涉及社会、政治、经济、心理等诸多因素的多维结构[②]。阿格认为还应该增加以下两个因素：决策者或政策制定者对于某种语言的态度以及他们想通过这些活动所达到的具体目标。[③] 美国的安全语言教育规划在一定程度上体现了美国对超级大国身份的维护，美国的语言意识从根本上来说是要通过统一的或多样的语言形式来达到有效地国家治理，正如周明朗所指出的：美国意识到在全球化第四波中美国公民的多语多文化能力不仅关系到美国的安全，而且还涉及美国

---

① Cooper, R. L., *Language Planning and Social Change* [M]. Cambridge：Cambridge University, Press, 1989.

② Ager D. E., *Motivation in Language Planning and Language Policy* [M]. Multilingual Matters Ltd, 2001.

③ 刘海涛：《语言规划的动机分析》，《北华大学学报》（社会科学版）2007年。

的经济竞争力。① 因此，美国重视公民的外语和外国文化的学习，这样既有利于保护国家安全，又能有效地提升美国的经济实力。"9·11"把美国置于无限的恐惧和不安之中，对伊斯兰和儒家等与西方世界相差较大的语言与文化的无知使得美国一下子觉得要当好"大家长"不容易，管理全世界很棘手，"别人已经在我们的世界里畅游，我们也要走进他们的世界"，美国只有更好地学习、了解世界上不同国家和地区的语言文化，尤其是阿拉伯世界和深受儒家思想影响的地方。因此，美国特别重视这些地区的语言和文化，控制、征服这些地区意味着美国安全和利益的稳定。另外，伊兰娜·肖哈密在深入研究后提出了操控语言政策制定的隐性规则以及语言政策或决策对社会不同人群的影响。

作为语言政策的灵魂和语言教育思想的基础的语言意识形态在美国外语教育中相对于外语政策的形成、规划和实践起着至关重要的作用。② 朗姆伯特曾这样评价美国的外语教育："美国外语教育能否成功的关键取决于全美对外语学习的态度，而大体上这种态度并不是语言界和教育界所能左右的。"美国的多元文化是有条件的，要人们先承认美国的价值观。

美国安全语言教育规划的特征：语言学家希夫曼曾指出，在他看来，美国语言政策的最终决定权并非在于其显性的法律条文，而在于深深根植于美公民众心中的语言文化。③ 美国的语言深受美国社会文化的影响，美国的统治阶层认为少数民族或其他一些国家的语言是各种社会问题的根源，它不仅分裂了整个美国社会，最终更可能要动摇他们既有的社会地位。所以美国人对于失去既得利益怀着万分恐惧的心理。再有，他们认为"英语是世界上最美的语言"，对美国人来说，维护英语语言的地位，与维护白人的社会地位一样重要。

然而，美国的语言政策常常受社会影响而不断变化。保守势力占主导时，英语就成为主流，其他语言则被打击和压迫；而当民主势力占主导，人们对自由使用各自母语的要求就会极为强烈，而此时，美国的语言政策就会相对放松。但从长远来看，美国的语言政策是以打击英语以外的语言

---

① 周明朗：《语言意识形态和语言秩序：全球化与美中两国的多语（教育）战略》，《暨南学报》（哲学社会科学版）2009年第1期。

② 巨静：《"9·11"之后美国外语教育的进退维谷及其启示》，《赤峰学院学报》2010年。

③ 蔡永良：《论美国的语言政策》，上海三联书店2007年版。

为主体的。可以说，美国的语言规划是为其政治服务的。

美国安全语言教育规划的价值取向：语言规划观会在一定程度上影响语言教育政策制定者采取何种语言规划行为，美国语言学家鲁兹（1984）提出了影响语言教育规划的三种取向：语言作为问题；语言作为权利；语言作为资源。其中，语言问题观是指语言教育规划者为了解决语言教育领域所存在的问题而进行的规划；语言权利观是针对全球范围内语言人权受到剥夺的现象所提出的，语言权利观认为应把语言作为一项基本人权来对待，尤其是要保护少数民族族群的语言权利，针对全球的语言资源所遭受到不同程度的破坏的事实；语言资源观提出：语言是一种需要得到管理、发展和保护的资源，少数族群的语言更是一种特殊的资源[1]。因此，语言教育规划者应考虑如何保护并开发语言资源的问题，针对近年来全球范围内语言生态系统遭受破坏的现状，语言学家提出了"语言生态观"，指出只有保持各语言间的相互平衡、和谐，整个语言生态系统才会达到平稳的状态，以上这四种语言规划观都从不同层面为语言教育政策的制定与实施提供了理论基础和基本价值取向。

尽管美国的人口来自世界各地，但它不是一个有多种外语的国家，因为在其历史上有过英语独尊的运动。其中最有影响力的发生在20世纪，试图在美国实现语言的统一。后来，政府宣布唯英语政策，讲英语的人数不断增加。国际关系也影响了美国的语言政策，一战二战期间，学校禁止使用德语和日语。虽然美国民众喜爱法语和西班牙语，但学这两种语言是有限度的。总之，当时美国的语言政策和规划是确保英语地位而挤兑其他语言。同时，美国通过政治、经济和军队力量在世界范围内传播英语。在美国，双语教育只是过渡性的语言教育，许多外来移民刚到时必须借助母语来学习英语。最终，经过一段过渡期后，他们的母语将会被英语取代。因此，美国双语教育的目的是促使人们讲其他语言，减少对母语的依赖，但其最终只使用英语。

安全语言规划对美国语言政策的影响

语言规划不仅包括语言地位、语言本体、语言教育规划，而且也包括语言整个大环境的生态规划。美国的安全语言规划也是努力在做到对地

---

[1] Ruiz. Orientations in Language Planning, 1998. *NABE Journal*, 1984（2）：23-25.

位、本体、教育和生态的规划的全面顾及。国家利益是超越所有利益之上的,维护和拓展国家利益是语言规划重要的本质特征。美国的安全语言规划与美国的政治、经济、文化、安全等近期利益有关,而且具有中长期可持续发展的战略意义。下面主要从这四个方面来分析安全语言规划对美国语言政策的影响:第一,安全语言规划下的唯英语教育、双语教育:在美国少数民族语言权利及语言人权也应受到保护,卡纳伯·康格斯和菲利普森指出少数民族比主体民族更迫切需要语言权利,应该从法律的层面来制定少数族群语言的教育政策。① 著名语言教育研究者詹姆斯·克拉夫德(1995)指出美国"唯英语"运动的实质是限制少数民族语言权利的使用,② "唯英语"实际上就是一种语言文化霸权。克拉夫德提出了美国开展双语教育的必要性。贝克(1996)也提出语言是一种需要保护的资源,美国应以资源观而不是问题观来看待少数民族的语言或移民的语言,国家应提倡双语或多语教育以保护语言生态、维护语言多样性。③第二,安全语言教育规划对美国政治的影响:经历了经济迅速发展后,进入 21 世纪的美国,经济发展的步伐放慢,甚至出现经济危机。然而,在苏联解体、欧洲也被美国超越后,美国单极独霸世界的局面是美国不愿意放弃的。单靠军事、武力的威胁和控制无法支撑美国的霸权地位,再加上无处不在的恐怖阴影使美国意识到必须要加强"软实力""巧实力"的发展。为此,美国开始在政治上加强管理和调整,目的是要达到其在世界政治中的主体地位。在美国总统的领衔下,从联邦政府的各职能部门到各州的相关部门都逐步加强语言教育,出台了一系列的法案和政策文件来加强国家语言能力,特别对文化的重视。"9·11"后美国开始特别重视对阿拉伯语、汉语、韩语、俄语等对美国未来发展威胁最大的语言。在国防和情报系统方面的强化和重视是非普通国家可与其相比较的。第三,安全语言教育规划与美国的全球战略:在全球化进程不断加快的情况下,美国要考虑的是如何在全球化的背景下加强对世界各个地区的管辖和控制。随着全球化进程

---

① Skutuabb Kangas Tove & Pillipson, Robert. *Linguistic Human Right: Overcoming Linguistic Discrimination* [M]. Berlin/NY: Mouton de Gruyter, 1994.

② Crawford, James, *Bilingual Education: History, Politics. Theory and Practice* [M]. Los Angeles: Bilingual Education Service, 1995.

③ Colin Baker, *Foundations of Bilingual Education and Bilingualism* [M]. Cleveland: Multilingual Matters Ltd Bernard, 1996.

的加快，一些发展中国家以及一些欠发达地区的发展和变化让美国感到越来越害怕和担忧，害怕越来越多的国家和地区的强大，担忧恐怖组织不知在什么时候会对美国进行捣乱或袭击，因此，加强对安全语言教育的规划和管理显得越来越重要，让更多的美国公民通过对这些地区的语言和文化的学习从而更好地了解安全语言地区的政治、经济与文化等，这样就能更好地应对全球化的挑战。第四，安全语言教育规划与美国国家身份：丹尼斯·阿格在语言政策与规划的动机分析中指出，语言规划的一个很重要的目的就是维护国家身份。在"9·11"后，美国经济的低迷，美国对来自不明确的一些地区的威胁感到非常恐惧，但是维护美国的一超地位始终是美国最大的使命，因此，美国要对那些不安分的地区和民族进行整治，特别是阿拉伯世界和亚洲地区，因此，美国对安全语言的重视也是出于维护国家地位和身份的需要。

安全语言规划理论下的美国安全语言

在安全语言规划理论的指导下，美国对国家的语言作出了规划和调整，美国紧紧围绕国家安全的目标，采取了一系列的战略措施。

美国国家安全对语言教育的诉求：国家安全主要分为国防安全、经济安全、文化安全这几个方面。搞好语言教育有利于国防安全。[1] 长期以来，美国重视国防、军队、情报部门的语言教育、区域知识的学习和跨文化沟通能力，其根本目的就是要搞好安全语言，以加强国防巧实力。20世纪70年代美国的语言教育重点是为了经济安全，当前国际社会普遍关注语言教育政策、规划与经济安全的关系。就语言教育与文化安全的关系，曹迪指出语言教育与文化安全互为驱动、互为维持、互为引领。[2]

在全球化背景下，国家安全已经从传统安全走向非传统安全，新安全观对美国语言规划的影响体现在：对原先在美国不被重视的一些小语种，逐渐演变成了安全语言，越来越得到政府的重视，美国对待外语教育，由原先的忽视到现在的重视，从原先的问题观转向了资源观，对美国来说，世界其他国家和地区的语言，是美国的重要资源，美国必须充分利用现有

---

[1] 艾萍：《论语言安全与民族文化安全》，硕士学位论文，中南民族大学，2009年。
[2] 曹迪：《国家文化利益视角下的中国语言教育政策研究》，博士学位论文，北京师范大学，2011年。

的外语资源，同时，大力投资语言教育，以保证美国在各个领域都有足够的能力来对付全球化、网络时代的各种各样的问题，从而更好地管理、统治整个世界。

因此，在全球化的今天，语言教育的安全功能凸显，无处不在的恐怖袭击、各种形式的网络犯罪、到处蔓延的病毒等，都需要在高科技的帮助下正确地解读世界各地的信息。这不仅仅是依靠自己的母语或英语就能解决的。"9·11"后，联邦政府深刻地感受到了语言的安全作用，这也就是美国花那么多经费来投资语言教育的原因。

语言安全与安全语言：安全化是一种特殊的言语行为，20世纪80年代末，以奥利·维夫为代表的哥本哈根学派从言语行为入手进行"安全化"和"非安全化"研究。① 他认为言语行为可以对某类事物进行表述，使其与威胁联系在一起，如果某事物能够被作为安全指涉的话，它就很容易演变为一种安全威胁，被"安全化"。在这个过程中，言语行为不仅仅涉及语言内容，还涉及社会内容，如言语者的社会地位和社会资源等，因为只有言语对象接受了言语行为的主张，该事物才能真正实现"安全化"。故语言安全是一种特殊的言语行为，一种特殊的言语结构和逻辑，一种言语实践。②

在美国的对外政策制定过程中，把某个问题安全化的例子很多。"9·11"后，美国认为联邦政府部门没能把获得的很多情报翻译成英文，影响了政策的制定，国家外语能力被"安全化"，被提上国家安全的议程。

语言安全与国家社会安全关系密切。安全语言是指为了安全的语言，当今世界，国际政治风云变幻，我们需要学习世界上很多国家和地区的语言，来把握世界政治发展的格局，同样纷繁复杂的社会中，特别是网络社会中暗藏着各种各样的恐怖信息或违法犯罪端倪，这些也需要借助语言来打开一扇一扇窗来了解事实的真相。美国是比较早的意识到安全语言的国家，安全语言是语言规划的重要目标和动机。③ 在安全语言思想意识的引

---

① 奥利·维夫在《新安全论》中有大量关于言语行为的分析，这是他在1989年完成的手稿《安全与言语行为》，参见［英］巴瑞赞的《新安全论》，朱宁译，中文版前言，浙江人民出版社2003年版，第11页。

② ［英］巴瑞·布赞等：《新安全论》，浙江人民出版社2003年版，第13—19页。

③ Ager D. E., *Motivation in Language Planning and Language Policy* [M]. Multilingual Matters Ltd, 2001.

领下，美国正在提升自己国家的外语语种能力和语言资源的质量，从而更好地保障国家未来的安全。

所谓语言安全，陈章太给出的定义是："语言文字及其使用能够满足国家、社会稳定和发展的需要，不出现影响国家、社会安全的语言问题。"[①] 他还指出语言安全的内容相当丰富，涉及方面较广。就语言文字及其使用的状况来说，语言种类、数量、地位、功能、声望、规范化等，还有少数民族语言问题、语言权利问题、外语教育、双语教育、语言人才储备、语言信息处理、网络语言使用、母语的国际传播等都与国家、社会的安全稳定发展有密切的关系。就国家、社会方面来说，要求语言及语言的使用应当适应国家、社会稳定发展的需要，确保语言安全，尽力避免因语言问题而影响国家、社会安全的事情发生。而国家、社会对语言安全也可能会有负面影响，如对重大语言问题重视不够，语言政策乏力，语言规划不周，对语言安全缺乏敏感性和预见性等，都可能造成语言问题，并对国家、社会安全不利。还有，语言问题就可以转化为语言资源，需要制订科学的语言政策和语言规划，加强语言立法和语言管理，保障语言权利，提供语言服务，协调语言关系，促进语言发展。

语言观视角下的安全语言教育规划

语言安全理论始于 20 世纪 60 年代。在欧洲，哥本哈根学派把"安全化"过程与"言语行动"联系起来造就了一种特殊的话语结构。[②] "国家之间通过一定的言语行动建构起相互理解和信任，并在应付外部安全威胁方面达成共识"，从而愿意共同采取紧急措施去对付安全威胁。安全化的特征在于它是"一种具体的话语"，在安全话语中，一定的事件被戏剧化，使其显得极为重要，于是，通过把某个事件说成是一种安全难题，国家行为体便可声称有必要采取特殊的手段去应对。

语言资源观的视角

语言兼具社会资源和自然资源的属性。一方面，人类借助语言建构社

[①] 陈章太：《语言资源与语言问题》《云南师范大学学报》（哲学社会科学版）2009 年第 4 期。
[②] 刘永涛：《话语作为（不）安全实践：语言、理论和"邪恶轴心"》，《世界经济与政治》2008 年第 5 期。

会、互相联系,语言有着巨大的社会功能,并能产生很大的社会效益。另一方面,语言系统及其要素作为物质存在,可以无限充分地被开发利用,尤其是随着科学技术的发展,语言科学技术方兴未艾,语言应用领域迅速扩张,各种语言产品及与语言相关产品的开发已成为最具活力、最具经济效益的新兴产业领域,语言已经进入经济和高新科技领域,成为经济发展的重要资源。并且随着社会信息化的发展,语言作为资源的性质会体现得越来越明显,其资源价值越来越显著,因为在高度信息化社会,在物质、能源和信息这三大资源中,信息是重要资源,信息资源的拥有量、利用率、安全性、处理能力等都是衡量一个国家实力和发展水平的重要指标,而作为信息主要载体的语言自然也就成为重要资源。语言是国家的重要战略资源,其潜能将会随着社会的发展不断被开发出来。

语言安全是基于语言不是一个给国家、民族带来麻烦的问题,而是把语言看作一种重要的资源。语言资源观包括两方面:一方面,语言本身是一种资源;另一方面,学习并掌握一门语言也是一种资源。

每一种语言本身都是一种资源,因为每种语言背后都蕴含着一个民族的文化和思维等社会资源,这就意味着,任何语言都有自己的价值和角色。不过,语言越强势,使用范围越广,其价值就越大。例如英国文化委员会《1987—1988年度报告》指出:"英国真正的黑色金子不是北海的石油,而是英语。长久以来,它是我们文化的根基,现在它正在成为商业和信息领域的全球语言。我们面临的挑战是如何充分挖掘它的潜力。"[①] 从另一个角度来看,掌握一门语言就相当于获得了一种资源。因为在全球化的信息时代,谁掌握了语言,谁就能更快更好更直接地获得信息和使用信息。所以,现代解释学大师伽达默尔说:"谁拥有语言,谁就拥有世界。"[②]

语言资源观与语言资本理论有着紧密的联系。布迪厄文化投资理论对美国安全语言战略影响较大,布迪厄的投资理论有助于我们更好地理解美国投资安全语言教育的战略意义,布迪厄把资本分为三类:经济资本、社会资本、文化资本。社会资本并不具有经济资本那样的基本特征,并不是真正意义上的资本,而只是体现了与经济资本的相似性。在文化资本理论

---

① British Council (1940-1990). Annual Reports. London: British Council.
② 转引自潘文国《汉英语对比纲要》,北京语言大学出版社1997年版,第25页。

里，文化资本是一种能力，它包括语言能力、社会交往能力、专业技能、个人的风度举止以及对成功机会的把握能力等。文化能力以内在化为前提，这一过程需要学习，需要时间的投入，这一过程不能由他人代替，必须由习得者身体力行。对此布迪厄曾有过形象地比喻，他指出，文化能力的获得"必须由投资者亲历亲为，就像肌肉发达的体格或被太阳晒黑的皮肤，不能通过他人的锻炼来获得那样"。既然文化能力是一种内在化的文化资本，那么它就成为人的固定财富，成为一个人的确定的组成部分，成为人的内在素质，正像布迪厄所说的由"实有"变成"实存"。

语言的资源论是和"文化资本"紧密相连的，良好的文化资本是以相应的语言资本为前提的，有了好的语言资本就容易获得好的文化资本，语言资本又会转化成教育资本、文化资本、经济资本。语言资本的影响主要体现在教育的早期阶段，但是在整个教育阶段都会有影响。[1] 阿特肯森给"语言资本"的定义是："能流畅而愉悦地使用一种地位更高的世界性语言的能力，而且世界各地在经济、社会、文化和政治等方面都拥有权力和地位的人都使用这种语言。"[2] 新世纪的美国突然意识到安全语言的重要性，不惜付出重大代价投资于此，目的就是要获得更大的文化资本、教育资本、经济资本，从而全面维护国家的利益和安全。

语言资源论包括语言本身是一种资源及掌握一门语言是一种资源两方面的内容。语言本身就是一种资源，可以从英语目前成为讲英语国家的重要资源得到很好的证明，英语目前的强势给讲英语国家带来了巨大的财富，成为这些国家的重要资源。

从国家安全的角度来看，语言资源论对美国学校的外语语种的影响体现在：二战后崛起的新兴经济体的民族国家语言受到关注，如 20 世纪70—90 年代，由于日本和韩国的经济的崛起，日语和韩语在美国学校的注册率上升。90 年代以来，中国经济的崛起促使汉语的注册率持续增长。

语言经济学的视角

语言经济学是基于西方人力资本学、教育经济学的一门新兴的边缘交

---

[1] Bourdieu, P. & Passero, J. C., *Reproduction in Education, Society and Culture* (2nd ED.) [M]. London: Sage, 1990. 13.

[2] Talbot, M., Atkinson, K. & Atkinson, D., *Language and Power in the Modern World* [M]. Tuscaloosa: The University of Alabama Press, 2003. 264.

叉学科，其理论观点为我们进一步认识语言与收入、语言与人力资本、语言与经济发展提供了一个崭新的视角，特别是在本文的美国安全语言教育政策的研究上，运用语言经济学的理论来进行分析、研究，有利于更好地理解美国的国家政策及其在安全语言上的投资战略。

语言经济学，作为一门边缘交叉学科，最早是在20世纪60年代中期，由美国加州大学洛杉矶分校经济学教授马尔沙克提出来的。著名学者格林曾对语言经济学下了这样的定义："语言经济学主要是使用经济学中的概念和工具来阐释语言各种变量间的关系，它研究的重点是经济变量在处理或协调语言各变量之间的关系发挥了怎样的作用。"语言经济学依托的理论有语言哲学、人力资本、博弈论和信息经济学等相关理论，其研究范围主要集中在语言对收入的影响、语言与经济的发展、语言相关服务的市场培养、语言规划选择的成本与收益等问题。① 马尔沙克提出了语言的四个经济学性质：价值和效用、成本和效益，认为经济学与语言优化的探求密切相关，对这四个方面的分析及其相互关系的探讨成为语言经济学的重要内容。

经过40多年的发展，语言经济学已经成为一个跨教育学、语言学、经济学等学科的边缘交叉学科，语言不仅仅体现某种身份或具有某种潜在价值，而是作为一系列属性的集合，这些属性共同影响说话者的社会经济地位。语言本身就是一种人力资本，语言投资与其他投资一样，可以增加个人收入，语言和其他的商品一样具有稀缺性，不同语言的经济价值是不同的。

语言政策评估是语言经济学的另一个重要研究内容，语言政策深深植根于政治学。通过分析、测量其成本和效益，来制定或选择更为正确、合理的语言政策，提高效率，获得成本——效益的最大化，最终使某种现存的语言环境演变成另一种更理想的语言环境。如何在众多选择中确定一项语言政策，从原则上来说，政策分析家会去证实和评估每一项选择所带来的影响，这些影响被称作语言环境的净价值元素，第一个相对容易的步骤是，评估每一项政策选择所产生的个人净市场价值，例如学外语所付出的额外时间、精力和投入的资本等，这些支出从收入中扣除，目的是实现个人净市场价值；其次，评估社会市场价值，它是社会成员个人市场价值总

---

① 转引自蔡辉《语言经济学：发展与回顾》，《外语研究》2009年第4期。

和，社会市场价值表现为超过（或低于）个人市场价值，非市场的成本和效益可能会因语言环境的变化而产生盈亏，这些具有象征意义的影响，用经济学的术语描述就是"效用"，这个值应该先评估个人的非市场价值，再合计起来得出总的社会市场价值，语言的价值和使用价值，反映出语言的商品属性，作为特殊商品，它的经济运行过程与其他任何一种标准商品的经济运行过程是不一样的，因此它的相关产品、销售和交易的运作有其特殊性，评估任何一项语言政策都应该计算其社会市场和非社会市场的成本与效用，得出总的社会净价值，如何将社会净价值提高到最大值才是最佳的，才应该被采用。

依据语言经济学理论，不难看出，美国的安全语言教育是一项促进美国外语教育与国家安全、经济发展、全球地位的外语教育发展规划。美国联邦政府拿出大量的经费来支持安全语言教育，其背后有着深刻的道理和目的，语言作为一种特殊的商品，美国政府着力提高其社会净价值来满足其国家安全战略发展的需要。

语言软实力的视角

在全球化背景下，语言文化越来越成为一个国家综合国力的重要组成部分，文化的交流和传播越来越成为国际竞争和国际冲突的一个方面。"软实力"就是在这种背景下提出来的，具体来说，是20世纪90年代初由美国哈佛大学教授小约瑟夫·奈提出来的。1990年，奈发表《变化中的世界力量的本质》和《软实力》，并出版《美国定能领导世界吗?》一书。奈在书中提出了"软实力"的概念，从那以后，软实力就成为一个时髦词出现在世界各地的书刊报纸上。

小约瑟夫·奈（2006）认为软实力"是一种通过吸引力而不是通过威逼或购买而达到目的的能力"。维基百科给软实力的定义是："在国际关系中，一个国家所具有的除经济、军事以外的第三方面的实力，主要是语言文化、价值观、意识形态、民意等方面的影响力。"软实力就是指文化的力量、榜样的力量、理念和理想的力量，凭借这种力量可以潜移默化地影响和制约对方。

语言既是个人的软实力，也是国家的软实力。[1] 语言也是最重要的交

---

[1] 赵世举：《语言观的演进与国家语言战略的调适》，《长江学术》2010年第3期。

际工具，无论什么人，不可能不与人交际。要实现与人的成功沟通、交往和协调，必须要掌握语言这个最重要的交际工具。还有，语言具有无比强大的征服力，因为它可以征服人心。在我们的日常生活中，作为一个人，时刻都会有各种不同的诉求，需要别人理解、支持和帮助，这就需要使用语言。只有准确而得体的语言，才能使人明白，才能让人接受，甚至打动人心，从而使自己的诉求得到充分的满足。总之，语言对于人类非常重要。

　　语言也是国家的软实力。有学者将软实力归纳为：文化影响力、意识形态影响力、制度影响力和外交影响力。约瑟夫·奈指出，一个国家的软实力主要来自三种资源：文化、政治价值观及外交政策。[①] 在复杂的国际环境中，要在激烈的国际竞争中立于不败之地，不仅需要强大的军事实力、雄厚的经济实力和先进的科技实力，更需要强大的软实力。《国家"十二五"时期文化发展规划纲要》指出："当今世界，文化与经济、政治相互交融，与科技的结合日益紧密，在综合国力竞争中的地位和作用日益突出，越来越成为衡量一个国家综合实力强弱的重要尺度之一。"而语言不仅是文化的最重要组成部分，而且是文化的最重要载体，是文化的集中体现，是民族国家的标志，是文明程度的象征，语言也是国家软实力的重要组成部分，由语言文化凝聚形成的力量是巨大的民族国家力量。但也只有当一国的文化与观念在国际社会广为流行并得到普遍认同时，才能称其为软实力，而语言是信息传播的最重要媒介和手段，因此语言不仅是软实力的重要组成部分，也是软实力的基础、最重要的载体和无可取代的传播媒介。正如李宇明所说："语言的强弱与语言所属社团的强弱盛衰呈正相关。语言强弱不仅是国家强弱盛衰的象征，而且语言也会促进国家的发展强大。语言是综合国力中十分重要的组成部分。"[②]

　　在全球化时代，软实力在各国安全体系中的重要性增强。在世界多极化和全球化的格局下，和平与发展成为时代的主题，软实力在国际竞争中的作用越来越突出。在当今时代，国家的安全只靠硬实力是不行的，

---

　　① [美]约瑟夫·奈：《软力量：世界政坛成功之道》，吴晓辉等译，东方出版社2005年版，第11页。

　　② 叶花：《李宇明教授应邀在暨南大学华文学院作学术报告》，《暨南大学华文学院学报》2005年第1期。

"9·11"就是最好的说明,软实力与硬实力对于国家的安全是同等重要。在全球化时代,国家安全已由传统安全向传统安全与非传统安全双向并轨发展。当前国家安全正面临着一系列新形势、新问题,并表现出一系列新特征,影响国家安全的因素在不断增加,国家安全的领域也在不断扩展。大量的非国家行为体在不同程度上保障了国家的安全;国家安全也从军事、政治领域逐渐扩展到经济、科技、信息、文化、生态等诸多领域,这些复杂的新形势、新因素便形成了国家的"新安全"。新安全使得人们开始用一种新的视角、新的方法来认识和研究国家安全问题。这些非传统安全增加了国家新的安全威胁,软实力是解决非传统安全的重要法宝。

三 需求分析理论与美国安全语言规划

基于社会状况的语言需求分析是规划国家语言战略的重要基础,只有真正摸清了国家、社会发展对语言的真实需求才能合理地制定相关的语言政策并作出相应的语言规划。

国家外语能力的存在形式有三种,即:潜在能力、现实能力和未来能力。[①] 国家外语的现实能力是一切语言规划的基础,往往是现实语言能力存在一定的问题:不足或过剩,才需要对语言进行规划或调整,通过挖掘语言潜在能力,探测语言潜能对现实语言能力的补助作用,语言的潜在能力是语言的未来规划即发展语言未来能力的基础。

相应地,社会对语言的需求也有着三个层面:潜在需求、现实需求和未来需求。基于市场力量(图2-1)的语言需求主要是现实需求,受市场力量驱动的需求和供应关系是策略性,而在其背后的是基于战略发展的需要和能力之间的关系。

在此情境中,语言被看作是受市场驱动而随之改变的,需要是指在完成特定的任务或开展特定活动时所需要的或被期望的语言能力,供应是指现有的语言能力,包括人类的语言能力和技术上的语言能力、相关资源及其储存的模式,这种供需关系是即时的或策略上的。而潜在能力是战略意义上的,这种战略意义上的语言能力充分考虑到了习得一门语言所需花费的时间和付出的代价,因此潜在能力代表着一个国家或民族在满足语言需

[①] 文秋芳、苏静、监艳红:《国家外语能力的理论建构与应用尝试》,《中国外语》2010年第1期。

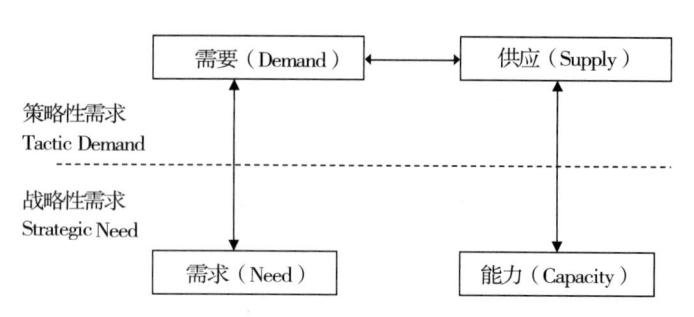

```
        需要(Demand) ←→ 供应(Supply)
              ↑              ↑
策略性需求     |              |
Tactic Demand |              |
- - - - - - - | - - - - - - -| - - - - - -
战略性需求     |              |
Strategic Need ↓              ↓
        需求(Need)      能力(Capacity)
```

图 2-1　社会供需与语言能力关系图

求上的潜在的、未来的、长期的供给情况。

在这个框架里，真正的市场将会超越实际的需要而激发潜在的需求，因为实际的需要只能激发起一个即时的语言能力供应，而一个国家或民族的语言需求却依赖于国家整体的语言能力系统。当考虑国家战略发展时，人们就发现这种单纯的供需关系是多么的不足，特别是在当前的美国社会情境里，市场供需关系下的语言需要与社会发展的潜在语言需求不匹配，常常是现实的需要不能真正反映未来的需求，在这种情况下，现有的实际语言供应也不能就是国家语言储备应该储备的数量，放眼未来，国家应扩大语言的储备库。

分析国家安全和语言教育之间的关系需要全方位地考虑语言的潜在能力、现实能力和未来能力。基于国家安全的语言需求其实是一种对语言的潜在需求，不仅仅是策略层面上的显性的供需关系，更是国家战略发展层面上的隐性的供求关系，它需要有足够的、潜在的语言潜能的配备来满足国家发展的需要。

从国家利益来看，需求不仅仅是眼前的、现实的，更是被察觉出来的、潜在的、有危险的情境下的语言需求。在这种情境下，国家利益可以被看作是提升语言社会边际价值的积极因素，在需要和需求之间存在的差距表明个人边际价值之和不等同于社会边际价值。由此潜能就可以被看作是语言社会边缘成本的基础，因为它代表着可供联邦政府调遣的语言专业人员的供应源，因此，语言的潜在能力就构成了联邦政府干预语言教育规划、投资语言教育发展的一个合理的理由。以联邦政府干预市场的方式而展开的对语言专业人员的成本投资应基于对语言人才市场和供需关系的实情的充分把握；另外，对于可能采取的干预措施应该展开相应的成本——效益分析，这样才能对当前的潜能有个合理的预测，同时对提升语言能力所需花费的成本、语言需求的记载以及语言的社会边际价值也要进行预算、分析。政府希望通过投资语言教育,提升或缓解国家的语言能力,从而带来更大的社会边际价值效益。

不同目标取向的美国语言需求分析:新世纪以来,美国安全语言教育的最大的需求是来自国防安全,其次是经济安全、社会安全、民生安全。国防安全基本上是基于市场的供需关系在发展安全语言教育,而经济安全、社会安全和民生安全是基于潜在的社会供求关系在为国家的现在和未来储备更多的国家安全发展所需人才。

以国防安全为取向的语言需求:在"9·11"之前,情报部门没有做好准备来应对如何处理在反恐活动中所收集到的一切待翻译的资料。与情报收集相关的一些部门都经历了大量情报材料有待翻译、语言专家和语言水平较高的区域管理官员严重缺乏的局面,对恐怖分子所使用的众多语言中,美国目前只有30%左右的储备量。[1]

要保证美国的国家安全、保证美国在外交战略中的领导地位、保证美国强大的经济竞争力,以及解决影响国家长治久安的全球性问题,这一切都要求美国人民对其他国家和地区的文化、对外国人的经商方式以及非西方世界的价值观有一定的理解力,并在实际的交流中有效地开展各种活动,同时也更取决于大家的外语水平。[2]

就拿对付恐怖事件来说,要理解恐怖分子的意图,要解决与恐怖袭击有关的问题,美国就要大量增加能够解决情报翻译、沟通东西文化的语言学家,因此,美国联邦政府各机构都要认真核查他们的各类语言项目,看是否能够有足够的资源来满足这种需要。[3] 这就不难理解美国急需增加处理与阿拉伯、穆斯林世界和地区事务的公共外交人员的数量的原因了,对于这些人员,要通过一些集中的培训来使他们达到国家安全语言能力的迅速提升,并能流利运用。[4]

同时,国家利益是美国外交政策的基础,美国的国家利益要求当今的

---

[1] Report of the Joint Inquiry into the Terrorist Attacks of September11, 2001, *Systemic Finding* 6, p. xvi.

[2] Committee on Appropriations, H. R Dept. 107-229 (2001), p. 16.

[3] White House, *National Strategy for Combating Terrorism* (2003), p. 16.

[4] *Changing Minds, Winning Peace: A New Strategic Direction for U. S. Public Diplomacy in the Arab & Muslim World*, US Department of State, 2004.

美国领导人要比以往更加认真、谨慎地思考美国的国际事务。① 这就加大了国务院培养更多语言外交人才的难度。

美国的语言专业人士主要来自：家族语社区、教育系统、美国政府的语言项目、私人语言服务区块和在国外学习的相关人员。因此，在国家安全的框架下，美国也在这五个来源区块来规划安全语言人才的供给和储备。

以经济安全为取向的语言需求：根据地方工业标准协会的统计，美国每年用于语言服务的经费超过一千五百万美元；世界上有65%的国家无法接近以美国为基地的职业服务协会；在对外贸易扩展进程中，最大的障碍是语言和文化。② "面对21世纪的经济和国家安全的挑战，我们必须增强我们的学生的外语技能和文化意识；美国持久的全球领导力也多半取决于我们的学生跟外国人打交道的能力，不管是在境内、还是在境外；受过良好教育的美国公民必须要能说除了自己的母语以外的另一门外语；对外国语言和文化的了解、对一些事件的国际维度的理解将对美国人的生活至关重要。"③ 国家经济发展委员会发布了"为了全球领导力的经济：国际教育和外语教育对美国经济和国家安全的重要性"，强调了外语教育的重要性。跨越全球的沟通和商务活动不仅仅是政府或大公司的事，越来越多的小型商业单位或企业个体也卷入国际化的商务活动中去了，很多小公司、小商店或小饭馆都会有全球性和合作伙伴，一般能用商业伙伴的当地话语来交流的美国商业人员更能够获得对方的认可和信任，因此也就更能保持住商业伙伴。所以，对于美国人来说，多学些国外的地理、历史、文化知识，多了解一些时事政治对未来的发展大有好处。④

以社会安全为取向的语言需求："培养具有全球意识的公民"也是在当今国际化程度不断加快的情况下美国提高公民素质，应对国际社会的需

---

① National Commission on America's National Interests, America's National Interests (2000), Executive Summary, p. 2.

② Center for Quality Assurance in International Education, The Globalization of the Professions in the United States and Canada: A Survey and Analysis, Washington, DC: CQAIE, 2000.

③ Petro, M. (2007) Testimony on national language needs to the Senate Subcommittee on Oversight of government management, the Federal Workforce and the District of Columbia.

④ Stoltman, J. P. (2002) The 2001 national assessment of educational progress in geography. Retrieved from ERIC database (ED 468593).

要。对非西方世界的语言、文化的学习和了解严重制约了美国公民的国际视野,以致带来各种各样的交流障碍和困难。美国必须加强公民对世界,特别是在意识形态和文化差异上与美国相差甚远的亚洲、非洲等地区的学习和了解,这样才能保证美国的世界领导地位,才能向世界各国传播美国的民主思想。另外,重视安全语言教育也是美国的多语社会结构和多元文化交融的社会现状的需要,美国社会缺乏对使用安全语言的移民的了解、交流和融合。加强安全语言教育有利于多元文化在美国的交融,对美国的社会发展是很有好处的。

美国联邦政府每年通过为不擅长英语的外来人员提供资助和服务来提高他们的外语水平,同时联邦政府也进一步推动英语学习项目和活动以完善对英语水平有限的人员的英语教育服务。为达到这些目的,联邦政府要对其所提供的语言服务进行监督和检查,力图形成并执行一种制度体系来保证英语水平有限人员能有意义地接近、享用这些资源和服务,这样联邦机构就不会违背 1964 年 Title Ⅵ 的民权法案所规定的不违反国籍歧视的规定。[①]

---

① Executive Order 13166, August 20, 2000.

第三章

美国安全语言教育规划的现实依据

"9·11"事件给美国以沉重的打击,美国深刻认识到外语教育,特别是安全语言教育的缺失或不足给美国带来的危害。安全语言战略是顺应美国国家发展需要而推出的,表面上看起来是解决语言教育问题,是一个语言战略,但深层次来说,它是一个事关国家未来发展的国家战略。其社会背景是:美国在国家需要的安全语言人才上的缺口太大,无法应对国家在对外交往、内部发展等多方面的的需要,特别是国防部和情报部等联邦机构的运作需要,作为储备库的基础教育和高等教育无法提供国家急需的语言人才。

第一节 国家安全引发的美国安全语言人才危机

一 国家安全对语言人才的需求剧增

新世纪以来,就国家安全而言,美国颁发了相关政策或法令,如克林顿政府时期的《新世纪国家安全战略》《为迎接全球化时代的国家战略》以及乔治·布什执政时期的《美国国家安全战略》的主题词是"恐怖主义""大规模杀伤性武器""地区冲突"等,美国力争在全球范围内推广民主和经济自由,布什的"先发制人"的原则颠覆了国际关系的准则,其国防战略强化与盟军的力量联合以打败全球的恐怖组织,从而防止恐怖分子对美国以及美国盟友的袭击,防止敌人用大规模杀伤性武器来威胁美国。同时,战略也强调美军需要和其他国家的军队一起合作来解决地区冲突、国际争端。努力创造一个基于自由市场、自由贸易的全球经济时代,扩大发展圈,通过开放社会不断加强民主机制的建设。各届政府的安全战略规划大体如下:

克林顿政府强调对外的接触交往，其战略是以美国在国外继续进行接触交往和发挥领导作用为基础。就安全问题而言，克林顿政府的自由主义思想强调三点：一是国家间的经济互赖有助于防止战争，二是民主国家间互不战争，三是国际机制有利于遏制战争。同时，克林顿政府强调"安全、经济、民主"是美国安全战略的三大支柱。但这里的"安全"主要是"塑造"国际安全环境、对威胁和危机作出"反应"以及"准备"应对未来的不测事件，即"塑造、反应、准备"三个组成部分。另外，克林顿政府还以"地区一体化"为题专门分析欧洲和欧亚地区、东亚和太平洋地区、西半球、中东、西南亚和南亚、非洲问题，1999年12月公布的《新世纪国家安全战略》报告的相关一章以大致相同的地区划分进行分析。[①]

布什政府信奉"进攻性现实主义""先发制人"，强调要充分利用美国的实力为其安全外交政策服务。[②] 布什政府的重点则是安全，特别是国内安全。"保卫我们的国家不受敌人侵害是联邦政府首要和基本的承诺"，"美国面临的最严重的危险在于极端主义和技术的结合"，同时布什政府强调的是大国关系。《国家安全战略报告》把欧亚盟国和俄、印、中列为"全球力量中心"。[③] 如果说克林顿政府把世界分解成各个地区进行分析的话，那么布什政府则是从全球层次把世界作为一个整体进行分析。这显然同"9·11"事件后的形势有关。

应当说，美国主流社会大多还是支持布什的"坚定立场和坚决措施"。2002年共和党在中期选举中获胜也表明选民在"反恐战争"中选择了坚强领导。但是民主党及一些媒体和智库人士对布什的"先发制人"提出批评，他们认为布什所追求的美国霸权实际上不可能持久。一些批评者指出，从罗马帝国开始的各种霸权都孕育着最终失败的因素，美国主张的市场经济最终会培养出强劲的竞争对手，美国的技术可以帮助敌人精确地打击自己，美国的科技信息革命可以在全世界传播反美主义和培养恐怖

---

① The White House, *A National Security Strategy for a New Century*, December 1999, p. 5.
② 杨洁勉：《美国国家安全战略》报告和大国关系，《美国研究》2002年第4期。
③ The White House, The National Security Strategy of the United States of America, September 2002.

主义。① 有人指出布什政府实际上试图否定1648年威斯特伐利亚和会以来以主权国家为基础的国际体系和国际法。② 还有人批评布什政府不重视国际机制。指出"布什政府系统地贬低、弱化和排斥"国际条约，如反导条约、国际化学武器公约等，由此可能导致本可约束的对象（如萨达姆等）有机可乘。美国史汀生中心名誉主任迈克尔·克雷彭认为，美国需要建立防御大规模杀伤性武器、恐怖主义和非对称性战争的多条防线，而布什政府只是加强最后的防线，但却在弱化所有的前沿防线。③

奥巴马总统在2010年签署的《美国国家安全战略》在充分认识美国国家安全环境的基础上，强调美国面临的多样化的威胁，因此，奥巴马政府瞄准新动向，强调3D（Diplomatic，Defense，Development）即外交、防御和发展，追求外交、军事与安全的结合，贯彻全面接触的战略思想，淡化绝对安全，寻求共同安全；推崇多边主义，弱化单边色彩；树现实主义风格，降理想主义调门；纠正先发制人原则，慎重使用武力，采取多种手段，突出全面、综合战略。2011年6月《美国反恐国家安全战略》坚持美国的核心价值观、建立安全伙伴、构建文化弹性；重点放在国内、南亚、阿拉伯半岛、东部非洲、欧洲、伊拉克、东南亚、中亚。

在语言服务于国家战略发展方面，美国是个很典型的例子。美国有着特定的针对国家安全需要的以防守或进攻战略为指导的语言政策。美国是世界上最大的经济体，也是语言最多元化的国家，联邦政府投资于语言政策的最重要的原因就是源于国家安全的迫切需要，早在1958年，苏联"斯波尼特"卫星的发射就引起了美国对世界霸主地位的担忧，对国家安全的恐惧，随即《国防教育法》应运而生，在法案的保护下，美国开启了语言战略规划来应对因语言资源的不足而导致的国家安全问题。也就在"9·11"恐怖袭击事件发生后，美国更加担忧国家的安全，新世纪初，美国推出一系列语言、文化政策，也是对国家语言资源整合、利用、规划的有力证明。

---

① Robert Wright, "The Bush Rationale Doesn't Add up", *International Herald Tribune*, September 30, 2002, p. 8.

② The William Pfaff, "A Radical Rethink of International Relations," *International Herald Tribune*, October 3, 2002, p. 4.

③ Michael Krepon, "Wakening the Ant‑proliferation Fight," *International Herald Tribune*, October 2, 2002, p. 8.

在美国的语言需要方面，克拉姆佩在2001年的一项分析中显示：在美国，大约有80多个联邦政府机构（从国务院到商标局）在某种程度上依赖于100多种外语的熟练运用，[1] 而他在1985年的报道中曾表明当时仅有19个机构有这样的需要。[2] 诺丁也曾指出，"自1991年起，美国有4万名战士被派遣到世界上140多个国家或地区去驻兵，这些士兵分布在拉美、前苏联的一些国家和地区、非洲的40多个国家以及南亚、东南亚的很多国家，这些国家和地区的语言加起来有140多种，要能够有效地与境外联合军队沟通协作，与遭受自然灾害国家人民的交流，在波斯尼亚、科索沃等特殊地区执行维和行动，一般都需要有较高的外语听、说及理解能力。"[3] 美国国家安全涉及的世界主要区域或国家见表3-1。

表3-1　　美国国家安全涉及的世界主要区域或国家

地区	问题	相关语言
非洲	能源，安全，促进民主，经济繁荣，教育管理危机，出口机会	阿拉伯语，斯瓦西里语，法语，英语
亚洲	出口机会	
亚太地区	促进民主	
濒临里海盆地	能源，安全，石油和天然气	俄语
高加索地区	安全，大规模杀伤性武器，核战争的升级	俄语
中亚	安全，大规模杀伤性武器，经济繁荣	俄语，土耳其语
中欧和东欧	军事运输，促进民主，安全，环境，市场改革，有组织的犯罪	德语，俄语
东亚	安全，区域威胁	普通话，广东话
前苏联和新独立国	军事控制，核战争的升级，犯罪组织持有大规模杀伤性武器，安全控制，促进民主，市场改革，环境，军事运输	俄语

---

[1] Crump, T. *Translation and interpretation in the US Government 2001*. Alexandria, VA: The American Translator Association. (2001)

[2] Crump, T. *Translation and interpretation in the US Government 2001*. Alexandria, VA: The American Translator Association. (1985)

[3] Nordin, G. H. *Language and the Department of Defense: Challenges for the 21st century*. An Interview with Glenn H. Nordin, Assistant Director of Intelligence Policy. (Language and Training) Office of the Assistance Secretary of Defense, C3I. *NFLC Policy Issues*, Vol. 2 number 2, December. (1999)

续表

地区	问题	相关语言
非洲之角	人道主义援助	阿拉伯语
中东	石油和天然气，金融改革，能源，安全，大规模杀伤性武器，核问题，经济繁荣，常规武器控制	阿拉伯语
北非	经济繁荣	阿拉伯语，法语
东北亚	安全，军队控制，核战争的升级，大规模杀伤性武器	汉语，韩语，日语，俄语
波斯湾	大规模杀伤性武器，核战争的升级，安全，民主，遏制军事部署，能源	波斯语，阿拉伯语
亚洲西南部	核战争的升级，大规模杀伤性武器，能源，促进民主，国家区域威胁，常规武器控制	
阿富汗	毒品，恐怖主义，大规模杀伤性武器，安全，民主	东部波斯语
中国	安全，军队控制，核战争的升级，大规模杀伤性武器，促进民主，经济繁荣，人权，环境	汉语，中国的55种少数民族语言
塞浦路斯	安全控制	希腊语，土耳其语
印度	核战争的升级，大规模杀伤性武器，能源，毒品，军队控制，环境	印度语，泰卢固语，马拉地语，泰米尔语，孟加拉语，乌尔都语，埃纳德语，马拉亚拉姆语，比哈尔方言以及许多其他语言
伊朗	国家区域威胁，安全控制	西方波斯语，南阿塞拜疆语，阿拉伯语
伊拉克	安全控制，人权，国家区域威胁，大规模杀伤性武器，核战争的升级，安全，民主，恐怖袭击	阿拉伯语，南阿塞拜疆语
以色列	和平	希伯来语，阿拉伯语，俄语，意第绪语，波兰语
日本	加强安全，繁荣，能源	日语
朝鲜	人权，大规模杀伤性武器，核战争，加强安全，国家区域威胁	韩语
巴基斯坦	核战争的升级，安全，军队控制，大规模杀伤性武器，能源，毒品	西方的旁遮普语，信德语，乌尔都语，北部的普什图语，克什米尔语，布拉灰语
俄罗斯	军队控制，大规模杀伤性武器，核战争的升级，加强安全，促进民主，全面援助，金融改革，市场改革	俄语，鞑靼语，其他语言
新加坡	加强安全	韩语，马来语，英语
索马里	维护和平	索马里语，马来语，阿拉伯语，英语，意大利语

续表

地区	问题	相关语言
韩国	核战争的升级，大规模杀伤力武器，导弹，促进民主，加强安全	韩语
苏丹	恐怖袭击	阿拉伯语，豪萨语，努尔语以及其他语言
叙利亚	和平	阿拉伯语，北部库尔德语，亚美尼亚语
中国台湾地区	安全，军队控制，核战争的升级，大规模杀伤力武器，环境	闽南语，其他语言
泰国	恐怖主义	斯瓦西里语，英语
土耳其	石油和天然气，加强安全	土耳其语，北部库尔德语，阿拉伯语

美国公共领域的语言诉求

国家安全局（NSA）拟在未来五年（2004年—2009年）内招聘7500名职员，相对于其他人员的招聘来说，招聘相关的语言人士显得尤为重要。[①] 国家安全委员会对恐怖分子袭击调查的结果显示：美国语言专业人员的缺口持续存在，尽管新近雇用了653名新的语言学习专业人士，需求仍然是超越了现有的供应。如在阿拉伯语、乌尔都语、普什图语等语言翻译人员的不足对FBI理解恐怖分子的袭击原因仍然是个障碍。[②]

在供应方面，语言能力系统的输出主要是看所有语言专业人士是否能够满足涉及国家安全的联邦政府机构的需要，除了机器翻译和语音识别器等技术手段外，语言人力资源的供应状况至关重要。这种语言专业人才的供给需要根据语言的范围、语言娴熟人员的数量以及他们的语言熟练程度来定，有关数据显示：现有的语言专业人员的供给主要体现在高等教育体系中的外语学习者的数量以及毕业生的外语水平。

从数量上来看，高等教育中现代外语的入学人数从1965年的16%下降到了1994年的8%，1994年至今入学人数的比例一直基本维持在8%左右。不太被教的外语的入学人数在这些学外语的人数中的比例又不到

[①] A Sabar, "Want to be a Spy? NSA is hiring," Baltimore Sun, April 10, 2004, 1.

[②] The National Commission on Terrorist Attacks upon the United State (2004), Staff Statement 12.

10%，其中，低于1%的美国大学生愿意选择学习国家急需的安全语言。[①]

从语言的熟练程度来看，美国俄语教师协会及国家安全教育项目的相关统计数据表明：经过四年的学习，美国高校的学生在5种国家急需的安全语言的熟练程度上的情况大致如下，学习者在阅读、听力和口语上能达到ILR中的2级最低水准要求的比例是：35.4%的学生在阅读上达到2级要求，9%的学习者在听力上达到2级要求，12.5%的学习者在口语上达到2级要求。

除了教育系统外，美国语言供给的另外一个重要渠道是家族语传承者。美国有大约5000万的家族语传承者在家里使用英语以外的语言。社会普查显示有将近25%的美国人宣称他们会一门外语，这其中约11%的人说自己能够很好地讲这种语言，在这些自称外语说得很好的人中，大多数人都认为自己的语言是在家庭中习得的，因此，他们被称之为"家族语传承者"。虽然没有可靠的统计数据来显示这些人的外语能力，但他们确实代表着美国外语供给方面的重要来源。

从语言潜能的开发来看，语言能力主要体现在五个方面：学术领域、联邦政府领域、私人领域、家族语传承社区和海外传播领域。能触及每一位美国公民，具有最广泛意义的是学术领域。在教育体系中，不少学生是双语学习者，他们可能是盎格鲁-撒克逊语系的语言使用者，也可能是美国种类繁多的家族语使用者，不管是哪种，他们的语言能力在很大程度上都有赖于各级教育中的语言教学项目，这些项目得到并且在很大程度上依赖于美国语言职业领域的力量，这种力量主要包括基础能力、建设设施和旗舰项目。简而言之，有效的教学项目有赖于专业人士、职业组织机构、教材发展、教师培训、海外学习项目、测试及评估系统、数据收集、信息分享网络、全国范围内共享的旗舰项目等的开展。

其他的能力领域主要有家族语社区领域、联邦领域、私人领域和海外领域。家族语社区领域主要包括家族语学校网以及在10多种少数被教的语言方面的遍布全美的学校系统。最大的是汉语社区，据统计在美国大约有10万名学生注册入学台湾体系下的汉语学习，有近4万名学生入学中国大陆开设的汉语学校学习。

---

① Brod, R., & Welles, E. Foreign language enrollments in the United States institutions of higher education, Fall 1998. *ADFL Bulletin* 31, 2, 22-29. (2000)

联邦政府领域的语言潜能主要体现在国防语言学院以及众多遍布美国的围绕国防部、华盛顿特区附近的外交学院里语言学习部的语言指挥项目,还有在众多情报部门中的项目,以及在联邦政府其他部门,如农业部等的各种项目。私人领域主要以语言教育公司为代表,也有一些笔译、口译或地方性的公司。海外这一块主要包括由美国发起的海外学习和交换项目,包括海外的管理。

在需求这一块:确定一个国家的语言需求或语言的社会边际价值确实也是一件非常困难的事。一般来说,国家的语言需求可以被分解为政治需求、军事需求、社会需求、经济需求。从需要范围来说,又有国内需要和国际需要之分。不管语言需求及语言的社会边际价值如何难界定,它们都是政府制定政策或采取干预措施的基础,因此不能被忽视,特别是在目前的形势下,美国与语言相关的政策还没有引起政府足够的重视。

二 美国安全语言人才供需的严重失衡

在新世纪初的后苏联时期世界里,美国国家安全所受到的威胁来自世界上越来越分散的地方。根据美国国家审计总署(GAO)2002年的调查,美国四个主要机构即美国国防部、国务院、对外商业服务部、联邦调查局,根据不同的部门、不同的职位、对不同语言的需求等,在不同程度上存在着安全语言人才的不足,外语笔头翻译、口译人员的缺口主要体现在外交官员、情报专家运用外语技能成功完成工作,一些机构的官员称外语能力的不足已经严重影响机构的运作,阻碍美国的军队建设、法律执行、情报处理、反对和打击恐怖活动、外交活动等方面的努力,这方面的缺口主要体现在中东和亚洲一些地区的特别难学习的语言,虽然这些语言能力的不足会因机构、职业、语言的不同而在需求上存在着较大的差异。官员们还说到外语人才的不足在某种程度上也是因为现代科学技术的迅猛发展使得很多收集到的信息来不及及时处理,这就造成了对外语能力好的人才的急剧需求,在变化加快、机构变得越来越复杂的情况下,加之劳动力市场人才竞争激烈,对工作人员的语言要求加大使得这些机构在吸引和留住工作人员上变得越来越困难。比如在联邦调查局,语言能力强的工作人员的缺乏已使大量的录音材料、书面材料堆积而无法得到及时的处理或翻译,联邦调查局官员称,这种情况已经对他们追查案件等造成了较大的阻碍,这限制了他们去鉴别、逮捕、审讯犯罪团伙。外交和情报官员则称外语能力已经削弱了他们在国际恐怖事件和贩毒等方面的能力，这也在一定程度上损害了美国的海外利益。在联邦调查局，虽然没有很多职位需要特殊的或关键语言学者，但现有的职位对从事、展开调查工作的语言水平要求还是蛮高的。

美国联邦政府各机构、部门也在想方设法运用一系列提升人力素养的办法来改进工作人员的外语能力，这些策略包括员工的在职发展，如语言培训、提薪等，在人力资源管理方面，通过招聘外语能力强的应聘人员、雇用分包商把工作分解下去或利用现代信息技术，比如网络上协调翻译处理、分包机构的一些数据库来使现有的外语资源利用最优化。一般来说，机构采用任务分包的办法把增加出来的翻译活给解决掉，然而员工培训现在也是其他领域普遍采取的填补员工外语技能的办法，虽然这些多方的努力有一定的效果，但是各机构现有的策略还没完全解决外语需求的问题。

供需严重不平衡，潜能远远不足："9·11"后联邦调查局和国务院急招415名翻译，结果只招到360名，缺口为130名；国务院对外服务部需要2500名外语工作人员。军队有329个阿拉伯语、韩语、汉语、波斯语和俄语翻译岗位，但只有183个得到填补，缺失率为44%。2002年，国务院对外服务部需要2500名外语工作人员，阿拉伯语的缺失率达50%；波斯语缺失率达68%，当年的美国高校只有6名阿拉伯语博士毕业。2004年，中央情报局依然留有从恐怖分子嫌疑人手中截获的几千小时的情报还没有翻译出来，因为中央情局和联邦调查局（FBI）通晓阿拉伯语的专业人士尤为缺乏。

2006年，联邦机构需要语言技能的岗位数量介于25000—34000名之间，需要熟悉区域状况的专家范围伸缩性更大，介于19000—44000名之间，其中驻守在伊拉克的美军急需阿拉伯语翻译。从2008年到2016年，联邦机构每年需要填充的语言和区域研究人员大约介于8400—10500名之间，在急需的52种语言当中大约有26种语言处于空缺状态①。

在20世纪末、21世纪初，美国药品监管局也强调由于缺乏足够的擅长俄语的人士，使得与来自前苏联各个国家的犯罪分子作斗争变得越加困难。美国国家安全运输董事会也指出，缺乏足够的语言人才也使得相关的

---

① O'Connell, M. E. & Norwood, J. L. (Eds.). *International Education and Foreign Languages: Keys to Secure America's Future* [C]. Washington D. C.: The National Academies Press, 2007.

第三章　美国安全语言教育规划的现实依据

救援工作变得困难其起来。

从美国国会和政府官员的一些讲话中,从收集的大量数据和材料,我们可以看出在国家安全战略视域下,美国已经当前对安全语言教育引起了高度重视。国家外部语言需求状况见表3-2。

表3-2　　　　　　　　　国家外部语言需求状况

需求领域	需求部门	有严格记录的语言供给的不足	相关部门	政策决策
政治/军事	美国政府机构 FSI测试数据 国防部 国家安全局 中央情报局 国防威胁情报局 外国广播信息局 海军情报局 特勤处 国会图书馆 美国国家航天航空局 烟草与枪支管理局	美国学术领域 外国广播信息服务 塞尔维亚-克罗地亚语的应急培训 海外美军 国外服务	海岸警卫队 海豹突击队 中央情报局和美国联邦实验室技术转移联盟 国家安全教育语言需求调查 FILR-NFLC语言需求工作小组 众议院特别委员会报告 耶利米报告 公共外交委员会的报告 美国空军全球合作政策	新世纪国家安全战略 美国对国际事务的战略计划 濒临里海盆地、撒哈拉以南非洲地区、南亚等地区的语言需求战略报告
经济	语言测试的国际分类广告	与日本进行贸易合作 美国商会 美国专利和商标办公室 微软等公司	语言市场服务 四大会计事务所 跨文化技能的工程师 互联网/网页 哈里斯民意调查 企业招聘计划 CQAIE调查	
社会	移民审查执行办公室 美国国土安全部 美国国立卫生研究院	和平队 美国食品药物管理局	美国联邦调查局 美国司法部下属执法机构	

国防部：美国国防部急需支持军事行动的特定外语人才。美国国防部负责国防计划的原副部长盖尔·麦金曾指出,国防部目前急需能够支持美军现在和未来军事行动的特定外语人才。麦金说,除语言能力外,这些人才还需要对其他国家的地理、文化和民族有一定了解。美军拥有一些通晓德语、法语、西班牙语和俄语的人才,但在"9·11"后,国防部缺乏足

够的通晓阿富汗地区通用语言的人才。此外，国防部也缺少通晓美国感兴趣的其他地区的语言的人才。麦金说，美国防部已经计划并开始采取多项提高美军人员外语能力的措施，其中包括增加国防语言学院的预算；提高外语人才的工资；为同意毕业后到国防单位工作的大学生提供津贴；制订国家重点语言计划，包括提供阿拉伯语、朝鲜语、汉语和俄语等语言的高级外语培训。

此外，美国防部在陆军内部还启动了一个试验项目，鼓励美籍伊拉克人加入美陆军预备役，目前已有200多人被征召，其中44人已被派往伊拉克和阿富汗等地。

美军在中东和波斯湾地区的驻军中，美国军方找到的阿拉伯语笔译和口译人员职能满足其需求量的一半。在伊朗和阿富汗使用的波斯语情况则更糟糕，军方翻译人才的短缺量占到68%。军队有329个阿拉伯语、韩语、汉语、波斯语和俄语翻译岗位，但只有183个得到填充，空缺率为44%。

美国军队中安全语言人才的供需不平衡状况：军队中的安全语言人才不足的数据主要是六种重要语言的笔头翻译、口头翻译人员的情况，从表3-3可以看出，在"9·11"事件后，美国军方拨款资助军队的语言人才培养和引进，在5种主要的安全语言上，共授权引进人才329人，但实际能到位的人数只有183人，还有146个职位空缺，占总需引入人才比例的44%。美国军方通过与一些外面的人员以合同签约的方式来补充翻译人员的不足，从而达到满足中等和中等以上的翻译人员的需求，比如说，在"9·11"事件发生之前的好几年中，大约有1000多名合同制语言人才在波斯尼亚和科索沃地区为美军服务。

表3-3　　　　"9·11"后美国军方笔译、口译人员的缺口情况

语言	授权的职位数	已到位的职位	缺口职位	缺口比例
阿拉伯语	84	42	42	50%
朝鲜语	62	39	23	37%
汉语普通话	52	32	20	38%
波斯-法尔西语	40	13	27	68%
俄语	91	57	34	37%
总计	329	183	146	44%

（数据来源于政府责任办公室GAO向美国军方采集数据时的报告）

早在2002年，美国军方发布消息称约有15000个职位需要熟练的外语水平，这些职位需求的语种多达62种，涵盖执勤、国家防卫和储备人员，军队有两种语言熟练评价标准：一是对特殊军队人员的语言技能要求，二是对其他需要外语技能的职位的基本语言能力。

军队对6种安全语言中的朝鲜语和汉语普通话这两种语言的需求特别大，总体而言，这两种语言共有142个空缺的职位，占总的语言人才缺口比例的25%，具体情况参见表3-4。

表3-4 "9·11"后美国军方解密语言人员的供需关系情况

语言	授权的职位数	已到位的职位	缺口职位	缺口比例
朝鲜语	434	331	103	24%
汉语普通话	144	105	39	27%
总计	578	436	142	25%

（数据来源于政府责任办公室向美国军方采集数据时的报告）

在6种安全语言中，美国军方在阿拉伯语、俄语、西班牙语、朝鲜语、汉语普通话这五种语言上特别缺乏情报收集员，这些语言被军方认为是最关键的几种语言，总体而言，在这五种语言上，共有108个职位空缺着，占总的语言缺口人才比例的13%，情报收集员职位所缺人数最多的是阿拉伯语，而缺口比例最大的是汉语普通话，具体情况可从表3-5来查看。

表3-5 军队中情报收集人员的缺口情况表

语言	授权的职位数	已到位的职位	缺口职位	缺口比例
阿拉伯语	209	170	39	19%
俄语	205	197	8	4%
西班牙语	181	163	18	10%
朝鲜语	174	149	25	14%
汉语普通话	58	40	18	31%
总计	827	719	108	13%

（数据来源于政府责任办公室向美国军方采集数据时的报告）

工作人员在外语技能上的不足大大削弱了国际反恐战争和反毒品斗争的战斗力，导致无法有效地维护美国的海内外利益。军方高层官员表示，他们可能没有足够的"语言实力"来控制阿富汗逐渐升级的战争和同时发生的其他大规模冲突。

美国海岸边防所在对语言方面需求的统计显示,在海岸边防防御方面仅有不到50%的语言需求得到了满足,在各种类型的工作如:搜寻、营救、拦截非法药品、船舶检查等,都需要语言人员的合作,但这方面的语言人才目前也只有在75%的程度上满足了需要。

情报部门:在美国的情报部门中,外语人才,特别是安全语言人才的奇缺致使美国在情报方面的国家安全工作大失水准,美国反恐遇到的最大的瓶颈问题就是"语言问题",在处理"9·11"事件的过程中,侦察、审判人员对恐怖分子或外国人提出了很多问题,但是在理解回答的话语时却因语言不通影响交流,五角大楼在对阿富汗和关塔纳摩海军基地的数百名"基地"组织和塔利班战俘进行审讯时,因语言交流障碍,使得审讯进展缓慢,能够使用战俘的母语进行基本提问的人员,即所谓"人类情报收集工作者"或者军方的审讯人员也供不应求。

反恐战争中收集到大量的情报无法及时得到解读与翻译,因极度缺乏外语人才而造成美国国家安全遭受破坏。另外,美国的执法机构和情报机构拒绝雇用那些粗略懂英语的外国移民,他们的英文不好,给工作中的沟通带来困难,对他们进行安全调查也很困难。

"9·11"后,美国联邦调查局公开呼吁寻求阿拉伯语、法尔斯语、普什图语等国家急需的安全语言方面的人才来支持他们的笔译或口译工作,希望有更多的志愿者来帮助他们解决眼下的困难。[1]

美国国家情报委员会副主席艾伦·来普森也严正指出,情报部门紧缺中亚、东亚和中东地区的语言人才,这些地区语言人才的不足,已经对收集情报、处理情报、开发利用情报资源以及分析情报等造成了严重的影响。[2]

情报人员急需提高外语能力:《纽约时报》曾报道美国对伊拉克的情报搜集工作存在太多缺口,包括伊拉克的常规军事力量和是否拥有违禁武器这些问题上得到的情报都是不完全的。美国国会官员一直以来都对情报

---

[1] Colvin, R., & Nelson, S. After the attack; Foreign affairs; FBI issues call for translators to assist probe. Los Aggeles Times, September 18, P. A1. (2001)

[2] Testimony of ELLEN Laipson, Vice Chairman, National Intelligence Council, before the Subcommittee on International Security, Proliferation and Federal Services, Senate Committee on Governmental Affairs, September14, 2000.

人员的外语力量感到担忧，因为美国的情报机构内没有足够懂阿拉伯语、波斯语和普什图语的人员，而这些语种是从阿拉伯国家、伊朗及阿富汗获取情报所必需的。美国一直在努力寻找战前伊拉克情报搜集工作存在的基本缺陷，尤其是关于伊拉克决策者"计划和意图"的情报。情报人员在语言知识上的缺陷是最令人担心的。据一位参议员透露，国会曾专门拨款对 CIA 进行语言培训，包括阿拉伯语的培训，但其中一些钱则花在了使用电脑软件进行文件翻译上，而没有用于训练情报官员。

"9·11"后，美国联邦调查局立即雇用了 463 名合同制翻译人员，他们有的是全职的，有的是兼职的。2003 年，联邦调查局在批准招收 415 名翻译人员以外，又申请招聘 96 个全职翻译合同人员。在 2001 年，联邦调查局共有 1792 个职位招聘有外语技能的人才，共需要 40 多种语言，联邦调查局称这些人才为"特殊语言人才"，他们要用外语与一些嫌疑人员交流、对话，从而获取一些有用的信息，有时完成这样的交流、对话需要用对方的语言来完成，联邦调查局中需要外语技能的一些特殊职位中有一半人员的外语水平已经达到"一般职业水平"或更高程度的外语水平，联邦调查局的官员称这些特殊职位的人员中原先美达到较高语言水平的人现在也正在接受培训（表 3-6）。

表 3-6　"9·11"后联邦调查局"特殊语言人才"的外语水平

水平层次	特殊语言人才数	比例
0 级水平——一点都不会	169	9%
一级水平——基础级	322	18%
二级水平——有限的工作中运用	512	29%
三级水平——一般职业水平	468	26%
四级水平——高级职业水平	257	14%
五级水平——基本接近本土语使用者	64	4%
总计	1792	100%

（数据来源于美国联邦政府责任办公室 GAO 的报告）

由于现代化的先进技术，收集外国的信息和情报变得越来越快捷，而且数量也越来越大，原先联邦调查局收集情报主要是靠视距内的无线电通信设备或联邦调查局的窃听装置，然而现在信息和情报可以通过光纤电缆线、手机、互联网等。联邦调查局语言服务部的负责人称新的技术会使外语工作每年增加 30% 的工作量，来自于电脑和其他技术方面的信息和情报已经使联邦调查局的外语工作人员超负荷工作,因此不得不雇用更多的语言胜任者来解读、翻译所截获的情报。同时,随着美国军方和情报部门执行的任务越来越复杂及任务变得越来越多样化,美国军方和情报部门对语言数量的需求越来越多,对高水平的语言人才需求也是越来越大,比如,对于美国军方来说,原来是在少数国家对付一些长期的威胁,现在可能会接到通知后,立即就赶往一些比较边远、不太熟悉的地方去执行任务。联邦调查局的官员也称,联邦调查局现在也越来越多地卷入一些国际事务,如恐怖分子袭击、贩毒、有组织的犯罪活动或洗钱活动中去,随着对美国国家安全的威胁的数量和多样性的上升,美国情报部门也开始在搜查范围和复杂性上下功夫。

2001年,联邦调查局和国务院的安全语言人才缺口为13%。2004年,中央情报局依然留有从恐怖分子嫌疑人手中截获的几千小时的情报还没有翻译出来,因为中央情局和联邦调查局特别缺乏通晓阿拉伯语的专业人士。

情报部门对阿拉伯语、波斯语、达里语、普什图语、印度语、乌尔都语、旁遮普语等安全语言人才的需求特别大,而中情局却因受到严格的内部安全制度的限制而无法招收相关的安全语言人才为之工作,中情局拟对安全规则进行调整。美国国会曾指出:"中情局正经受着严重的情报专家和外语翻译人才短缺危机,特别是阿拉伯语和汉语。"中情局现在最重要的情报任务之一就是搜集阿拉伯国家恐怖分子的情报,向基地组织、恐怖集团内部插入自己的代理人。中情局安全部门的工作人员发现许多候选翻译人才与留在国内的亲属还继续保持着联系,这会增加内部安全检查的难度。另外,中情局还担心这些专家的亲属有可能会成为被敲诈或威胁的目标。中情局有极其严格的招募人才制度,只有那些35岁以下经过严格调查的美国公民将来才有可能接触到最高机密。

2004年,中央情报局依然留有从恐怖分子嫌疑人手中截获的几千小时的情报还没有翻译出来,因为中央情报局和联邦调查局通晓阿拉伯语的专业人士尤为缺乏。

国务院:1999年的外交服务部的报告指出,在有语言需要的岗位中,目前只有60%左右的职位是有人的,还有约35%的职位是空缺着的。在美国国务院里,对外语有着较高要求的职位还有不少空着,国务院对目前从事对外服务人员是否有足够的外语水平还没有全面检测过。根据参议院

2002年9月的调查，国务院的外交官里有大约一半的人缺乏外语技能。

"9·11"后美国国务院对外服务部发现语言供求关系显示：阿拉伯语的缺口率达50%，波斯语的缺口率达68%，国务院需要2500名外语工作人员，而当年的美国高校只有6名阿拉伯语博士毕业。到2007年，国务院需要的外语工作人员达4000名，现有的外语人才实在是无法满足越来越快的发展的需要。同时，对外商务部虽然没有很多职位需要很强的外语水平，但安全语言人才的短缺也是一个现实存在的问题。

"9·11"后联邦调查局和国务院急需安全语言的翻译人员，但招不到足够的人员（表3-7）。2006年8月美国国家审计总署（GAO）的报告分析了国务院的外语需求情况，也肯定了已作的努力，但还远远没有达到要求，很多需要中级外语水平的岗位上仍然是大批初级水平的人员占着。在一份调查中发现，国务院里的汉语、阿拉伯语岗位上，在职人员的语言水平远远没有达到要求。

表3-7　　需要汉语、阿拉伯语的岗位上工作人员的语言不足情况[①]

工作人员	已有工作人员的指定的语言位置	没有达到相应语言要求的空缺位置	比例
汉语			
一般语言人员	147	40	27%
咨询工作	57	12	21%
管理工作	8	7	88%
经济方面的工作	29	10	34%
政治方面的工作	24	5	21%
公共外交工作	18	6	33%
多功能的工作	11	0	0%
特殊语言人员	53	38	72%
阿拉伯语			
一般语言人员	140	49	35%
咨询人员	41	12	29%
管理工作	5	5	100%
经济方面的工作	11	6	55%

---

① Staffing and Foreign Language Shortfalls Persist Despite Initiatives to Address Gaps, United States Government Accountability Office, August, 2006.

续表

工作人员	已有工作人员的指定的语言位置	没有达到相应语言要求的空缺位置	比例
政治方面的工作	31	7	23%
公共外交工作	40	14	35%
多功能的工作	12	5	42%
特殊语言人员	20	15	75%

来源：美国政府绩效办公室（GAO）对国务院数据的分析（2006年8月）

安全语言的潜能远远不足

潜能的不足，主要是指潜在领域资源不足以产生足够的语言资本，即训练有素的语言群体来满足社会发展的需要。美国针对中国的关乎国家安全和军队选择委员会宣称，情报机构在语言方面的潜能的不足已经对收集、分析中国大规模武器的升级造成了很大的障碍。来自这个委员会的代表指出："在国家安全局，如果你要想搞清你所获得的情报，你最好要学会说普通话。"[1]

国家外语中心在1998年对较少教授的语言方面的统计数据显示，美国在小语种，如阿拉伯语、越南语、泰语等方面的入学人数加起来都不到1万人，这种少语种潜在人才的严重不足将会对外语学习的发展、出版以及相关教学资料的配发产生很大的影响。[2]

安全语言的未来需求

如果国家或社会对语言有确定的需要，这表明国家的语言能力需要作出某种形式上的匹配，国家的语言需求有时是明确的，有时又是隐含的，不管以哪种形式存在，国家都必须作出相应的回应，即开展语言规划，以适应国家或社会发展的需要。

针对21世纪的国家安全，哈特·如德曼的报告表明：美国政府需要社会科学、外语及人文教育方面的高质量人才，而美国当前针对大学和各

---

[1] http://cox.house.gov/press/coverage/2000/Washington post translators.htm.

[2] Brecht, R. D., &Rivers, W., *Language and national security for the 21st century：The role of Title Ⅵ/Fulbright-Hays in supporting national language capacity* (pp. 85-88). Dubuque, IA: Kendall/Hunt. (2000)

第三章 美国安全语言教育规划的现实依据

种基金会的资助经费正在削减，这会严重威胁到政府是否能培养出顺应时代需要的未来领导者，未来的政府领导者必须在外语、经济学和历史等方面有所专长，这样才能应对新世纪的挑战。[①]

曾任美国陆军军队秘书的鲁斯·卡得勒指出，"未来的美国军队需要全球能力，不仅仅是军队的运作力量，也意味着军队人员的素质，以及他们适应各种文化和情形的能力。在这种纷繁复杂的情境中，地区专长、语言能力、跨文化交际能力已经成了我们战略成功的基础。"[②]

众议院的情报选择委员会在情报授权法案中指出：目前情报部门当然是需要情报学方面的专业人士，但是委员会也清醒地认识到目前最迫切的需求还是通晓语言的情报专业人员，特别是安全语言的流利使用者。委员会从军方和民间都了解到这是情报部门最大的局限，而且这确实已经是情报部门最致命的软肋。处理外国情报最主要的几个部门，如中情局、联邦调查局、国家安全局等都承认无论在广度还是深度上他们都没有足够的语言人才来全面有效地完成任务。[③]

美国国会对安全语言人才匮乏的强烈反应

2003年12月，美国众议员鲁斯·霍特向国会提交的《国家安全语言法案》指出："如果我们不致力于学习世界各重要地区的语言和文化，我们将无法再保持国家的安全。我们在海外的军队和国内人民的安全要求我们迅速行动起来，以解决国家需要的安全语言人才短缺问题。在这个问题上不作为不仅是不负责任的，而且是危险的。"[④] 在提案中，鲁斯·霍特认为，美国当前面临着严峻的恐怖主义，必须加强外语教学才能解决现实存在的问题，其中包括：（1）基地组织遍布75个国家，能讲几百种语言和方言；（2）99%的美国高中和大学外语教学项目主要围绕欧洲语言而展

[①] US Commission on National Security in 21st Century. Road Map for National Security: Imperative for Change. p. 88.

[②] Caldera, L. &Echevarria, A. J., The Strategy-resource mismatch: The US Amy is the nation's premier global engagement and operations-other-than-war force. Armed Forces Journal International, March, 32. (2001)

[③] House Permanent Select Committee on Intelligence (2001. p17).

[④] Rush D. Holt, Introduction of National Security Language Act, Congressional Record: December 9, 2003, p2493, [EB/OL] http://www.fas.org/congress/2003_cr/3676.

开；（3）目前学习古希腊语的学生数量要远远多于学习阿拉伯语、韩语、波斯语和普什图语全部的学生数量；（4）美国情报系统对于事关国家安全的重要语言的准备程度只有30%，所以急需大量的专业语言人才来保障国家的安全；（5）美国要想在国内建立外语专家库，必须通过在课堂教学投资才能实现，政府要向那些学习急需外语并在政府部门工作或者从事语言教学的大学生提供1万美元的减免贷款；（6）政府要向大学提供资金，以帮助在国内建立语言精读课程或者利用外语从事科学和技术研究的项目；（7）政府鼓励大学与社区建立伙伴关系并提供资助，同时进行全国性调查研究，挖掘美国国内安全语言群体的潜力，激发更多的学生获取语言学位。

第二节 美国的海外利益与安全语言教育规划

一 美国在亚欧的利益与安全语言教育规划

中东地区：中东地处欧、亚、非三大洲交接处，中东拥有丰富的能源资源，能源供应和价格关系各国经济局势，中东又是热点问题集中地区，中东问题影响世界的和平与稳定。中东地区矛盾错综复杂，可以说是"世界上最多事、最不稳定和最受危害的地区之一，也是世界上最重要的地区之一"①。

对一直心怀称霸世界野心的美国来说，其霸权战略的终点必然是绝对控制中东，进而达到控制对手、称霸全球的目的。冷战后美国取得了对中东的主导地位，不断加强对该地区的控制。"9·11"后，布什政府把反恐、防扩散置于美国安全战略的首位，把伊斯兰极端势力视作打击的首要目标，把中东作为实施其安全战略的重点地区。美国的中东政策是影响中东形势的最重要因素。

美国在中东地区主要有五项利益，包括：维持波斯湾石油以合理价位向西方工业国供应；维护以色列生存；防止大规模杀伤性武器扩散及恐怖主义；协助温和派阿拉伯国家实现安全与稳定；防止俄罗斯势力扩张，维护美国在中东的优越地位。其中，确保石油供应和防范俄罗斯是两大核心

---

① 尼克松：《真正的战争》，世界知识出版社2000年版，第89页。

内容，而石油利益又是美国在该地区最具体的利益。这些基本目标决定了美国在中东的总体战略就是促进和维护该地区稳定①。

"9·11"事件使美国将恐怖主义确定为最大威胁，并将中东作为反恐的主战场。同时小布什政府决意通过"反恐战争"来实现霸权，发动了两场战争。美国自己也承认发动阿富汗战争、伊拉克战争就是为了把帝国大战略树立为新的国际准则②。阿富汗战争使美国的霸权触角首次伸到中亚这一权力真空地带，并在俄罗斯、中国与伊朗这三个美国的潜在或现实对手之间插一刀；伊拉克战争则使美国首次在阿拉伯世界心脏地带获得战略立足点，并使其有可能通过控制伊拉克和中东石油，达到控制其他大国的目的。

但美国在中东也遇到困难，首先是伊朗的核问题，伊朗已成为美国下一个打击对象。目前，伊朗已显出一种咄咄逼人的态势，正迅速填补中东地区因缺乏阿拉伯民族主义和核心国家留下的空白，直接威胁美国在中东的霸权地位。这与美国的"防止地区霸权国家崛起"的中东政策目标背道而驰，因此美国对伊朗怀恨在心。再有就是美国的"大中东民主改造计划"："大中东民主改造计划"是美国霸权新战略中的"民主改造战略"，美国总是认为"美国推崇的民主价值观具有放之四海而皆准的普世性"。小布什认为，"在任何文化中，任何时候和任何地方，道德和真理都是相同的"，只存在"一个可持续的国家成功模式"③。伊斯兰教是中东影响力超强的宗教，美国要对深受伊斯兰传统思想熏陶的中东进行全面改造，美国试图实行"大中东民主改造计划"，全面改造中东社会以根除恐怖主义，因此美国决意颠覆中东地区秩序，全面介入中东内部事务，将反恐战争、稳定伊拉克、遏制伊朗、寻求巴以和平、鼓励改革熔为一炉，彻底整合中东秩序。这是一种典型的霸权战略，是"一种侵略性的、干涉主义的、单边主义的改造性战略"④。奥巴马上台后最为重视的是中东和中亚战略的调整，在中东战略和政策上，奥巴马的目标是"走出伊拉克、管住

---

① 周煦：《冷战后美国的中东政策》，台湾五南图书出版公司2002年版，第6页。

② [美]诺姆·乔姆斯基：《霸权还是生存：美国对全球统治的追求》，张鲲译，上海译文出版社2006年版。

③ 查默斯·约翰逊：《帝国的悲哀》，任晓、张耀等译，上海人民出版社2005年版，第337页。

④ 罗伯特·阿特：《美国大战略》，北京大学出版社2005年版，第111页。

以色列、遏制伊朗"。

"9·11"发生后,美国联邦调查局局长罗伯特·米勒曾哀叹无法找到足够的阿拉伯语人才,"阿拉伯语是我们现在最需要的语言"。一些情报专家称"9·11"弥补了安全上的缺口,阿拉伯语在美国外语教学中的排位在古希腊语和拉丁语之后。

世界知名的两家阿拉伯语培训机构,一个是伦敦大学东方与非洲研究学院,一个是位于美国加州蒙特利市的美国国防语言学院。这两所学院都经历了阿拉伯语热潮的冲击。在伦敦,阿拉伯语专业的入学人数自2001年起翻了三番,而且这一数字仍在增长。

东亚地区:美国在东亚的利益事关美国的未来,东亚的主要国家是中国、日本和韩国。美国与东亚各国的关系很复杂,美国与日本、韩国的盟国关系有利于美国在环太平洋地区的军事部署和实现对中国和朝鲜的制约。面对中国的和平崛起,美国试图通过与日本和韩国的联合来牵制中国;面对朝鲜,美国也是竭力控制其和武器的发展,并积极单方面支持韩国统一朝鲜半岛。自从美国宣布"重返亚洲"后,亚太地区就成了美国中东以外最重要的利益所在地。

在东亚,中国是美国首要的防范对象。2006年的《四年防务评估报告》[①]将中国列为"处于十字路口的国家"。报告称中国"代表了亚洲巨大的经济成功,但转型仍没有完成"。对于台湾问题,报告强调和平解决途径,反对两岸单方面改变现状的行为。报告最后还十分关注中国的民主化,认为"只有在中国人民享有到自由与普遍的人权之后,中国才能尊重宪法与国际承诺"。

从战略的角度来看,美国把朝鲜语列为重要的安全语言主要是基于国防安全和国际政治需要。语言及其文化也是很好的商业资本,重视朝鲜语的学习也是增强朝鲜语作为符号资本的潜在价值。在美国,朝鲜语课程注册人数一直呈上升趋势。在所有的大学中,只有3%的高等教育机构提供朝鲜语教育。美国各州的朝鲜语语言项目分布情况是这样的:加州有13项,纽约州有8项,伊利诺伊州和宾夕法尼亚州各有6项,新泽西和得克萨斯州各有4项,华盛顿特区、夏威夷州、马萨诸塞州和犹他州各有3

---

① "Quadrennial Defense Review 2006", http://www.comw.org/qdr/qdr2006.pdf.

项，亚利桑那州、康涅狄格州等各有 2 项。①

同时，日语也是美国情报部门的重要语言之一，中央情报局等部门每年都会招聘很多在读、写、口头交流方面比较胜任的日语人才。美国政府还通过各种各样的资助，如富布莱特助学金等项目来资助美国公民在日语学习上得到培训或教育，以达到较高级的日语水平。

波斯湾及中亚地区：2003 年 3 月伊拉克战争之后，波斯湾地区局势持续动荡，西方大国在该地的战略利益受到了严重挑战，美国紧盯住里海，目的就是加强在此地区的控制。除了能源问题外，美国在这一地区的国家利益还有空间利益、军事合作、技术转让等。俄罗斯及从苏联分离出来的一些国家，如亚美尼亚、格鲁吉亚、哈萨克斯坦、乌兹别克斯坦、吉尔吉斯斯坦、塔吉克斯坦、土库曼斯坦，加上伊朗、土耳其、阿富汗、伊拉克、阿塞拜疆、中国等形成了一个围绕里海的国家群。然而美国国内对里海盆地地区的语言教育很薄弱，美国把这一地区的阿塞拜疆语、土耳其语等列入安全语言行列。凡有地缘政治利益的国家或势力都不会对正处在国际政治权力真空状态之中的中亚置之不理，而美、俄是争夺中亚的主体②。"9·11" 事件后，美国以 "反恐" 为借口，发动阿富汗战争，不断加强对该地区的控制，排挤俄罗斯在该地区的势力；而对于俄罗斯来说，中亚一直是在其传统势力范围之内的，俄罗斯不会让美国在此称大，美、俄双方也会有更多的冲突和较量。俄罗斯意欲开发远东，重返亚太，加强在亚太存在的影响。在亚太战略上，中、俄、美三者力图保持平衡。

2006 年 2 月，美国防部公布的《四年防务评估报告》也把俄罗斯 "处于十字路口的国家"③，对于俄罗斯，美国将防止其 "民主倒退" 作为应对重点，报告指出，美国要与俄国建立 "稳定、重要的多层次关系"。俄语在美国被划分为第三层次的安全语言。俄语被美国中央情报机构认定为 "硬靶子" 语言。

在俄、美关系中，阿塞拜疆战略地位很重要，美、俄在中亚的争夺涉及政治、经济、安全等各个领域，都极力想把阿塞拜疆纳入自己框架中。

---

① American Association of Teachers of Korean. 2007. Schools Offering Korea. http：//www. aatk. org/html/schools. html.

② 朱文昌主编：《中国周边安全环境与安全战略》，北京时事出版社 2003 年版。

③ "Quadrennial Defense Review 2006"，http：//www. comw. org/qdr/qdr2006. pdf.

应该说，美国对阿塞拜疆语的重视主要是源于它对美国的战略地位的影响，美国对阿塞拜疆语的重视逐渐加强，对这一语言的教材开发、课程建设、项目展开等都开展起来，如：加州大学洛杉矶分校的阿塞拜疆语的教材的开发项目、国防语言学院里把阿塞拜疆语的语言教学与文化等联系在一起的项目、杜克大学的塞尔维亚、中亚和东欧研究中心以及塞尔维亚、中亚语言资源中心的阿塞拜疆语多种形式的语言教育资源的开发和利用[1]，还有一些网络在线学习资料的开发，把语言教学与宗教、文化、历史结合起来的多学科教学等。

南亚地区：主要包括印度、巴基斯坦、孟加拉国等国。对于美国的安全来说，南亚地区是通往印度洋的要塞，美国在南亚，一方面拉拢印度等国堵住俄罗斯、中国等势力的向南延伸；另一方面，美国又试图通过印度、巴基斯坦来对中国的西藏、新疆及从苏联独立出来的中亚国家实行分裂活动，同时打击这些地区基地组织和恐怖分子。在最近美国公布新的国家安全战略文件中，美国重申正与印度建立战略伙伴关系。

南亚地区的语言主要有印地语和乌尔都语，印地语和乌尔都语加起来是世界上第二大语言，在印度，4亿左右的人把印地语当作母语，另外3亿人当第二语言使用。乌尔都语属于印度—雅利安语族，也是印欧语系的一支。乌尔都语是巴基斯坦的国语，也是印度规定的24种语言之一，旁遮普语与乌尔都语很类似，但旁遮普语口语发音同乌尔都语差别大。[2]

乌尔都语与英语都是巴基斯坦的官方语言。虽然英语在精英的圈子内使用，旁遮普语也有大量的母语使用者，乌尔都语作为交际语被广泛使用。乌尔都语也是印度、印度控制的克什米尔地区和安得拉邦的官方语言。这个地区还有两个主要的语言，达里语和法尔斯语，都是这个地区流通性较强的语言。

孟加拉语使用地域主要在孟加拉国和印度西孟加拉邦、特里普拉邦、阿萨姆邦部分地区。孟加拉语是继汉语、英语、印地语、西班牙语、阿拉伯语和葡萄牙语之后的第七大语言。孟加拉国的官方语言是孟加拉语和英语，孟加拉语也是印度的官方语言之一。随着美国重返亚太战略以及南亚

---

[1] http://slaviccenters.duke.edu/webliogra/azerbaijani.

[2] http://aiislanguageprograms.org/urdu.php.

地区地缘政治形势的变化，孟加拉国因自身的优势而获得美国的青睐。[①]孟加拉国具有独特的地缘战略优势，随着印度洋战略地位的上升，美国必然会加强在区域的军事存在，美国在孟加拉的驻兵也逐渐增加。美国加强了孟加拉语教学，加州大学伯克利分校的南亚研究中心开展孟加拉语的首创教育项目，把孟加拉语的语言学习与文化、文学、社会学、历史学等结合在一起教学。纽约的约翰奥多姆中学有孟加拉双语学校，有专职的老师来教孟加拉双语。

旁遮普语是印度的旁遮普邦和巴基斯坦的旁遮普省所以使用的语言，也是印度旁遮普邦的官方语言。现代旁遮普语受其他语言的影响较大，其中主要是印地语、波斯语和英语。从"9·11"事件到本·拉登被击毙，美国的情报部门和军队在旁遮普语、印地语、波斯语这些语言上下了不少功夫。美国的旁遮普语教育主要是在一些高校、军事院校及情报部门下属的学校等，但也有一些中学或社区学院有旁遮普语的教育。

二 美国在非洲的利益及安全语言教育规划

美国与阿拉伯世界的关系在很大程度上也影响了美国与非洲部分国家和地区的关系，但除了受中东局势的波及和影响，美国在非洲也有重大的战略意图，美国也充分考虑自己在非洲的利益扩张及对非洲的控制。近年来，美国对于非洲地区语言也越来越重视。

斯瓦西里语是在非洲撒哈拉沙漠以南使用最广泛的非洲语言。它是坦桑尼亚和肯尼亚的民族语言，也广泛应用于乌干达、卢旺达、布隆迪、刚果民主共和国、科摩罗等国家。目前的估计，大约有一千万人说斯瓦西里语。斯瓦西里语是非洲联盟中唯一的非洲官方语言，它是非洲东部和中部地区的通用语，因此他成为一个大家都要来学习的重要的语言。美国约有50多所大学教授斯瓦西里语。

斯瓦西里语属班图语系，但也借用了很多阿拉伯语，这是10多个世纪以来与阿拉伯半岛广泛接触与交流的结果，非洲东海岸的城镇、波斯湾以及亚洲国家人们的贸易繁荣使得斯瓦西里语成了一种很重要的商业用语，随着贸易的发展，很多波斯人、阿拉伯人逐渐定居下来，和当地妇女通婚也使得充满活力的伊斯兰文化在现代斯瓦西里语留下了不少痕迹。如

---

① 彭念：《孟加拉国——美国南亚政策的新焦点》，《全球经济》2012 年第 5 期。

今，斯瓦西里语也广泛运用于如办公室、学校、家庭和大众传媒中，像世界上其他语言，斯瓦西里语从英语里借用了大量的词汇，特别是在计算机和技术方面[①]。

21世纪以来，无论是美国政府还是民间越来越多人认识到教授和学习斯瓦西里语的重要性，作为重要的安全语言之一的斯瓦西里语，美国政府也是投入了不少的资金来发展斯瓦西里语项目，如星谈计划中对斯瓦西里语项目的投资逐年都呈上升趋势，美国威斯康星大学的斯瓦西里语项目很有特色，成效很好。

第三节 美国安全语言教育投资的战略考察

美国教育政策的制定过程遵循一定的规定流程，美国语言教育政策的制定一般也是先从问题开始，在现实运作中出现一些比较重大的事件或问题时，由联邦政府或州政府在国会或议会上提出相关政策制定要求，然后利用某些基金会的资助授权联邦或地区决策机构制定相关的政策；决策机构组织专家成立一些委员会进行相关的调查研究和论证，提出相应的政策方案；政府再作出的建议，选择最佳政策方案召开听证会征求民众意见；最后通过联邦政府的立法、司法、或行政机构，或由各州相应决策机构进行审议并通过。[②]美国安全语言相关政策的制定也沿袭同样的路径，最终通过法案或决议获得确立。美国政府制定一系列的语言政策和立法，同时又大力投资于安全语言教育也是有着特定理由的。

一 美国安全语言教育投资的价值

安全语言是一种资本，实用价值高。安全语言教育规划下的人才培养是美国宝贵的人力资本。美国的这种投资是值得的，它不仅能带来美国政府各职能部门语言和文化的普遍提升，而且能在公民教育体系中改变传统的语言文化教育结构，加强对非西方世界的语言和文化的学习，也为国家的发展储备潜在人才。美国的这种以潜在需求为导向，重视现实语言能力的培养，保证美国的联邦政府部门、军队、私人、社区等有足够的安全语言人才来应对

---

① http://www.ohio.edu/linguistics/swahili/index.html.
② 吴遵民：《基础教育决策论》，华东师范大学出版社2006年版。

国家安全的需要；同时着眼于语言潜能的储备，在正规的教育体系中重视安全语言的生态教育，这样的语言战略投资有很高的实用价值。

首先从经济价值来分析。教育投资是现代经济发展的必要条件，教育投资不但为全社会带来长久的经济效益，而且也为社会带来整体性、长期性的经济效益。美国安全语言投资就是指对语言教育投入人力、物力和财力来加深安全语言教育，美国投资安全语言教育也是放眼于21世纪的长久发展，因为这些语言事关国家安全，美国当然会不惜一切代价。

安全语言是美国新世纪的一项重要战略规划，在美国大战略的框架下，利用语言来维护国家安全、保障国家利益，这是一种极好的战略投资，具有极强的现实投资价值和潜在投资价值。美国对安全语言教育"全方位"投资，在联邦政府的教育部、国防部、国务院和情报总监办公室全面开展，从经费、人员安排、激励机制等多方面入手；同时，各州会根据自身的条件，在高等教育、K-12教育和职业培训方面加大语言教育投入。

二 安全语言教育与美国综合国力

安全语言更是一种巧实力，加强了语言安全，美国的硬实力、软实力和巧实力等综合力量就会更加强大，美国的国防就会变得更加坚固。美国最大的梦想就是维护其世界霸权地位，向全世界不断地推广自己的民主、自由思想，对世界关键地区的语言和文化的学习和理解有助于美国更好地了解与自己在文化、思想、意识形态上有很大差异的国家和民族的状况，从而达到更好地与这些地区的人们沟通的效果。

语言是社会的黏合剂，语言也是统治阶级使用来维护其政治统治的一种工具，语言又是政治的砝码。语言能为经济发展做出积极的贡献，从事商贸或经济活动的人士在使用目的地国家的语言交流时，有利于贸易或生意的谈成或获取更大的经济利益，因此，语言是经济发展的助推器。不同民族、种族之间的人们使用彼此间的语言可以促进彼此间的互相理解，加深对他民族或种族的了解，促进双方深入地交流，从而更有利于不同民族、种族之间的和谐相处，语言是民族、种族和谐相处的纽带。美国安全语言教育投资有着巨大的潜在价值。它不仅仅是一个语言方面的战略，更是一个关乎国家发展的重要战略。

无论是冷战时代，还是反恐时代，美国安全语言战略的最主要的特征在本质上是完全相同的——服务于美国的国家大战略目标。

第四章

美国安全语言教育规划体系

美国的安全语言教育规划不仅仅是一个语言方面的战略规划，它更是一个关乎美国国家未来发展的大战略，美国政府高度重视，有着明确的规划目标和严密的规划体系。

第一节 美国安全语言教育规划目标

美国国家安全思维模式及国防战略：美国总想保持自己作为世界领袖的地位，在苏联解体后的冷战期间，美国竭力保持自己在全世界的独霸地位。崇尚实力的思想也是美国国家安全的重要根源，无论在什么时候，即便是在经济危机的重击下，美国还是坚持加强国防力量，美国每年的国防开支惊人，2012年的国防预算高达5300亿美元，奥巴马曾说过："未来十年，国防预算的增速将放缓，但实际国防预算仍会有所增加，因为我们的全球责任要求我们确保领导地位"，"我们可以保持美军的强大和国家的安全，因为我们的国防预算规模仍大于排在美国之后十个国家国防预算的总和"。软实力和硬实力兼重的思想对美国的国家安全影响也很大，新世纪以来，美国在强化军队等硬实力的基础上，加强语言、文化等软实力来发展综合实力。同时美国的霸权主义思想在美国各个方面都有深远的影响。在国防安全上，美国也始终是以实用主义思想为指导的。

如果说，20世纪后半期美国高校的外语教学是服务于美国政府传统保守主义的"渗透、遏制、威慑"等冷战思维的需要，那么，"9·11"之后，外语教学开始转向服务于新保守主义主导的国际反恐、先发制人、政权更迭等的需求。

21世纪以来，美国一系列报告如《国家安全战略报告》《国家军事战略报告》《四年防务报告》《国家防御小组报告》等，这些与美国国家军事安全密切相关的文件都显示美国对国防安全的高度重视。维护美国的全球领导地位是最根本的，2012年5月的《维持美国的全球领导地位：21世纪国防优先任务》是奥巴马政府的国家战略体系的重要报告，报告指出：恐怖主义将继续成为美国的全球安全威胁；美国在亚太地区面临的安全和经济挑战更加严峻；美国在中东和欧洲地区仍不能完全确保安全。因此，美军的主要任务：一是要在继续打击恐怖主义和应对大规模杀伤性武器扩散的基础上，维持安全有效的核威慑；二是要确保关键能力的建设和特定领域优势地位的确立，摄止并挫败敌方的挑衅行为；三是要保证美军稳定的海外存在并突出美军的民事支援能力。

安全语言规划的基础

美国安全语言教育规划目标的确定是基于联邦职能部门各级人员对安全语言的需求。21世纪美国的语言战略需求，特别是安全语言战略需求，主要集中在以下领域：（1）针对联邦政府语言专业人员的更高级语言能力的培养，这包括国家安全局负责人所传达的三级语言水平要求——"情报工作人员语言的正式要求"，同时要求情报工作人员必须像运动球队一样开展团队合作，这体现在《转变2.0：作为团队的情报解密》文件中，强调情报人员语言能力的提升途径不应拘泥于国家安全局、中央安全服务系统内，应放眼于国防部、情报系统更大的范围。这个文件也指出了对国家安全局的雇员更高级语言技能的需要。[①]（2）针对美国军队的不断改进的语言训练项目和相关设施，2005年的《国防语言路线图》希望能为国防部的官兵在外语能力培养上下功夫，对军队干部中的语言专业人士，要求他们的外语在听说读的能力上都要达到3级水平，军队中的语言能力建设主要包括对普通官员语言能力培养的特殊行动以及对所有办公室人员的外语训练。这也促成了国防部高级语言权威机构和国防语言办公室的设立，以便更好地贯彻路线图的实施。[②]（3）继续巩固和促进军队战士外语

---

① Statement for the Record by Mr. William B. Black, Deputy Director, National Security Agency, Before the House Permanent Select Committee On Intelligence：*Building Capabilities*：*the Intelligence Community's National Security Requirement for Diversity of Language*，*Skills*，*and Ethnic and Cultural Understanding*，5 November2003，p. 2 of 12.

② http://www.defenselink.mil/news/Mar2005/d20050330roadmap.pdf，last accessed March 10，2006.

能力的提高，2006 年的《四年国防摘要》再次重申语言对国家安全的重要性，呼吁采取措施激励战士们提升外语能力，对国家安全项目和军队官兵训练团外语教育增加经费和拨款，除了路线图的规划要求外，还把对战士们外语技能的要求融入军队未来运作的要求规划中去。[①]（4）2003 年 5 月中央情报局颁发的《情报部门语言能力提升路线图：情报社区外语活动战略指导》探索了在美国情报官员中持续的外语能力提升途径[②]。（5）在美国外交人员中增强外语能力的积极步骤，这包括国务院的"语言持续"行动计划，这是外交学院、外语中心提升国务院工作人员外语能力，以使他们的外语水平达到三级以上的一个重要举措。（6）联邦调查局（FBI）的"战斗力规划行动计划"和语言翻译服务中心也是联邦调查局加强语言能力提升的重要举措。

安全语言规划的内涵

美国的安全语言规划拟通过对能力规划、人口规划、语种规划、资源利用规划等进行全方位的规划，特别是在能力规划上，从现实、潜在和未来三个维度来考虑和安排。本研究重点关注安全语言的教育规划，阐述在教育领域中是如何规划安全语言的能力问题、语种问题、资源利用问题等。"9·11"给美国外语教育敲响了警钟，使美国意识到其在外语，特别是安全语言上的严重不足。因此，为了应对美国军事、外交、贸易等方面的需要，美国加大力度培养安全语言人才，以满足国家现实安全发展的需要，这种安全需要包括政治、经济和社会发展的多个方面；同时，从国家安全的长远发展规划来看，美国必须重视外语，特别是安全语言的人才储备，因此，美国在安全语言教育规划目标的考虑上必须从长计议，作出长远规划，加大民间语言人才的储备，从潜能探索和力量储备上为美国培养安全语言人才。

安全语言规划的确立

"9·11"使美国深刻意识到其外语教育和文化方面的不足，美国实

[①] http://www.defenselink.mil/qdr/report/Report20060203.pdf, last accessed March 10, 2006.

[②] Roadmap for Improving the Language Capabilities of the Intelligence Community: Strategic Direction for Intelligence Community Foreign Language Activities.

施安全语言教育规划的目的就是要通过语言规划来提升美国在世界上的一些重要地区，特别是中东和亚洲地区的战斗力，从而更有力地打击恐怖组织的活动，遏制一些新兴国家的崛起和发展，保证美国的绝对领导地位。

安全语言战略是美国外交政策的一部分：美国安全语言战略的目标之一就是通过实施语言及文化战略有效对抗文明冲突，使更多的美国军队人员、情报人员等国家公务人员更好地掌握非西方国家的语言和文化，特别是伊斯兰世界和深受儒家思想影响的地方的语言和文化，通过建立安全语言制度来推动软实力外交；同时，加强公民语言能力，彰显语言、文化等软实力在实际生活中的力量和作用。

美国安全语言战略目标是基于联邦政府、地方政府、商界、个人、社区的综合语言需求，是对国防安全语言战略目标和公民安全语言战略目标的综合考虑。国防安全语言战略考虑的是联邦政府需求和国防需求；而公民安全语言的战略考虑的是地方政府和商界需求。

服务于国防的安全语言教育规划的主要取向就是"国防安全"，其主要目标是：打击恐怖势力和国际新兴力量，实现海外扩张；向国外宣扬美国意志，实现"新帝国"的梦想；保持一超地位，独霸世界；同时扫除恐怖分子对美国本土的袭击，保证美国国内的安全。国防安全语言教育规划具有极强的工具性。

服务于公民的安全语言教育规划的主要取向是"经济安全、社会安全和民生安全"，其主要目标是：使语言教育更好地服务于经济建设和商务发展，推行更早年龄开始的世界语的学习，实现大中小学校连贯的一条龙教学模式，让更多的美国人成为世界公民。公民安全语言教育规划的社会性和人文性更强。

而"安全语言技能+区域知识+跨文化沟通能力"，特别是跨文化沟通能力能力是美国安全语言战略目标的根本，跨文化沟通能力对国防安全语言教育和公民安全语言教育都是非常重要，是保证美国未来发展的核心要素（图4-1）。

服务于国防建设的安全语言规划

国防安全语言规划的终极目标是国防安全，主要体现在以下几个方面：

打击境外恐怖组织，为核心区域的海外战场提供"语言和文化

```
                    美国安全语言规划
                    ┌──────┴──────┐
                   国防           公民
          ┌────────┼────────┐    ┌────┴────┐
```

"新帝国"梦想：利用"语言武器"向非西方世界传达美国意志 | 霸权地位：打击境外恐怖活动，遏制新生力量 | 国内安全：打击美国境内的恐怖活动，保证美国国内安全 | 经济安全：更好地服务于经济建设和商务 | 社会安全 & 民生安全：安全语言教育更好地服务于社区、个人和社区，促进多语社会和多元文化的发展

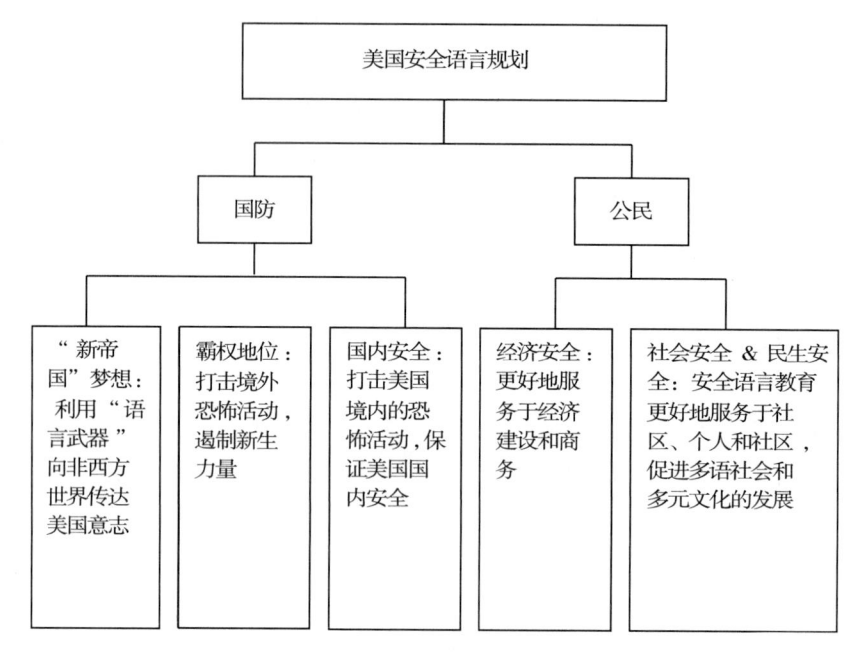

图 4-1　美国安全语言规划目标图

武器"。

语言是看不见的武器，是现代化技术和装备之上的高端武器，是关键区域的海外战场上最具杀伤力的武器。掌握了这个秘密武器，美国就可以控制那些关键地区，打击一切恐怖活动，阻止"9·11"类似事件的发生；同时，避开文明冲突的困扰，实现海外语言和文化征服，在思想上控制其他国家，防止中国等的崛起；向安全语言地区传达美国意志，实现"新帝国"梦想。

每年美国都有大量的官兵被派往世界各地区去执行各种各样的任务，主要体现在国防部、情报部门等的各项海外执勤、作战任务。对非西方世界语言、文化的无知或浅薄的认识已使美国深感懊恼。安全语言的学习、非西方文化的输入逐渐使美国人认识到娴熟驾驭异族的语言所带来的效果胜过先进的技术、精密的武器，因为只有深入对方的思想中去，才能真正了解对手，最终彻底打败对方。"我们必须学习别国的语言和文化，因为他们已经在我们的思想里漫游，我们也要进入他们的思维中去，在他们的思想中漫游。"语言和文化是软实力，在当今的国际形势下，单靠现代化的先进技术和武器去打败敌人已经越来越困难，软力量的提升是当今世界

各国都特别重视的。掌握安全语言技能并熟悉相关地区的文化是美国控制亚洲、非洲等地区，达到打击恐怖活动、遏制中国等国家崛起的有力武器。

"语言武器"助推"新帝国"理想

语言是看不见的武器，美国长期忽视对非西方世界的语言、文化的学习，致使美国在"9·11"后安全语言人才紧缺。21世纪伊始，美国连续出台法案、文件来加强对语言和文化，特别是安全语言的重视，其目的就是要通过增强美国公民的安全语言能力，使美国人对非西方世界有更深入的理解，这样，美国人在向世界传达美国意志时就会更有针对性和适切性。美国始终认为自己有着世界上最好的民主制度，美国竭力向世界推广自己的制度。

确保新世纪的国家安全，保持世界霸权地位

安全语言教育规划是维护国家安全的重要工具：首先，维护国防安全，国防安全兼有海外安全维护和境内安全防护；其次，安全语言教育也是公民教育的重要部分，它是维护社会安全和民生安全的重要工具。总之，它是维护国家安全的有力武器。

美国总是竭力保持自己的霸主地位，面对21世纪风云变幻的国际形势，美国使出各种手段和方法，来确保本国的安全。安全语言战略作为一种提升国家软实力的手段，目的在于通过对世界重要地区的语言和文化学习的重视，使美国公民更好地了解广大发展中国家和地区，从更深的层次把握世界各国的语言和文化，达到对异族文明的熟悉和理解，从而向世界宣传美国的自由、民主思想。美国重视国家的外语能力，特别是安全语言能力，也是为提高美国的全球经济竞争力，经济的发展和竞争力的加强是美国新世纪国家发展的重点。要与世界各国搞好经济、贸易合作，离不开熟练的语言交流和深入的文化理解，因此提高国家的外语能力，特别是核心地区的语言和文化的理解力，将更有力地保证美国与世界各国的经济、贸易往来与互动。

美国这样做的目的就是要兼顾传统安全和非传统安全，达到控制世界、称霸世界的目的。

服务于公民教育的安全语言教育规划

公民安全语言教育的背景：国际竞争，特别是经济竞争激烈，而美国的多元人口构成、多语结构使得美国更要重视安全语言的教育。公民安全语言教育的愿景：21世纪的劳动力要具备较强的外语文化知识，商界对外语，特别是安全语言需求越来越大。美国各州通过加强安全语言教育来弥补州层次上语言和文化教育的欠缺。

公民安全语言教育规划目标一：经济安全

美国要保持世界领导地位，最重要的就是要保证其经济发展的主导地位，而美国目前所面临的经济状况的低迷，使美国倍感加快与国际经济贸易合作的重要性，而与中国、印度等亚洲新兴经济体的贸易往来已成为美国外贸发展的重要命脉，加大力度搞好安全语言教育，使语言教育更好地服务于经济建设和商务发展，将会对美国未来的长久安全起到不可估量的作用。

公民安全语言教育规划目标二：社会安全

美国学术领域中的外语教育的不均衡发展严重影响了美国公民对世界的了解，美国目前的外语教育主要是欧美国家的语言教育，而对亚洲、非洲等国家和地区的语言教育一直没有真正予以重视，大、中、小学间的外语教育严重脱节，因此，推行外语早教，特别是在安全语言方面，实现大中小学的一条龙教学模式，保证语言教育的生态发展，有助于实现语言教育的社会服务功能。

美国社会的人口构成本身就决定了语言教育必须和社区教育、个人生活结合起来，积极利用社区的多种语言并用、多元文化并存的优势来推动美国世界语的发展，做到个人、社区语言教育与生活的和谐。多语社会结构、多元社区文化让更多的美国人在各种语言和文化中徜徉。

统一目标：发展"语言技能+区域知识+跨文化沟通能力"

以国家安全为取向，培养具有较强的安全语言技能、一定的区域知识及跨文化沟通能力的国际型语言专业才；培养集"关键语言能力+区域知识+跨文化沟通能力"为一体的国际型专家，这些语言专业人员首先要有熟练的外语技能，在听、说、读、写方面，能够与安全语言地区的人民沟通、交流；其次，他们必须有国际性的综合知识，特别是安全语言地区的相关区域知识，以满足国家安全战略的需要；再次，美国必须培养联邦机构各职能部门人员的跨文化沟通能力，加强他们解决全球问题，特别是安全语言地区事务的能力。

美国注重培养具有全球能力的公民，特别要具有应对重要地区的各种问题的能力。全球能力包括理解影响国家安全信息所必备的深刻的知识，以及有助于改善世界关系的技能与理解力。它涉及精湛的外语技能，及能对其他文化环境和价值体系发挥较大影响的能力。必备的全球能力从公民对世界的一般理解、对文化差异的欣赏，到用另一种语言展开军事、商业等的合作管理能力。[①]

"关键语言能力+区域知识+跨文化沟通能力"三种能力之间是层层递进发展的，特别是在国防语言教育规划中。我们可以从《国防语言改革路线图》《2011—2016年国防部语言技能、区域专长和文化能力的战略规划》《语言与文化：变化着的视角》等一系列文件看出，美国的语言战略规划是一步步逐渐发展起来的，路线图重点强调语言技能的提高，后来美国联邦政府发现，单是语言技能解决不了问题，于是转向区域知识，一方面，很多外派到海外国家的美国官兵到境外后因相关地域知识的缺乏而导致沟通、理解的障碍；另一方面，在美国的学术界，单纯的语言技能教育比较难开展，美国的教育机构，特别是高等教育机构里，区域研究比较盛行，学术界更多地会从文明、文化、宗教等的视角展开对非西方世界的学习和认识，因此语言技能和区域知识的学习紧密相关。在与安全语言地区的人们打交道的过程中，文明的冲突始终是美国人绕不开的障碍，语言技能和区域知识的学习是静态的知识学习，跨文化沟通能力是美国最核心、最根本的能力，只有具备了跨文化沟通的能力，才能在与安全语言地区的人们的交流中，掌握交际策略，从而使得交流更有成效。

第二节 美国安全语言教育的规划体系

战略规划是指具有清晰的愿景、明确的目标和措施，并拥有一定时间

[①] Beyond September 11: A Comprehensive National Policy on International Education, American Council on Education Center for Institutional and International Initiatives, Washington D. C., 2002. p. 7.

跨度的计划。美国安全语言规划体系主要体现在：规划原则是规划体系的核心，是整个战略规划的灵魂，统领着安全语言的各项政策和相关的项目；规划内容是在战略思想指引下的规划性措施。美国安全语言规划主要分两块：一是美国国防的安全语言战略规划，二是美国公民的安全语言战略规划。政策法规主要包括各项法案、法令；项目集群主要是指联邦政府各职能部门在安全语言教育开展的过程中的一系列项目。规划原则、政策法规、项目集群三者之间互相影响，互相支持。政策法规和项目集群之间会有些交融，有些项目就是政策法规的一部分。

一　美国语言人才资源流——安全语言教育规划体系的基础

美国的国家语言能力的培养有多种渠道，培养语言专业人员的途径也是多种多样。一个有一定语言胜任能力的人员的语言资源、语言专业人员的培养通道以及语言人力资源的储备库在语言人才资源流构架图被充分地体现出来。基于教育部外语资助项目的中小学安全语言教育及家族语社区的语言学习构成了语言人才资源流的资源基础，而 Title Ⅵ 和富布莱特海斯计划资助下的社区学院外语教育、大学外语教育及职业学校的外语教育构成了资源流的中间流，国家安全语言项目和国家外语行动计划是国家重点投资的旗舰项目，联邦语言教育系统是实施美国安全语言战略的前沿哨所，系统所包含的国防语言学院、外交服务学院、情报语言学院和国家信息学院都是美国国防与情报语言教育的先锋队，而美国的语言人力资源劳动力大军主要包括军队里的、民间的、在联邦政府各机构部门工作的语言职业人士和联邦机构中有较高语言水平的其他专业人士，而军队贮备、民间语言学家储备队、语言技能人员登记构成了美国语言人员储备库。

在图 4-2 中，基础段的语言水准一般都较低，处在一、二级，而资源中间流的语言水准会在二级左右，联邦语言教育体系中的语言水准会有分层情况，有些官兵的外语水平只在初级，而有些官兵的语言水平会达到中级，而美国的语言人力资源部的人员的语言水平往往会达到高级，美国通过远程语言学习网络、高级语言学习中心、虚拟语言学习系统等培训这些高水平语言人员。从资源流可以看出，美国的基础教育和高等教育向语言旗舰项目、国防语言教育系统、语言人力资源队伍源源不断地输送人才，而语言人力资源劳动力大军会加入国防语言教育系统培训队伍中去训练，以应对国家安全的需要；同时，语言储备库和旗舰项目之间也保持着互动

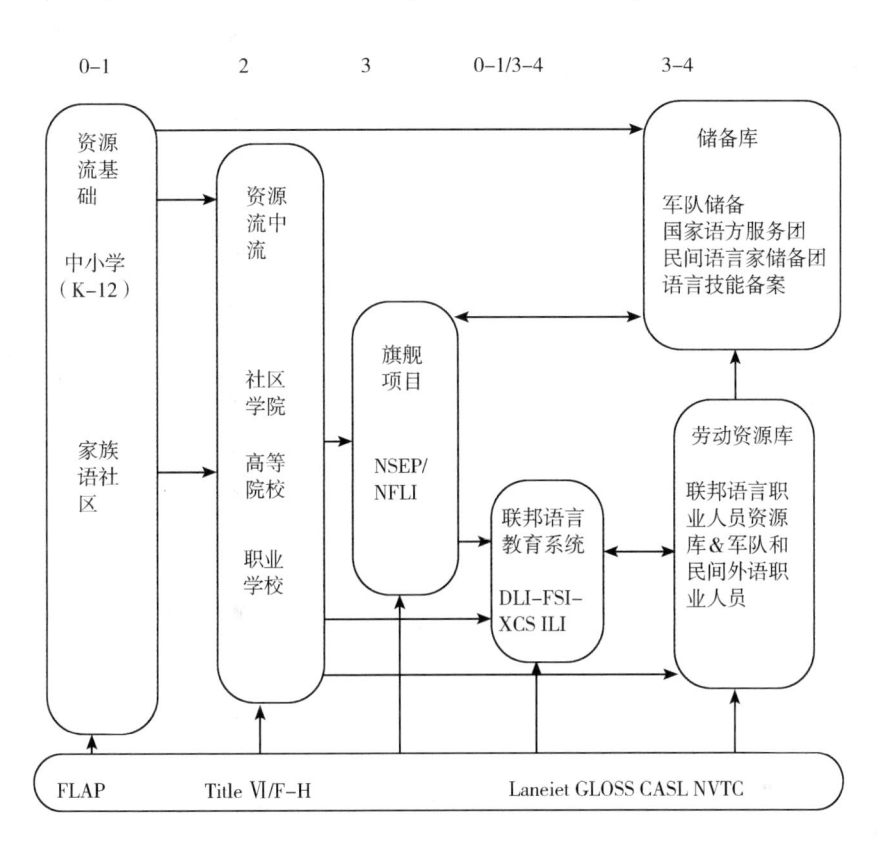

关系，旗舰计划对急需的语言人才，可以从储备库中临时调集。

```
0-1          2         3      0-1/3-4      3-4
```

资源流基础 中小学（K-12） 家族语社区	资源流中流 社区学院 高等院校 职业学校	旗舰项目 NSEP/NFLI	联邦语言教育系统 DLI-FSI-XCS ILI	储备库 军队储备 国家语方服务团 民间语言家储备团 语言技能备案 劳动资源库 联邦语言职业人员资源库&军队和民间外语职业人员
FLAP	Title Ⅵ/F-H		Laneiet GLOSS CASL NVTC	

图 4-2　美国语言人才资源流构架图（Language Talent Source-Stream Architecture）

二　服务于国防建设的安全语言规划内容

美国安全语言战略规划具有清晰的愿景、明确的目标和切实的措施。安全语言战略规划大体分国防语言教育规划和公民语言教育规划。国防安全语言教育规划是主体，但具有很强的工具性；公民安全语言教育规划是国防战略的辅助、后备库，兼具工具性与人文性。

美国的安全语言教育规划是一项有着特殊性质的国家教育战略，这个战略的目标取向直接指向国家安全。因此，这个战略不会局限于学术教育领域，它面向更广阔的领域，特别是国防领域，更确切地说，安全语言教育规划的重点是在国防领域，针对国防需要而培养的安全语言人才是新世纪美国语言人才库的先锋队，他们被分配到职能部门执行各项的任务，非常及时地解决着美国安全问题。目前，一方面，国防语言学院、情报学院、外交学院等与语言教育相关的部门都紧密地围绕国防前线的需要而开展语言项目、开设语言教育课程等；另一方面，作为培养语言人才的摇篮的教育机构，其外语教育也不能忽视国家安全、社会发展对学校教育的潜在要求和未来储备，因此，美国的公民安全语言教育，主要是学术领域和私人领域的安全语言教育是国防语言的储备库，其目的是为前线储备急需的语言人才。

美国安全语言的战略内容规划经历了三个阶段：一是以提升语言技能为核心的阶段；二是向区域知识及文化转向的阶段；三是确定"语言+区域研究+文化"的方针，重点在于"跨文化沟通能力"。

2002年，美国发布《美国教育部2002—2007年战略规划》，反映了布什政府对"9·11"事件的教育战略回应，也预示着美国未来教育规划的新走向。新的规划明确指出教育服务于国家利益的目的将更为凸显，美国的语言战略规划，特别是安全语言战略规划的国家利益目标也特别明晰。美国国防安全语言教育规划的相关法案主要有：

1. 《国家安全语言法》

2003年，美国众议员鲁斯·霍特向国会提交了《国家安全语言法案》，美国的情报部门承认，美国目前掌握涉及国家安全的安全语言人才只能满足实际需求的30%。因此，该法认为："如果我们不致力于学习世界各重要地区的语言与文化，我们将无法再保证国家的安全。我们在海外的军队和国内人民的安全要求我们迅速行动起来，以解决国家需要的语言人才短缺问题。在这个问题上不作为不仅是不负责任的，而且是危险的。"在"9·11"之后，美国外语能力实际提高并不明显，美国政府必须做更多的努力来保证美国有足够的语言能力来保卫国家的安全，仅仅靠解决招聘军队人员的办法不能解决所有的问题。要满足新的安全需求，需要建立新的国内外语专家库，对此就投资语言教育，加强在阿拉伯语、汉语、波斯语、韩语、普什图语等安全语言教育方面投资。

鲁斯·霍特的提案先行一步，接着的第100号国会决议敦促美国建立一个国际教育政策来使世界免遭恐怖分子的袭击，来保障美国的外交和安全，确保美国在世界的领导地位。① 这个法案所提议的"国家旗舰语言启动计划"随后成为"国家安全教育项目"的重要组成部分。

2.《国防授权法案》

2002 年 9 月国会通过《国防授权法案 2003 年年度财政预算》（P. L. 107-306），通过投入资金资助的方式来改善情报方面的工作，授权国防安全教育项目执行各种国家外语行动计划，确定建立"民间语言学家军团"的必要性和可行性。"民间语言学家军团"里包含各类国家需要的外语人才，在国家需要的时候，"民间语言学家军团"就能提供外语人才。

《国防授权法案》决定展开对国家情报机构工作的民间语言学家后备队展开可行性调查，《高等教育法》第六款对此也是前所未有地增加了 26% 的拨款，主要用于针对中东、中亚和南亚等区域的语言。试点工作先在阿拉伯语、汉语、韩语、波斯语和俄语等安全语言教育中开展。

3.《情报授权法案》

美国几乎每年通过一次《情报授权法案》，自"9·11"后，美国要求各情报部门每年向国家情报主任提交语言能力报告，情报部门会加大经费投入，大力招聘、培训相关的语言人才。2004 年的《情报改革和恐怖主义保护条例》（P. L. 108-458）② 也是在情报授权法案的基础上产生的法案。2004 年参议员苏珊·柯林提出《情报改革和恐怖主义保护条例》，要求联邦调查局和中情局开展并保持语言项目，要求增加国家秘书处的语言官员的数量，这个法案也增加到伊斯兰国家交换学习的人员数量。2004 年 12 月《情报授权法案》通过了情报部门对与情报相关的项目和活动的资助计划，在这个法案中，国家旗舰语言行动计划被给予更多的经费资助，这个法案还授权国防秘书和国家情报负责人执行一些项目来增加在安全语言方面的熟练技能。

4.《国防语言改革路线图》

美国国防部负责人力和战备的原副部长储大伟说："外语在今天尤其重要，我们在不说英语的地区作战，我们要和当地的领导人和民众交流，我们需要理解他们的文化。"原国防部长拉姆斯菲尔德称："我们要适应

---

① https：//www.govtrack.us/congress/bills/109/hr115.

② https：//www.fas.org/irp/congress/2003_ cr/s1025.html.

本世纪的需求，发展语言能力。没有任何技术能提供这种能力，这是我们的战士必须拥有的技能。"储大伟提出了国防部提高外语能力计划的四个目标：（1）扩大军职和文职人员的语言和文化知识基础；（2）掌握应对危机需求的快速反应能力；（3）建立外语人才及其能力水平数据库；（4）语言和文化专长被纳入作战和应急计划。[①]

2005 年国防部发布《国防语言改革路线图》，该路线图在服务范围内设立了一整套的策略规划目标和纲领来建立完善的语言技能规划。虽然路线图在规定语言习得要求的同时也对"文化熟练"和"区域研究"作了要求，但该路线图的出发点是为了加强军队人员的语言技能（表4-1）。2008 年众议院的报告阐述了路线图中规定的 43 项任务，国防部指出他们大约已完成路线图规定的 88% 的任务。[②] 委员会分会和政府问责办公室（GAO）的回顾表明路线图建立了目标、陈述了发展需求，但它却不是战略规划，这使得改革路线图很难成功。[③]《国防部语言改革路线图》也宣布成立一个新的实体：国防语言办公室（DLO），国防语言办公室是属于国防秘书处的，其职责主要是确保满足军队和民用单位中现在和将来对熟练掌握语言与区域知识人员的需求。[④] 国防语言办公室主要处理战略语言列表中的年度总结、能力基础总结和国防语言办公室语言准备指示，语言准备指示将会确保能在服务范围内识别并找到区域内的语言专业人员。国防语言办公室参照国防部的指示，就国防语言改革路线图的内容，加强国外地区官员培训项目建设，针对提升外语水平采取的一些激励措施，如发放外语水平奖励金。

[①] http：//news. 163. com/05/0421/22/1HT8864Q00011233. html；《语言：美国 21 世纪最新武器》。

[②] P. 28 Note Gail McGinn states "over 88%"; in Gail H. McGinn, "Statement of Mrs. Gail H. McGinn, Deputy Under Secretary of Defense for Plans and the Department of Defense Senior Language Authority before the House Armed Services Committee Subcommittee on Oversight and Investigations," September 10, 2008, p. 8.

[③] U. S. House of Representatives, Committee on Armed Services, Subcommittee on Oversight and Investigations, "Building Language Skills and Cultural Competencies in the Military: DoD's Challenge in Today's Educational Environment," November 2008, Committee Print 110-12, 45-138, p. 61-64; Government Accountability Office (GAO), "Review of DoD's Language and Cultural Awareness Capabilities: Preliminary Observations," November 24 2008, p. 11.

[④] http：//www. dhra. mil/website/fieldActivity/fieldActivity. shtml.

表 4-1　　　　　　　　《路线图》的目标和预期达到的结果

	目标	预期结果
1	培养现役与预备役文职人员、军官和全体士兵的基础外语和文化能力	1.1 国防部拥有相应语言水平的人员，能够应对和平或战争时期行动的需要 1.2 全军认识到区域专业知识和语言本身所蕴含的战术价值、作战价值和战略价值并予以重视 1.3 区域知识教育融入专业军事教育与发展
2	培养语言和文化资源的应急调动能力	国防部在必要的时候向作战单位提供语言和区域知识支持
3	建立一支阅读、听力和口语都达到跨机构语言圆桌量表（ILR）3级水平的语言专业人才队伍	3.1 国防部对执行作战任务需要达到 IRL3 级及 3 级以下的人员数量和语言能力进行统计和估算，各部门确立官兵职业发展道路和培训计划，使合适的人员达到恰当语言水平 3.2 落实各个项目，使参加培训的人员达到或高于 ILR3 级水平，并具备专业技能，达到执行国防任务的需要。
4	建立军事外语人才和驻外官员的入伍、退伍和提拔人员比率的跟踪服务系统	4.1 培养有语言技能的军事人员、选拔作为安全语言人才的海外官兵 4.2 为各军种建立驻外军官的职业跟踪体系，并对他们进行提拔 4.3 国防部有跟踪、监督系统来确保语言人才的有效管理举措

5.《国家安全语言计划》

2006 年美国正式推出"国家安全语言计划"，该计划旨在通过发展教育，特别是外语教育来加强美国在 21 世纪的国家安全和经济繁荣。[①] 该计划由美国教育部、国务院、国防部、国家情报主任办公室共同实施，其核心目标是保证美国的国家安全、提高美国的经济竞争力、利用语言传达美国的意志，同时为在核心区域的海外战场上的军事和情报人员、外交人员提供语言训练，满足战事需求。在该计划中，美国政府明确提出了鼓励美国公民学习国家需要的 8 种安全语言的政策。2007 年和 2008 年的财政拨款分别是 1.14 亿美元和 2.66 亿美元，该计划集中体现了美国安全语言战略的基本思想和战略目标，首先是增加掌握安全语言学习的人数，2007年教育部和国防部联合出资 2700 万美元，构建了从幼儿园到大学的外语学习一条龙计划（图 4-3），扩大了富布莱特外语资助计划，邀请国外教

---

① National Security Language Initiative [J]. *Journal of International Security Assistance Management*. Volume28, Issue 2, 2006, 28 (2): 115-116.

师到美国的学校来教安全语言。建立教师交流项目，每年资助一百多名美国外语教师到外国进修学习。由国家情报部门负责为高校提供安全语言教学方面的资源，包括课程大纲、课程设置、师生暑期浸入式学习体验。其次情报部也致力于培养更多的精通安全语言的高水平人才。国防部投资1300万美元发展国家语言旗舰计划，努力到2009年培养出200多名精通阿拉伯语、汉语、俄语、波斯语、印地语等安全语言高级人才，国务院也加大拨款力度，增加吉尔曼奖学金和富布莱特奖学金的名额，使更多的学生有机会到关键语言地区去学习，国务院的暑期浸入式学习项目每年也选拔近300名大学生进行安全语言的强化训练。再有是增加安全语言教师的数量，丰富国家的外语教育资源。国家语言服务团的建立就是为愿意服务于美国教育机构或联邦政府各部门的外语人才提供培训和学习经费。

《国家安全语言计划》使安全语言战略上升到了国家战略的层面，该计划共由四部分组成：

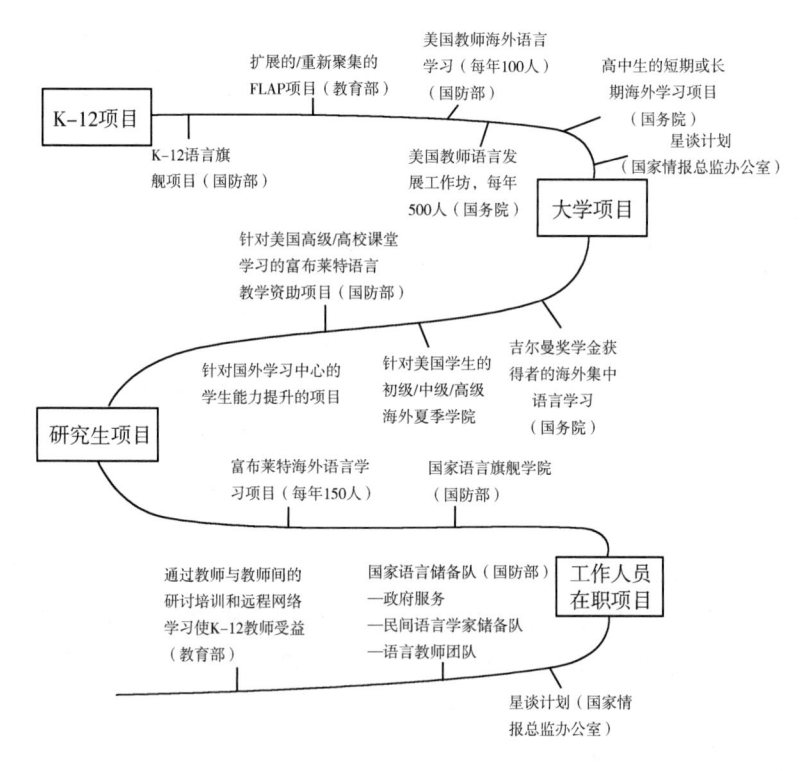

图 4-3 从幼儿园到大学的外语学习一条龙计划

第一部分是由美国教育部负责实施的安全语言计划。其中包括5个项目：（1）外语资助项目。目的是资助实施"K-12"的外语教育。（2）"K-16"计划，即资助中小学校参与大学的项目，实施从幼儿园到大学持续的外语学习计划。（3）建立语言教师团。资助教育机构培养从事关键语言教学的新师资，为中小学的关键语言教学提供师资。（4）建立 E-learning 语言资源库。为外语教师和学生提供教学、学习的资料以及网络课程。（5）教师学术计划。通过研讨会为教师提供外语教学经验交流的机会，提高外语教学质量。

第二部分是由美国国务院负责的安全语言计划。主要是为美国高中生、大学生、研究生和外语教师提供到安全语言区域学习语言的机会。美国国务院负责的计划包括6个项目，即富布莱特基金项目，暑期语言强化培训项目，吉尔曼国际奖学金项目，富布莱特外语教学助教基金，教师交流项目，青年学生交项目。

第三部分是美国国防部负责的安全语言高级教学项目。这些项目的主要目标是按照美国"国家安全教育计划"的要求培养安全语言的高级专业人才。受资助的学习人员在120多个国家学习，涉及的语言超过100种。国家安全教育计划是代表美国冷战后在涉及国家安全的语言和文化方面的投资，目的是通过提高美国的国家外语能力从而更加有效地对付外国的语言和文化，提升美国的国家安全，具体内容如下：（1）提供必要的资源以满足国家安全教育的需求；（2）增加外语教学、区域研究及其他与国家利益密切相关的国际领域的课程数量，提升教学质量；（3）促使更多的人去申请这项目，使更多的人担当起保卫国家安全的重任；（4）与其他联邦政府的项目联合，扩大美国公民、政府雇员和联邦各部门的领导者所需要的国际经验、知识基础和国际视野；（5）协助联邦政府倡导、促进国际教育。这个项目名为"国家语言旗舰计划"。

第四部分由美国国家情报主任办公室负责的安全语言计划。这是一个被称作星谈计划的暑期语言培训计划，目的是为美国情报机构培养掌握小语种安全语言人才。

美国的"国家安全语言计划"是有明确的战略意图和战略目标的，"9·11"后美国意识到了加强语言与文化软实力、提升国家语言能力的重要性，美国试图通过软实力与硬实力并重的方法来达到综合国力的强大，在经济发展势头较弱，经济危机存在的情况下，以文化霸权的方式继续主宰世界。

6.《迷失的翻译：对联邦政府发展外语战略努力的回顾》

2007年参议员丹尼尔·阿卡卡就国内安全和政府事务举行听证会，发布了《迷失的翻译：对联邦政府发展外语战略努力的回顾》。同时，乔治·沃尔沃奇表示，"美国在安全语言、文化意识和地理知识方面还远远落后于其他国家"，这个差距将会负面地影响美国的发展，比如：它会导致美国失去更多的贸易机会，导致情报的误读或外交方面的误解。[①]

7.《国防部语言技能、区域知识、文化能力的战略规划：2011—2016》

在2011年国防部出台《国防部语言技能、区域知识、文化能力的战略规划：2011—2016》（简称"战略规划"）为国防部未来五年的发展描绘了一幅更加宏伟的战略蓝图。《战略规划》包括五个要素：预设、愿景、目标、预期结果和行为测评。其愿景是国防部人员能将语言技能、区域知识和文化能力有机地结合在一起以应对当下和未来的需求。其目标有三：第一，提出语言技能、区域知识和文化能力的需求，对其进行确认后排出优先顺序，最终形成准确的需求指令；第二，建设、维持、加强全军语言技能、区域知识和文化能力的融合以应对现在和未来的需求，实现国家安全的目标；第三，加强语言技能、区域知识和文化能力，以增强多方协作作战能力、开启合作潜力，发展合作伙伴关系。从战略规划的预设来看，美国认为其现在和未来的军事或非军事行动的成功必须依赖多边的国际合作；同时只有将语言技能、区域知识和文化能力融为一体，才能在多方合作的复杂国际环境中发挥作用；另外单纯依赖美国自己的语言人力资源还远远不够，必须利用语言技术、调动合作伙伴和盟军的语言资源。《战略规划》采用语言技能在先、区域知识居中、文化能力在后的模式，三者形成合力，共同发挥作用。

8. 国防部海、陆、空三军的与安全语言相关的战略规划

国防部的海、陆、空三军连续出台的语言与文化战略规划（图4-4）主要如下：2008年海军的《美国海军语言技能、区域专业知识与文化意

[①] *Lost in Translation: A Review of the Federal Government's Efforts to Development and a Foreign Language Strategy* (2006, January25). Senate Committee on Homeland Security and Governmental Affairs. Retrieved on July25, 2008.

识战略》；2009年空军的《空军文化、区域知识与语言计划》；2009年《陆军文化与外语战略》；2010年海军陆战队的《海军陆战队语言、区域知识与文化战略：2010-2015》。

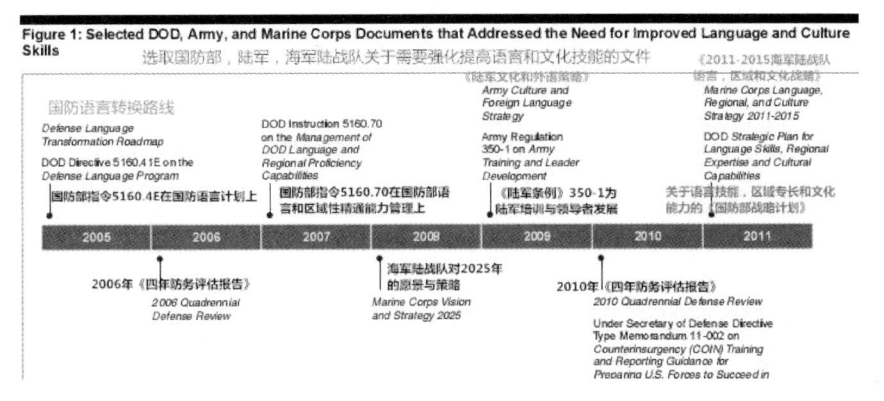

图 4-4　国防部陆军、海军陆战队语言规划图

（1）美国陆军的安全语言教育规划

2008年美国陆军出台《陆军文化和外语战略》，强调文化和外语能力在陆军中的重要作用，文件指出陆军官兵非常需要理解、掌握外国语言和文化，陆军官兵必须更好地掌握外国文化，充分明白文化、宗教和地理等知识在军事行动中的不同作用，在其他文化中有效地开展活动是当代陆军的核心战斗力。外语能力超出了语言学家、情报分析人员、法庭审判人员的范围，牵涉到部队的每位官兵。语言是一个生存的工具，也是打开文化能力的口子，语言和文化能力对每一位官兵都很重要。在当今复杂的情景下，陆军各级官兵要展开工作的话，必须拥有一些文化知识和外语能力。

陆军认为21世纪军队行动所需要的能力主要有：军队战斗力、军队管理、经济建设、基础设施开发、协商或调解军队内部及涉外的一些事务。而语言和文化是基础，如果没有一定的外语交流能力，没有对异域文化的了解和理解，就难以处理好军队中的各种事务，特别是涉外事务。

陆军军队文化和外语规划目标：《陆军文化和外语战略》针对当前和未来文化和语言教育训练项目提供了一个全面的策略来填补军队在外语和文化能力方面的差距。这个策略把个体领导、士兵知识、技能和单位能力直接联系在一起来发展执行任务的能力。军队官兵把文化外语策略融入教育系统来发展军队官兵的职业能力。目标就是要建树、维系有恰当的文化和外语能力的集体，这样就会胜任其他文化。

陆军中外语、文化和职业能力并行发展：军队的文化和外语能力的发展将沿着两条有明显差异但又相互关联的路径互相依存，因为在职业生涯期间，战士们的学习将会为他们被派遣出去的准备工作打下扎实的基础。这样把个人能力综合起来产生出的总体单元能力要大于每个部分相加的和。

陆军中官兵在加强文化和职业训练的时候形成了职业文化能力，这个职业文化能力主要包括：职业素养、地域文化知识和跨文化能力，其中跨文化能力又是由地域文化能力、文化技巧、文化自身的认知、文化基础等构成，这些能力也是职业文化能力的子件。外语能力、职业能力、军队文化、军人被派遣前的文化等成为陆军语言和文化建设的重点。

陆军在语言和文化能力上要达到的总体目标：所有士兵都必须有在全世界范围内成功执行军事任务的语言和文化能力；所有的领导必须要有较强的语言和文化能力联合作战。《陆军的语言和文化战略》的预计结果是建树、维持一个有着恰当的文化和外语能力的结合体，以推动全军的运作。

（2）海军的安全语言教育规划

2006年，在佛罗里达州的彭萨克罗海军基地，在原来的信息控制中心的基础上建立了海军语言、区域专长和文化中心，主要是为了促进和协调海军教育体系中的文化训练，重点放在派遣前的文化训练上，虽然重心放在文化和特殊区域文化而非语言训练上，但仍旧有不少语言学习方面的工具。中心也与其他的军队文化服务中心一起协作以寻求运用现代学习工具。2008年海军的《美国海军语言技能、区域专业知识与文化意识战略》强调远征海军在执行任务与外交交流中的能力培养。海军少校丹尼尔·霍洛威曾明确指出："理想的培养海军军官与战士的最终目标是：在语言方面，一部分人达到流利表达与交流的目的，但不是全部人员；在区域知识方面，一部分人达到区域知识的专长，但也不是全部人员；但在文化意识方面，却是要求所有人员有普遍的文化意识。"[1]

（3）海军陆战队的安全语言教育规划

从《海军陆战队的愿景和战略2025》可以看出海军陆战队的主要战

---

[1] Rear Admiral Daniel P Holloway, USN, Director, Military Personnel Plans and Policy Division (OPNAV N 13), Statement before the US House, Armed Services Committee.

略目标旨在发展与世界上其他国家的海军陆战队的联合的、多国的力量，"每一个海军陆战队就是一座堡垒，每一个海军陆战队战士就是一面旗帜"，全军上下保持着一种有组织、训练有素、装备齐全的作风，在现代技术的支持下，全军的指挥控制、监听情报等工作进展顺利。① 在执行大量的海外任务中，海军陆战队越来越意识到外语与文化能力对全军非常重要，特别是新世纪以来，大量的外派任务都向中东、东亚、东南亚、中亚、非洲、俄罗斯等关键地区大量增派部队，在外派前，对参战人员进行相应的语言和文化训练已成为军队发展中的大事。

海军陆战队的安全语言教育规划的主要动机是满足重点地区维和、战争等的外语和文化需要，海军陆战队采用的主要方法是进行愿景和战略规划、制定相关的外语教育项目、颁布军队命令等。

2010年海军陆战队颁布《海军陆战队语言、区域知识与文化战略：2010—2015》，海军陆战队强调文化知识，重视文化探索，迈克尔·黑格将军把语言、文化和反暴动技巧结合在一起，呼吁重视以增强海军陆战队的非常规战斗能力。

海军陆战队特别强调"文化敏感性"。军队需要运用文化知识来完成任务，这样文化就成为重要的战斗力②。除了把一般文化融入职业军队教育之中外，高级文化学习中心还为海军陆战队的各级官员准备了在他们整个职业生涯中的区域文化和语言学习的机会。2008年的《海军陆战队2025年的愿景和战略》突出"文化知识"的中心地位，海军陆战队将军康威说"在语言和跨文化交际方面，我们还需要大幅提升语言水平和跨文化交流能力，语言和文化能力的培养必须融入训练和教育项目里去。"③

海军陆战队的安全语言规划的特点：首先，海军陆战队的安全语言战略规划是自上而下的；其次，海军陆战队高度重视文化学习，将文化视为一种秘密武器；再有，注重培训特别区域知识的学习，针对不同的要害地区开展不同类型的课程学习；还有，与特殊区域的语言、文化及区域知识相关的数据库齐备，并有相应的培训机构来保障数据库的开发和利用；最

---

① *Marine Corps Vision and Strategy 2025* (June 2008).

② Barak A Salmoni, "Advances in Predepolyment Culture Training: the US Marine Corps Approach," *Military Review*, November 01, 2006.

③ *Marine Corps Vision and Strategy 2025* (June 2008).

后，还有多样化的激励机制，对具有较强安全语言能力的士兵授予"陆战队年度语言专家"的称号，而且安全语言的薪酬激励机制的门槛较低，只要达到国防语言水平考试一级水平就可以申请安全语言的特殊薪酬。

（4）空军的安全语言教育规划

2009年空军制定《空军文化、区域与语言飞行计划》，空军的空中大学文化和语言中心主要是通过把文化和语言教育融入空军职业军事训练系统中来培养远征探索的空中飞人，而且空中大学文化和语言中心把空军的训练与教育同步开展为飞行员提供一站式商店。空中大学文化和语言中心主要关注三个领域："四种空军策略语言""特殊地区文化"和"跨文化沟通能力"。空中大学文化和语言中心的副主任大卫·哈伍德表示："远征的空军作战部队在执行作战任务时，能够理解其他人怎么想和怎么做是最根本的。"对于各种不同水平的空军战士，跨文化沟通能力将成为重要的工具。[①] 能通过预测飞行人员的需求来推算他们的跨文化交际能力，把被派遣的飞行人员的文化技能定义为文化能力。这一基于对6000多名被派遣的飞行战士的调查表明被派出的空军战士们以亲身经验证明了一个事实：在实际被派遣出去执行任务的过程中，文化和区域知识，尤其是文化知识的学习和跨文化交流能力的培养远比语言重要。[②]

美国各军种的语言规划都非常注重国家外语能力的培养，重视文化知识和跨文化交际能力，突出外语战略的区域性，强调外语人才培养体系的建设，强化外语规划的实施和监督机制，始终以"国家安全、国家利益和国际形势"为导向。

9. 国防部白皮书：《语言和文化：变化着的视角》

2011年初，以"文化与语言：一个战略的使命"为主题的峰会召开。《语言和文化：变化着的视角》详细记载了峰会的内容和美国面临三大的挑战：挑战一，美国怎样发展一个能力识别体系去分解各种需求信号；挑战二，在个人生活中，美国必须做什么来提升或维持语言技能、区域知识

---

① Ashley M Wright, Air University Public Affairs, "Air University Culture, Language Center Prepares for New Mission, Name," Maxwell Gunter Dispatch, VOL. 61, NO 47, November 30.

② Brigadier General Richard Lake, USMC, Director of Intelligence, Senior Language Authority, Headquarters Marine Corps, Statement before the US House, Armed Services Committee, Subcommittee on Oversight&Investigations, hearing on "Transforming the US Military's Foreign Language, Cultural Awareness and Regional Expertise Capabilities" (Washington D. C. : 10 September 2008).

和文化能力；挑战三，美国怎么去加强机构间、国际间的伙伴关系以增强相互协作能力。

国防部乃至整个美国必须提升、建树、维护这些重要技能，更重要的是形成有力的机构转变力量来保证有足够的能力以满足当前和将来的需求。峰会产生的主题反映了一个更加坚定的理念，这也是基于多年的冲突，语言和文化对美国长久的国家安全和全球安全来说是必不可少的。美国是在总结语言规划路线图和支持国防部的语言、区域和文化能力的战略计划时提出这样的建议。与会人员一致认为语言、区域和文化技能在一个动态的、互相连接的全球世界里是贯穿于一切运作中的核心战斗力。对这些技能的紧急需要不会局限在一个简单的任务、组织或部门，相反当今国家安全的复杂性和不断演变的本质等挑战要求一个全面的、完整的、机构间相互协作的方法来应对挑战。

因此，美国必须集合大家的智慧和力量，建树、培养国防和未来国家安全所需的语言、区域知识和跨文化交流能力。拟采取措施：首先，国防部必须采取全面的、联合的、机构间互动的方法来解决语言、区域和文化的挑战；其次，国防部必须给语言、区域和文化技能赋值，并把它们确定为跟其他战斗能力一样重要的核心能力。所有的国防部行政人员至少应该有这三种能力的结合以支持总体的任务准备；再次，国防部必须在人事管理体制上有一个有实质性的转变以反映所掌握的语言、区域知识和文化的价值；最后，语言和文化是国家安全和经济发展上势在必得的能力。国防部的语言规划可以作为一个从幼儿园前到12年级的语言和文化学习的模型。在国防部的发展中心和国防教育协会都有试行项目。

语言、区域和文化能力并不仅仅是实时实地的需要，而是长期的投资和资源。国防语言路线图刺激并强化了国防语言项目，现在，国防部又准备作重大的转型——通过机构变革来提升语言、区域和文化技能，使它们成为核心的战斗能力，国防部为提升这些技能提供组织保障。

从上述要求来看，最核心的就是协助国防部构建超越以需求为目标的发展模式，从而转向以能力培养为导向的体系构建。这个体系为美国在全世界范围内的统筹管理、联合运作提供必要的技能保障。国防部安全语言能力培养的重心从早先对"语言技能"的重视（《国防语言改革路线图》明确指出了语言技能的重要性）发展到后来的"语言技能在先、区域知识居中、文化能力在后"（体现在《国防部语言技能、区域专长和文化能力的战略规划》中);再到对"跨文化沟通能力"的重视(体现在《语言与文化:变化着的视角》里),可以看出国防部是逐渐把安全语言能力培养的重心调整到文化上,特别是跨文化沟通能力培养上。

三 致力于公民语言能力提升的安全语言规划

在国家利益的关照下,在公民教育框架内,美国也出台了一系列与安全语言规划相关的文件或法案,比较突出的有:第一,《美国全球地理知识调查》:美国国家地理教育基金展开了对美国学生地理知识的调查研究,发现"美国人在地理知识上普遍较差,特别是年轻人(年龄在18—24岁之间)"。[①] 这表明美国年轻人在地理知识和时事知识的了解方面普遍比世界其他国家的同龄人要差些,这个调查的结果推动了《美国全球地理知识调查》的出台,促使美国在高等教育中加大对全球能力相关项目的资金投入,特别是对中东、中亚和南亚等地区。第二,《完整课程:确保文科课程和外语在美国学校中的地位》:美国州教育董事会发布了这一法案,该报告强调文科课程和外语应成为美国学校的核心课程,虽然《不让一个孩子掉队法案》规定了文科课程、语言课程以及地理是核心课程,但一般学校对文科类的课程、地理、外语等的重视程度还远远不够。因此,美国州教育董事会加强了对文科课程和外语教育的重视,重点放在以下方面:一是对文科和外语教师的资格证的取得提出更高的标准和要求;二是确保对于这些课程的老师充分的培训时间;三是确保州层面上的专业人员到地方上去开展文科及语言类的课程教学;四是在学生毕业规定的学分中融入或增加文科、外语学分的要求;五是在初级教育的课程、标准和要求中加入或提高文科或外语的比例。[②] 第三,《国家外语能力行动倡议》:2005年美国发布《国家外语能力行动倡议》白皮书,号召美国公民学习国家需要的安全语言,提高国家外语能力以及文化理解能力,以确保美国在全球化竞争中保持领导地位,白皮书发出七项号召:一是发展跨部门的语言和文化能力,共同开发旨在提高公民外语与文化理解能力的计划和项

---

① National Geographic Society and Roper ASW.(2002, November).Roper2002 global geographic literaphic literacy survey. Retrieved July23. 2008, from http://www.national geographic.com/geosurvey2002/download/ Roper survey.pdf.

② National Association of State Boards of Education (2003, October). *Ensuring a place for the arts and foreign languages in Ameria's school.* The Complete Curriculum. Alexandria, VA: NASBE.

目；二是联邦、州和地方政府共同努力，寻找解决提高国家语言能力的方案；三是通过跨职业跨领域来整合语言培训，从而提高各行各业整体的语言水平；四是提升安全语言技能，联邦政府、州和地方教育机构必须要对外公开那些对国防、外交和国家公共管理非常重要的安全语言及其区域研究，并将官方的语言需求告知于学术界、商界以及传统社区等；五是加强外语与文化的教学；六是整合语言政策与教育制度，把基于标准的政府外语与文化教学政策贯穿于公民教育的整个阶段；七是开发、提供相关教材，并充分利用最先进的技术工具来保障语言教育的开展。该文件还提议设立国家语言权力部门、成立国家外语协调委员会等。第四，《为了全球领导力的教育：以美国经济和国家安全为取向的国际教育和外语教育的重要性》：2007年美国经济发展委员会发布了这一法案，报告强调为维持经济的稳定，语言教育至关重要，美国作为全球领导者的持久的角色将取决于我们的人员用外语与外国人交流的能力。[①] 重视外语与国际教育，该报告提出了三个提议：一是国际教育的内容应该贯穿于所有课程中；二是语言培训的管道计划应该扩展到所有层面上；三是国家的应该告知老百姓提升外语和国家研究方面的教育的重要性。第五，《美国创造机会来有意义地促进技术教育和科学的卓越》：2007年发布的此法案公之于众，该法案的目的是通过投资教育来提升美国在全球经济中的竞争力，除了增扩大学预修课程和国际高中毕业考试，资助数学、科学、工程学以外，该法案还推动安全语言方面的学士和硕士学位的学习。同时，美国也拟扩展中小学的安全语言项目，通过一些合作项目来提升外语能力。另一方面，这个法案也提议成立一些项目来训练更多的相关学科的老师。这个法案的目的就是试图通过投资创新和教育来提高美国在全球经济中的竞争力。试图通过增加研究方面的投资，加强从小学到研究生在科学、技术、工程和数学方面的教育机会，探索一种创新的机制。第六，《建立我们需要的外语能力：走向构建国家外语框架的综合战略》：这个法案是对美国语言战略规划非常有影响的文件，指出21世纪的经济全球化和国际恐怖分子使得美国前所未有地重视培养能够全然理解并能有效地与其他文化的人们交流的

[①] Committee for Economic Development (2006). *Education for global leadership*: *The importance of international studies and foreign language education for U. S. Economic and national security*. Washington, DC: Committee for Economic Development.

美国公民。国家外语能力直接关系到传统安全和非传统安全的诸多领域。该文件指出：国家对外语能力需求是由这些方面决定的：国家安全和外交的需要、国际商务和经济发展的需要、美国人民的全球视野和全球知识的需要、满足美国多元公民不断壮大的需要、美国学术交流和研究的需要。第七，《我们需要的老师：转变美国的世界语教育》：这个法案强调要增强美国世界语教育项目的数量和实效性，扩大所提供的世界语的语种范围，把青少年的外语教育推到更小、更早的年龄阶段，并发展大、中、小学外语教育的一条龙模式，同时，对学生的语言学习结果有清晰的期望值，对世界语，特别是安全语言实行传统教学模式与技术支持下的创新模式相结合的方式。① 要实现语言教师的转型，美国打算在教师能力发展、教师资格论证、教师储备项目的能力培养和质量上下功夫，其目标是增加安全语言教育项目的数量，提高项目的效率；扩大语种范围；保证大中小学外语教学的一条龙服务；明确学生外语学习的期望结果；完善、教师入职标准的学生学习外语的内容标准及外语能力评价工具；通过传统方式和革新方式扩大外语学习机会。第八，《资源导航：发展美国的语言和文化能力》：此法案的目的在于发展美国的国家语言和文化能力以更好地保证美国的国家安全。文件指出：学习国外的语言，特别是安全语言和相应的文化对社会和社区的好处是：有利于商业和经济的发展，有利于国家的安全和外交活动的开展，有利于小型商业和企业的海外业务活动开展，有利于学者开展学术交流，有利于协同解决全球性的问题。而目前，美国的世界语教育，特别是国家急需的安全语言教育与世界其他国家相比，差距还很大，为此，美国对全美的世界语教育状况展开调查，调查语言需求情况、教师聘用情况、访问教师的数量和授课情况、教师的储备情况，教师上岗许可证、教师的在职发展状况等，提出了解决美国世界语教育，特别是安全语言教育所面临的困难的办法。② 第九，《美国创造机会有意义地

---

① Ingold C. W. &Wang S. C. （2010）. *The teachers we need：Transforming world language education in the United States*, College Park, MD：National Foreign Language Center at the University of Maryland. Retrieved from：http：//www.nflc.org/publicatons/the_ teachers_ we_ need. pdf.

② *Resource Guide：To Develop Linguisitc and Cultural Competency in the United States*. College Park, MD：National Foreign Language Center at the University of Maryland. Retrieved from：http：//www.nflc.org/publicatons/ Resource Guide. ：To Develop Linguisitc and Cultural Competency in the United States pdf.

提升技术、教育和科学方面的卓越法案》：这个法案启动了美国确保人才培养和促进国家创新与竞争力的立法程序。该法的缩写在英语中恰好为"竞争"一词，所以又称作《教育竞争法》。法案明确规定要实施外语合作计划，通过更早地学习外语以及在整个教育体系中增加外语学习的机会来提升学生的外语能力，目的在于增加学习紧缺外语的机会，并增加熟练掌握紧缺外语的学生人数。该法同时批准了一项拨款计划，以促进高等教育机构与地方教育机构相互合作，建立相关的紧缺外语学习项目，使学生在整个教育阶段都能有效提升自己的知识，促使紧缺类外语人才的水平不断提高。第十，《高等教育机会法：扩大大学入学、强化我们的未来》：增加对大学的成本投入，放宽贷款，对少数民族、退伍老兵、残疾学生在学费等方面予以照顾，对数学、科学、技术和关键外语予以竞争性的补助，对特别急需地区的外语教师的资助贷款实行优惠；增加中学后及研究生的外语与提升项目；把公共和私人领域里不断增加的外语及国际研究项目的联接起来并加以扩展。特别在 Title Ⅵ 项目里，立法授权支持国家资源中心的各种新的活动，包括对安全语言教师的资助，还有对一些促进科学和技术手段的资助，重新确认本科生的外语区域研究助学金的资格申请，修改本科生取得国际研究和外语项目的条件，对一些旨在提升语言熟练程度和文化知识的海外学习项目提高 10% 的资助力度；而且，法案也确定增加一些资金的供给来增强对外语教育方面的系统数据的收集、分析和传播。

第三节　美国安全语言教育规划下的项目集群

安全语言教育项目集群主要有：富布莱特—海斯项目群、国家安全教育项目群和国家安全语言计划群。教育部的富布莱特—海斯项目群项目集群主要包括：Title Ⅵ 的 10 个项目，Title Ⅲ 的 4 个项目，富布来特—海斯的 4 个项目。

一　Title Ⅵ、富布莱特—海斯项目群

Title Ⅵ、富布莱特—海斯项目群主要包含 Title Ⅵ 项目、富布莱特计划、富布莱特访问专家项目：直接进入穆斯林世界和富布莱特—海斯计划。介绍如下：第一，Title Ⅵ 项目：这是联邦政府的 Title Ⅵ 项目，因

1958 年的《国防教育法》的第六款，即 Title Ⅵ：语言发展而得名。Title Ⅵ项目自创立以来，经历三个时期的发展，即 1958—1972 年是奠定项目基础时期，1973—1991 年是项目嵌入和修正时期，1992 年以来的扩展期。①《1998 年高等教育修正案》规定 Title Ⅵ项目的三大目标：一是教育目标：支持高等院校的研究中心、教学项目及提供奖学金来增加国家所需要的外语、区域研究及其他国际领域的专家并加强该领域的学习和研究。二是支持各种通过先进技术为美国各级教育机构、政府、商业、民间及非营利部门提供并传播各种国际知识、外语知识、教学材料及研究成果的合作。三是协调包括专门国际教育和研究在内的各种联邦政府的外国语言、区域及国际领域的资助项目。② 修正案的第六款所确立的 Title Ⅵ项目共有四个部分：第一部分为国际和外国语言学习；第二部分为商务和国际教育项目；第三部分为国际公共政策机构；第四个部分是一般条款，对一些术语进行界定。Title Ⅵ项目对外语教育的资助内容可分为三大类：第一类为增加外语、区域及国际研究的专家项目；第二类主要是支持国际商业教育，增强美国在世界经济中的领导力，主要有两个子项目：即国际商务教育与研究中心和商务与国际教育项目；第三类是增加少数民族在外交及其他国际事物中的代表项目：即国际公共政策机构。第二，富布莱特计划：1946 年，参议员威廉·富布莱特提出将美国海外物资用于资助教育交流项目的计划，计划规定支持外国师资来美国从事研究工作，他们所耗费的全部资金，或者来源于美国在二战中从其他国家获得的战争赔偿金及对外贷款偿付金，或者来源于美国国务院变卖美国海外物资和财产的所得的部分收入。《富布莱特法案》的出台，标志着美国联邦政府以法律的形式对高等教育国际化活动的正式介入，其目的是通过教育和文化交流来促进国家间的相互理解，传播美国的价值观念，避免人们对共产主义满怀憧憬，《富布莱特法案》规定，把美国在海外的剩余财产用作美国学者和教授在国外讲学或研究的基金，同时设立奖学金，专门邀请社会主义和第三世界国家人文、社会科学专家赴美留学。"富布莱特计划"美方学者在交流过

---

① Slater, J. Legislative History of Title Ⅵ/F [A]. In Mary Ellen O'Connell and Janet L. Norwood, (Eds.) International Education and Foreign Languages: Keys to Secure America's Future [C]. Washington D. C.: The National Academies Press, 2007. 267-283.

② The 1998 Amendments to the Higher Education Act of 1965, P. L. 105-244.

程中重在输出西方价值体系，同时也兼顾其他国家的科学发展与技术进步之需，富布莱特计划师资交流项目中接受外国学者主要包括 2 个项目，富布莱特访问学者项目，向大约来自 95 个国家的 850 名外国师资提供资助，鼓励他们到美国大学从事博士后研究工作；富布莱特居住学者项目，资助美国大学和学院接纳外国师资到美国大学校园从事讲学活动，资助倾向于给予那些制定有国际化议程和在服务少数族裔的部族学院、文理学院和社区学院，每年发放资助达 50 多项。

"9·11"之后，富布莱特计划新成立了 2 个项目，一是富布莱特新世纪学者全球项目，二是"富布莱特访问专家"项目："直接进入穆斯林世界"。美国和世界各地的研究学者汇聚一起，重点讨论事关人类长久发展的跨学科重大课题和国际间重大问题，展开跨国界专家讨论，为美国国务院教育与文化事务局提供思想和观点。一、富布莱特访问专家项目：直接进入穆斯林世界：该项目目的在于帮助美国大学和社区理解伊斯兰文明和文化以及社会、政治和经济的发展状况，资助来访专家进入美国大学从事讲学或者开设短期课程，重点在于通过不同信仰之间的互动，在不同宗教和文化领地之间建立和平的和建设性对话"学者们可以从事一学期的美国交流体验，其中包括围绕跨文化、跨信仰而展开的合作性学习、对话或者合作"。二、富布莱特—海斯计划：1945 年，参议员威廉·富布莱特呼吁美国利用战争剩余的资产来资助"通过在教育、文化和科学领域的交流、学习来提升国际美好合作意愿"，1946 年美国总统哈里·杜鲁门签署了富布莱特—海斯计划法案，设立了富布莱特项目，开始时它主要是为和平时期的各个国家教育者之间的工作交换提供资助，通过人员、知识和技能的交换增进美国人与世界其他国家之间的互相理解。富布莱特项目现支持学者、职业人员和青年学生的各种文化交流项目。这个项目现已成为美国政府国际交流的旗舰项目，已与 140 多个国家和地区展开合作，已支持美国以及国外约 21 万的学习者。

由美国教育部主要负责拨款的的富布莱特—海斯计划与国务院的富布莱特项目是不一样的，1961 年在《教育和文化交流法案》的基础上经修正成富布莱特—海斯法案。项目由美国教育部管理，目的是通过加强目前和未来教育者的世界语言和区域知识，从而加快美国教育的国际化转变步伐。该项目没有国务院管理的富布莱特项目的政治倾向，主要是给现有的语言和区域研究专家或正在接受训练的专家提供关键性领域的高级海外学习与研究机会，获得经验和能力，从而提高教育者的国际教学水平。

富布莱特—海斯项目主要针对目前和未来的教育者，资助他们对塑造当今世界的民族、文化和事件的教学和研究。为了实现该目的，项目设立了四个子项目：国外博士论文研究、教师国外研究、国外团体项目和国外高级讲座项目。国外博士论文研究项目为博士生提供6—12个月的语言和区域研究的海外学习，不支持关于西欧国家的研究。申请者必须具有相应的语言和区域知识使他们能用当地的语言进行研究。国外博士论文项目的目的是培养未来的教育者。教师国外研究项目提供机会给高校教师来保持他们的外语和区域知识和技能，使他们在该领域保持领先地位，项目虽开放给任何职称的高校教师，但申请者大多数是级别较低的教师，项目为他们申请终身教职提供支撑。申请者在获得资助的前两年必须是在从事外语和区域研究领域相关的教学。国外团体项目是为未来和正在从事外国语言和文化的教育者提供更深入的海外学习研究经历。

二 国家安全教育项目集群

国家安全教育项目是根据1991年《国家安全法》设立的，主要是资助美国高等院校本科生和研究生学习和研究对美国安全具有重要意义的区域及其语言，也支持美国高等院校发展对美国安全具有重要意义的有关国家的语言学习项目。该项目包含三个子项目：本科奖学金、研究生奖学金、高等院校津贴。对高等院校的资助主要是设立国家旗舰语言项目，开发和实施跨部门研究生课程。课程主要集中在一些安全语言的学习，如阿拉伯语、汉语、波斯语、印地语、韩语、日语、俄语和土耳其语。接受资助的人一般要到国外学习，且必须为国家服务，往往被分派到国防部、国土安全局或国家情报部门工作。

国防部大力拓展和加强"国家安全教育项目"：高等教育的管理权属于美国各州的地方政府所管，在本世纪以前，五角大楼跟美国的高等教育是没有直接的利益关系。但是"9·11"事件、"阿富汗战争"及"伊拉克战争"使得五角大楼威望和财力大增，而美国的高等教育却因为资金的锐减使得办学越来越困难，很多学校都为经济问题、经费来源发愁。很多高校就通过承担国防部的研究项目而获取经济资助，国防部便顺势将五角大楼的影响力逐渐渗透到了教育界，出现了学校教育受制于国防部的状况。

国防部的"国家安全教育项目"总计由 6 个项目组成,其中有 4 个项目与资助学生学习安全语言相关:一是"戴维·保仁奖学金",每学年资助本科生 2 万美元/人前往重要国家或地区学习;二是"戴维·保仁学人奖",为研究生提供 3 万元的资助,每两年一次,帮助研究生开发独立的安全语言学习或交流项目;三是"语言旗舰",通过在美国和安全语言相关的国家或地区建立旗舰学校,开设安全语言的高级水平课程,使学生们的专业外语水平大幅度提高;四是"全球军官"(GO),旨在培养未来军官的语言技能和跨文化知识。这 4 个项目对于推动美国安全语言教育作用巨大。它们共同的做法就是与高校联合,为学生提供资助,高校来组织、管理、考核学生的安全语言学习。

后来,国家安全教育项目又增设以下几个项目:家族语传承者的英语教育项目、国家语言服务军团、非洲语言计划试点、旗舰试点项目、语言训练中心。这些创新项目主要是为职业人员提供语言和文化培训,以便使他们更好地为联邦政府效力。

各相关项目如下:一、戴维·保仁奖学金:每一个学习者到国外学习对美国的国家安全至关重要的语言和文化,这些大学生得到了一个学年的资助金。只要他们承诺为美国政府工作,保仁奖学金获得者将得到至少一年的价值高达 20000 美元的奖学金。二、戴维·保仁助学金:保仁助学金帮助研究生发展的海外项目,该项目还把语言、文化研究和专业实践经验结合起来。在两年内给予 30000 美元的资助,要求被授予者承诺为美国政府服务至少一年。三、家族语传承者的英语教育项目:一个为职业人员发展高水平英语能力提供机会的项目,项目聚焦集中的课堂教学、与政府和私营商务专业人员互动、一些项目的开展以帮助他们在联邦政府中有一席之地。学习者将获得 720 小时的集中英文教学,他们也要承诺为联邦至少工作一年。四、国家语言服务军团:为美国发展一个具有语言技能团队,拥有一个来自美国每一地区的团队,超过 2000 名的会员。成员们将有机会加入一个专门机构或语言专家群体,在联邦政府需要的时候为之效力、服务。国家语言服务军团(NLSC)是一个能进入国家安全教育项目(NSEP)人才库的最佳途径。五、全球官员项目:这个项目为储备未来的国际领导者做好准备,全球官员项目是一个合作倡议,为了发展在 21 世纪的国际环境下能够有熟练的跨文化交流能力的未来军官,该项目为后备役军官训练团的学员在安全语言教育、出国留学和跨文化对话三方协作上提供一次机会。也为把学生发展成具有跨文化交际技能的未来军官提供有效的领导技能。六、非洲语言计划试点：这是一个促进学习非洲国家的安全语言研究的项目。非洲语言计划是一个为期 18 个月的试点项目，旨在增加保仁学者、研究员和校友从事研究非洲语言的计划。参与非洲语言学习计划的保仁学者、研究员和校友将学习一种非洲国家的语言，先通过完成国内语言学习来提高他们的能力，紧接着是集中的海外学习。通过这个试点项目来提升美国人对非洲语言的了解和学习，该项目的主要目标语言是斯瓦希里语、阿鲁巴语、祖鲁语、亚干语、巴马纳语、豪萨语、特维语及沃洛夫语。七、旗舰试点项目/后备役军官训练团倡议行动：这个项目主要是发展未来军官的职业语言能力。旗舰试点项目/后备役军官训练团倡议行动的目的是增加后备役军官训练团中安全语言学习人员的数量，这些学员在一些安全语言上已获得一定的专业水平。后备役军官训练团旨在创造新的语言培训机会，为那些参与旗舰语言学习的人员在完成本科阶段的学习过程中创造一个好的学习环境。八、语言训练中心：目的是加强国防部的语言技能、区域知识和文化能力。语言培训中心是大学拨款，为国防部的专门人员提供直接的语言和文化培训，来提高总的国防安全语言、区域知识和文化水平。

安全语言项目目的是为美国政府提供与国家安全至关重要的专家，项目已经为美国培养了近万名外语高端人才，其中伯仁奖学金近 5000 名，旗舰计划近 3000 名。

三 国家安全语言计划项目集群

在国家安全语言计划中，美国教育部联合相关合作单位，聚集一些资源来教授美国学生当前急需学习的安全语言，如阿拉伯语、汉语、日语、韩语等，并且培训老师和政府工作人员，同时针对这些语言和其他一些语言，增加高级语言学习者的人数。主要项目集群如下：一、外语资助项目：外语资助项目是指教育部给州和地方教育机构提供三年的资助，具体的时间由各州自行决定，以帮助各初级和中等学校建立、改进或扩大革新外语教育项目。这个项目提供经费资助地方教育机构开展各种外语教学活动、沉浸式项目、课程发展、教师职业发展、远程教育。给州教育机构资助以让他们改进外语教育系统，包括完善、改进外语教育标准和评价体系，做好教师职业发展和远程教育工作。二、通过外语合作教育活动推进美国发展：教育部拿出 2400 万美元来创建合作项目，与学校所在的地区、高等院校、大学建立连续的从幼儿园到大学的学习项目，这个项目将为一个全方位的 K-16 安全语言项目做出模板来。三、语言教师军团：教育部拿出五百万美元来创建语言教师军团，在美国学校里培训出 1000 名新外语教师。这个项目为美国人提供熟练掌握安全语言的机会并通过语言课堂教学为国家服务。将对这项经费采取竞标的方式以便使在安全语言方面有一定技能的美国公民能得到资助从而得到培训，获得教师资格证。四、移动学习的语言空间站：一项被提议大约有一百万美元的全国范围内的教育部移动学习语言空间站将把外语教育的资源传送给全国各地的老师和学生。这个空间站将为学习安全语言的学校教师提供公共材料。基于网络提供一个中心资源库，这些安全语言是由国家资源中心 K-12 教学项目、高等教育机构和联邦政府部门推出来的。五、教师与教师间的首次合作：教育部拿出 3 百万美元来扩大教师与教师间的交流活动，以使成千上万的老师受益。这个项目将努力提交中、高级学校的外语教学的质量。这个项目的主要特征是通过参与研究活动来培养有胜任能力的外语教师和语言专家。

　　国务院的安全语言项目集群：美国国务院负责的计划包括 6 个项目，即富布莱特学生基金项目、暑期语言强化培训项目、吉尔曼国际奖学金项目、富布莱特外语教学助教基金、教师交流项目、青年学生交项目。主要项目情况介绍如下：一、富布莱特学生基金项目：这个项目提供常规金，运作长达 6 个月的安全语言集中培训。2006 年有 40 名学生获得资助学习阿拉伯语、印度语和土耳其语。项目后来扩展至包括汉语、韩语、俄语、波斯语在内，这个项目对美国申请富布莱特学生项目的安全语言所使用的国家开放。安全语言提高奖励是美国学生的富布莱特项目的一个特点，该奖励主要是为一些富布莱特受益的学生提供 3—6 个月集中语言学习的机会，作为对他们的富布莱特奖学金的增扩，每个项目的语言学习的教学机构和时期也会因每个国家的情况不同而有一些变化，但必须得到每个接受国家的富布莱特基金会或美国大使馆的同意。这些富布莱特奖学金获得者也会把他们在安全语言提高奖励项目和富布莱特奖学金项目中积累的经验带回到自己的国家，并在将来的职业、生活中发挥更大的作用。符合提高奖励的语言有：阿拉伯语、印度尼西亚语、孟加拉语、汉语、古吉拉特语、印地语、马拉地语、旁遮普语、俄语、乌尔都语。符合提高奖励的国家是中国、埃及、印度、印度尼西亚、约旦、摩洛哥、俄国。二、暑期语言强化培训学院：这个项目颁发奖学金给那些大学水平的美国学生参与海外夏季语言学习学院，进行集中的外语培训。在2006年年度财政拨款中，给予阿拉伯语、印度语、土耳其语方面的初级、中级和高级学习共167项奖学金。在2007年，在提交的6000个申请项目中共有364项获得资助，而且特别增设了汉、韩、俄、波斯语的夏季学院。这个项目主要针对美国本科生和研究生开放。三、吉尔曼国际奖学金项目：国务院推出"本杰明·吉尔曼国际奖学金"项目，2001年美国国务院教育与文化事务局设立"本杰明·吉尔曼国际奖学金"，专门用于派遣美国籍学生出国学习，并委托国际教育研究所负责组织和管理。该奖学金的特点是多元化，资助不同学科领域的学生前往与美国战略利益密切相关的国家和地区学习和交流，每份奖学金的最低额度保持在5000—8000美元。目前已经发展成为最受美国本土学生欢迎的出国留学项目之一。在前往的地区方面，该奖学金也突出了向亚洲和非洲"倾斜"的原则。"9·11"之后，一些前往中东、南亚和印度的项目被取消，原因是伊拉克战争的爆发和当地民众反对美国抗议示威活动的频繁。"9·11"后美国政府加强了对安全语言地区的学习与交流的重视，亚洲（尤其是东亚地区）的区域地位日益重要，与"9·11"之前美国学生主要流向欧洲的形势形成了巨大的反差，而这正是政府积极干预的结果。亚洲和非洲逐渐成为美国学生争先恐后的留学之地，在后"9·11"时代，美国学生出国学习是在一种国际恐怖主义的阴霾笼罩下开展的，这也就不难理解为什么"服务于反恐战争"和"加强国土安全"变成了美国留学教育的首要目的之一。

联邦政府通过国家财政手段，使学生的海外学习项目与服务国家安全规划有效地结合起来，美国已为"重心东移"战略储备了一定量的语言人才。相关的基金或项目主要有：一、富布莱特外语教学辅助基金：这个项目给那些来自安全语言区域的年轻的外国教师提供奖学金，这些外国教师到美国来，在美国大学高校、中学做一年的助教，这也是他们教师生涯的开始时期。二、教师交换项目：这个项目资助来美国教授安全语言的外国教师，他们获得资助后将在美国初级中学教授一年外语，这个项目也把美国教安全语言的教师送往国外进行集中的夏季培训。三、青年学生交流项目：国家安全语言计划青年项目是由美国国务院发起的，为美国中学生提供全额奖学金的项目，学生主要是在暑期或学年中通过在海外目的语国家的沉浸式学习来学习一些在美国较少被教授的语言，尤其是安全语言。[①] 国家安全语言计划青年项目是美国更大的国家安全项目的一个部分，它的目标是使美国公民成为全球化世界的领头羊。目前，美国比以前更需要培养公民的语言能力和文化知识来促进国际对话和介入海外事务，这一项目重点在于激发美国年青人学习外语的兴趣。这个项目对学习者以前的语言学习没有要求，各个层次的学习者都可以申请这个项目。国家安全语言计划青年项目的暑期项目提供7种语言的学习，而每个学期项目提供阿拉伯语、汉语、韩语和俄语的学习。四、夏季语言学院：这个项目主要是给美国高级中学的学生提供机会，让他们到国外学习外语，参加为期6—8周的暑期语言训练班，这个项目给美国高中生提供机会让他们花一学期或一学年到俄罗斯、中国、土耳其、印度和阿拉伯等世界国家学习。

情报机构的安全语言主要由情报社团外语组织负责，其任务就是要提高情报社团工作人员的外语能力。情报社团外语组织下设的外语项目办公室通过各种计划和项目提升在实际工作中使用外语的专业人士更高的外语水准、加深他们对文化的理解，把语言技术与文本翻译技巧有效地融合在一起以达到最佳的效果。外语项目办公室在整个的情报系统内部根据各种不同的任务目标要求定义、衡量、跟踪工作人员的外语能力和准备情况。国家情报总监办公室的外事项目办公室是为增加具有安全语言技能的情报处理职业人员所设立的。

星谈计划——新的安全语言教育示范点

星谈计划作为国家安全语言计划一部分主要是在安全语言上为学生学习、教师培训提供各种项目，这些语言有：阿拉伯语、汉语、达里语、印地语、波斯语、俄语、斯瓦希里语、土耳其语和乌尔都语。

星谈计划为暑期学习的学生、老师提供一些在K-16教育机构中的外语教育。星谈计划的第一年的重点是放在阿拉伯语和汉语，未来扩展到其他语言，如：俄语、韩语、印度语和波斯语。

还有一些海外旗舰项目，如由美国国会负责的本科生阿拉伯语旗舰项目就有海外的分块，主要用于海外目的语国家的语言训练或文化交流活动。

---

① http://www.nsliforyouth.org/.

星谈计划是指在《国家安全语言行动计划》指导下的国家情报主任办公室牵头的新的国际夏季语言教育行动计划。国家情报主任办公室主要规划的行动计划有：第一，建立夏季语言学习培养项目，为报名参加星谈计划的学生提供一些教学、资源服务，K-12年级教育机构的创新计划汇报；第二，重点放在阿拉伯语、汉语、俄语、印地语和乌尔都语等在美国很少被教的语言上；第三，为参加该项目学习的学生和老师提供沉浸式体验教学，还有一些学术课、综合课程以及其他在安全语言的外语教育资源；第四，随着项目的扩展，星谈计划将会增加对教材和学生奖学金的资助；第五，在所有的各个阶段，星谈计划夏季训练营将会增加对安全语言能力的培养，计划将会涉及家族语社区、情报社区的工作人员的语言专长训练；第六，国家安全将作为情报部门的执行机构，情报指挥办公室将会为国家安全机构提供经费和相关的指导。

情报机构的安全语言项目如下：第一，安全语言奖学金计划：为基于小组的集中式语言教学和文化体验提供全额的资助，这个计划主要是针对美国公民，大学本科生、研究生、博士生都可以申请，一般时间长度是7—10周。第二，斯杜克斯教育奖学金项目：该项目主要给美国的少数民族学生提供资助，使他们能够为国家情报和安全部门服务。项目主要提供大学学费、书本费及各种旅行费用。语言项目主要资助大学二年级的学生，被资助者必须在安全语言方面获得6个学分，平均分不低于3分，申请者必须是美国公民，毕业后要求为国家安全部门服务。第三，帕特·罗伯茨情报学者项目：该项目主要是受国家需求的驱动，为高等院校的安全语言和区域研究的高级学习者每年提供2万5千美元的奖学金。学生的平均积点分（GPA）必须达到3.4。项目主要是为情报部招收具有关键技能的毕业生。学生必须通过情报部门的暑期实习，毕业后要在情报部门服务18个月。

第四节　美国部分州的安全语言教育法案和项目

"9·11"之后美国各州也开始积极开展外语教育的立法工作。怀俄明州立法通过拨款支持该州小学的外语教学项目，把对国际教育的支持从研究策略层面落实到财政支持层面。马萨诸塞州召开了"马萨诸塞州与全球经济"会议，强调了国际教育的重要性。该州许多学校已经成功地开展了一些国际课程和外语教学项目。康涅狄格州立法委员会通过议案，要求在 K-12 学校中积极开展国际教育，并建立了一个专门组织为国际教育的实施进行研究并提供建议。

新世纪以来，美国的俄亥俄州、俄勒冈州、得克萨斯州和犹他州，都举办了语言路线图峰会，这些峰会完全是由国家安全教育项目发起的。加州的语言峰会部分是由国家安全教育项目发起的，部分是由加州语言教育协会发起的，2010 年加州语言路线图峰会在圣地亚哥召开，峰会主题"为加州的成功培养世界公民"，为加州当前和未来的语言需要发展一个战略规划。表 4-2 就是对美国六个州的《语言路线图》[①] 如《犹他州语言路线图》《得克萨斯州的语言路线图》《罗得岛州语言路线图》等的概括。

美国联邦政府与州的安全语言教育规划是相辅相成的，联邦政府的安全语言教育规划更突出国家的安全需要，而州的安全语言教育规划更多的是服务于社会安全，加在一起，两者的共同目标都是维护美国的国际利益和国家安全，保证美国的国内、国外安全都不存在风险，从而能在 21 世纪继续保持世界领导地位。

表 4-2　　　　　　　　美国六个州的语言规划介绍

州	愿景	措施或建议措施
俄勒冈州	到 2025 年使每个俄勒冈毕业生能熟练的在工作中使用英语；能熟练使用另一种语言完成相关工作	语言人才培养时间表： 到 2012 年：25%的学生能使用英语和一门外语 到 2015 年：50%的学校加入实习项目 到 2020 年：80%的学生能使用英语和一门外语 到 2025 年：所有学生都能接触到语言项目
俄亥俄州	俄亥俄州商界、政府机构和教育机构通力合作，通过发展并启动创新项目来培养多语的劳动力 确保俄亥俄州人能够获得与工作相关的技术和专业知识，同时获得与之相关的外语技能和文化知识	设立俄亥俄语言和文化服务中心 构建长期的语言合作伙伴关系 扩展外语学习时间，同时注重专业学习培训，雇用更多的老师，并在这些老师中研发网络项目

---

① http://www.thelanguageflagship.org/.

（续表）

州	愿景	措施或建议措施
得克萨斯州	政府、商界、教育界、家长、学生和社区都理解并重视学习外语和文化的经济、认知和人文利益 学校有足够数量的有教学资格的外语教师，所有职前外语教师都具备高级外语水平 通过早期的语言项目和语言教学扩展，高中毕业生具备高级或较高级英语和外语水平 商界和政府将合作研发高级外语及文化水平项目及建立合作伙伴关系	提升公众意识 增强教学能力 发展高级语言和文化水平 创设激励机制
犹他州	为犹他州在国际竞争中取胜准备人才 将世界邀请至犹他州，而且保证资源不流失 实现犹他州的国际商贸潜力，强化国内经济 更好地理解犹他州民在多元语言文化社区中的归属 打造语言教育动态结构，用以培养具备一门最好2门外语能力的高级多语人才	开启教育界—政府—商界的对话 实施新的外语教学大纲、支持师资培训和职业发展 为犹他州学生提供多重语言教育机会 通过国内外文化交流增强文化交际能力
加利福尼亚州	加州日益需要具备外语文化能力的劳动力，提升本州的竞争力 路线图确保公民至少掌握一门外语，以提升在商业、科技、人文及环境价值和市场竞争力 与商界、教育界及社区领导联合	给未来的语言教师提供奖学金 与教育机构合作，通过远程和多媒体学习资源来扩展学习过程 通过提供带薪实习、海外留学、导师项目和在职学习机会培养学生对于语言学习的兴趣 为初中、小学生建立语言夏令营，使他们有机会在高中能接受更高层次的语言学习 为那些迫切需要与国内外顾客直接交流的商业执行官建立语言夏季学院
罗得岛州	罗得岛州通过很好的整合语言学习项目，突出强调流利性和双语能力，努力打造一个多语、通晓文化和具有国际能力的社区和劳动力。到2030年，罗得岛的毕业生除了能够流利地使用英语外，至少还应掌握另一门语言	增加外语教育投入，提升公众学习外语的意识 设立罗得岛州外语教育督导员职位 设立罗得岛州语言教学和文化中心 整合学前教育至16岁外语学习过程 设立资助项目来培训、颁发资质和雇用语言教育教师 为鼓励学生学习外语，为熟练掌握语言的学生提供奖励激励措施

与安全语言教育规划相关的美国其他法案

2006年《高校利用和机会法案》提案以221票赞成、199票反对、12票弃权在众议院通过。该提案要求：扩大和创造到国外进行外语研习的机会，扩展国际公共政策机构的外语工作外延；将外语财政援助列为国家政策发展领域，基于此，外语专业的毕业生到联邦政府就职或在中小学从事教学工作可免于归还贷款。

2006年美国高等教育未来委员会向教育部长玛格丽特·斯佩林斯提交了一份旨在规划未来10—20年美国高等教育走向的报告：《领导力的考验——美国高等教育未来规划》。报告指出，尽管高等教育一直令美国引以为豪，但是却没有做好准备应对学生日益增加的多样性和越来越激烈的全球经济竞争，美国高等教育正处于盲目自大的危险之中。委员会提出了六项改革建议，其中一项要求联邦政府的投资应集中用于事关美国全球竞争力的领域，如数学、科学和外语。

2006年12月众议院议员罗斯·霍特向国会提交了《K-16关键外语渠道法案》和关于修订国家安全教育法案的提案。这两个提案在国会众议院最终获准通过。2007年，美国国会通过《大学机会法》，该法在加强国际教育方面规定：教育部长可界定安全外语之定义，决定外语各项计划之优先顺序；扩大联邦学术竞争补助款计划之补助对象，包括学习安全外语第三、四、五年者；凡受聘为外语专家者可享受助学贷款的扣减；允许外语教职人员纳为重要的公共服务领域的受雇者，并可扣减助学贷款；加强外语与区域研究奖助计划，经费须用于赴海外研修外国语言及文化课程；修改教育部组织法，增设管理国际及外语教育的副助理部长。

联邦政府层面的立法集中体现以国家安全为特色的外语教育政策，在新的国际竞争格局中，外语教育规划是美国实现世界霸权的重要工具，是国家意志的集中体现。美国国家语言战略重塑的根本动因在于推进美国意识形态的世界传播，同时维护全球霸权的美国国家意向。正如《全美外语能力的行动计划》所说："我们的愿景是，在这个世界上，通过熟练掌握外国语言和文化，使美国成为世界上一个强大的全球领导者。政府、学术机构和私营部门都从中获益，美国的国家安全要求联邦各部门立即采取行动，改进国家情报信息的搜集和分析，推动美国的国际外交及海外军事维持行动，从而更好地保护美国的家园。"①

维护全球化进程中的经济安全和商业利益是美国国家语言战略调整、加强安全语言教育的另一个动因。美国政府意识到，只有提升公民的外语技能，加强公民对世界各地，特别是安全地区的文化、习俗和工商惯例的深刻了解，才能保持美国在未来海外市场的竞争力，美国谋求在全球市场的领导权，开拓国际化市场，在日益复杂的劳动力的竞争中，通过加强员工的专业技能、文化知识等，多种语言能力的组合取得优势，美国国内社会生活的需要采取加强外语教育的行动，为所有学生提供学习外语的教育机会，发展美国的家族传承语社区，并确保公民平等地获得服务，这是美国的生活质量的核心。

本章小结

安全语言战略规划是美国重要的国家战略，服务于国防建设的安全语言战略具有极强的工具性，而服务于公民教育的安全语言战略具有更强的社会性、人文性。

安全语言教育规划服务于国防建设依存的背景是：国际恐怖分子对美国和美国盟友的危害极大，美国的国家安全面临着前所未有的危险和挑战；安全语言也为公民教育提供服务和便利，这是美国社会发展的必然需求；21世纪的劳动力要具备较强的国际视野、外语能力和文化知识，商界和服务行业对外语，特别是安全语言需求越来越大。国际竞争，特别是激烈的经济竞争迫使美国不得不用心去经营其与广大发展中国家的关系，特别是亚太和中南美地区。另外，美国的多元人口构成、多语结构也使得美国更需要重视安全语言的教育。

服务与国防建设的安全语言教育规划的主要取向就是"国防安全"，其主要目标是：打击恐怖势力和国际新兴力量，实现海外扩张；向国外宣扬美国意志，实现"新帝国"的梦想；保持一超地位，独霸世界；扫除恐怖分子对美国本土的袭击，保证美国国内的安全。

服务与公民安全语言教育规划的主要取向是"经济安全、社会安全和民生安全"，其主要目标是：使语言教育更好地服务于经济建设和商务发

---

① *A Call to Action for National Foreign Language Capabilities*, 2005 The National Language Conference.

展，推行更早年龄开始的世界语的学习，实现大中小学校连贯的一条龙教学模式，让更多的美国人成为具有国际视野、对非西方世界有更多了解和认识的世界公民。同时，弥补州层面上语言和文化教育，特别是在安全语言教育方面的欠缺。在公民安全语言教育规划的视域下，美国的世界语教育，特别是安全语言教育成为公共政策的一部分渗透到社会的各个方面，同时有语言教育协调机构来协调语言教育的各项事宜。

而"安全语言技能+关键区域知识+跨文化沟通能力"，特别是跨文化沟通能力能力是美国安全语言战略目标的根本，跨文化沟通能力对国防安全语言教育和公民安全语言教育都是非常重要的，是保证美国未来发展的核心要素。美国的安全语言教育规划从早先对"语言技能"的重视，发展到后来的"语言技能在先、区域知识居中、文化能力在后"，特别是目前对"跨文化沟通能力"重视，足见跨文化沟通能力对美国未来发展的重要性。美国的安全语言战略规划彰显了"用语言，特别是跨文化沟通能力来加强国防力量，增强军队战斗力，同时增强公民的语言能力，使他们成为国际公民"的巨大作用。

第五章

美国安全语言教育规划的实施与保障

第一节 全方位、多层面的安全语言教育规划实施

服务于国防建设与推进公民素质教育的安全语言战略并行：美国的安全语言教育规划是一种比较特殊的语言教育战略，服务于国防建设与推进公民素质教育的安全语言战略并行是最特别的地方。一方面，安全语言本身的特殊性质——服务于国家安全使得安全语言教育受联邦政府指挥棒的指导，在国防教育中特别受到重视；另一方面，因为公民教育的各个领域，如商业、外交、旅游、文化交流等方面都有着相应的在职人员的需求，因此，安全语言在公民教育中也很重要。

因此，在美国学术领域中，人们对安全语言这个概念爱恨交织，爱的是安全语言背后的经费投入很多，恨的是平平常常的语言教学为什么总是充斥着火药味，似乎总是把那些目的语国家当成是潜在的竞争对手、敌人。

美国的国家语言能力是由学术教育、联邦教育、私人教育、家传语教育和海外教育5个部分组成的，就安全语言的教育来看，目前比较盛行的是学术教育与联邦教育双轨并行。特别值得一提的是，联邦语言教育这一块已经建成了一个较为显著的语言能力，为那些对语言有着较高要求的近70个机构提供了语言教育，促成这种能力提高的主要机构是美国教育部的美国学校、中央情报局、国防语言学院和外交服务学院及国家情报学校，这些单位为联邦机构中和各部门的工作人员提供训练，同时，它们也储备了在语言学、二语习得、教学法等方面有专长的专家队伍，有些还有着特定的研究单位。

因为这些单位的运作都是基于政府的年度预算来的，这些联邦语言训

练设施不能提供一些当前需求量不大的语言，它们不会做一些语言学、二语习得方面的基础研究，这些研究对当前的培训项目也没有任何直接的影响，这些机构或设施也不能为了培养自己专家的目的来支持一些研究生教育，而这些恰恰是美国普通高等院校所发挥的正常功能，只有学术界，以其宽广的及宽广的教育使命和所拥有的一批有着终身职位的师资队伍，才能在基础研究和项目方面，特别是一些在美国不怎么被教授的语言上作长期的投资。

只有在正常的高校教育中，才能有更宽泛的课程学习、更集中的语言训练来支持语言的学习（如区域研究、文学、历史和政治）和研究（如认知科学、心理学、人类学、计算机科学）。

总之，对常规的学校教育进行投资，把基础教育和高等教育中的安全语言教育当作美国国家语言能力的蓄水池、储备库，把国家安全语言项目、国防语言学院、外交学院等的安全语言教育当作是美国国家语言能力的先锋队，这种战略思想是解决美国当前面临的战略困境的一种好办法。因为，在当前的国际形势下，美国必须解决当前市场驱动下的语言需求的供求关系，联邦政府各部门，特别是军方必须紧紧围绕当前市场的实际需求来培养语言人才，因而，像国防语言学院之类机构的语言人才培养目标比较明确；而作为国家语言人才培养基地的各级普通教育机构、家族语社区团体以及私人教育机构等的安全语言教育，不会有功利性的色彩，但在美国政府的统筹规划下，他们会源源不断地向联邦机构提供符合社会长期发展需要、维护国家安全的安全语言人才。

然而，要想更大限度地发挥学术教育对国家语言能力的提升作用，美国就要抽调回一些放在其他方面的力量，就目前来说，国家语言能力的五大块之间的互动较少，而且富布莱特—海斯计划也没有采取任何措施来改进这一点。当学术界的语言教学和联邦政府的语言培训都出现一些问题的时候，加强两者间的合作也就显得越来越重要。当前，学术界发现美国学生在外语学习上注册入学的人数越来越少，而联邦政府却发现要满足高素质语言人才的需求变得越来越困难，双方的合作势在必行，然而合作却受制于双方间的信任。

一　美国国防安全语言教育的实施

21世纪以来，美国出台的一些国家语言战略都与美国海外战场对外语技能的政治和军事诉求密切相关，美国国防安全语言教育具有明显的工具性特征。美国军方外语推广部门认为，目前最重要的是阿拉伯语和普什图语。2006 年，驻伊美军人数一直保持在 13.5 万左右，2007 年初布什又增派 3 万左右。美军中通晓阿拉伯语的人寥寥无几，这严重阻碍了美国在伊拉克等中东国家的利益和军事占领。

联邦政府在语言培训上采取了多种手段和措施，主要有：首先，在国防语言学院、外语学习中心设立各类项目，提升学习者的语言能力；国防部国防语言学院和中情局的情报语言学院等推出《机构间语言能力量表》，这是经由美国语言专家商讨、论证而推出的衡量联邦政府机构、地方机构等工作人员的语言技能及语言使用的量表。这个量表广泛运用于美国各级机构和部门，特别是国防、情报部门，分别衡量语言使用者的听、说、读、写等各项技能。其次，在线语言学习的创新。为解决安全语言教育工作开展中的各种问题，美国联邦政府与私人企业、技术公司紧密合作，探求现代技术与语言教育相结合的各种方法，以高级分散学习模式展开对语言教学资源的革新性接近和利用，如：国家语言学习中心发起的"LangNet"项目和国防语言学院的全球语言在线支持系统，这两个项目都是设计来为语言学习者提供在任何时间、任何地点都可以学习的个性化网络学习方式。为各种联邦和学术语言教育项目，通过卫星通信学习来接近世界各地的电视和收音机节目，加上各种研究力量的配合，达到更佳的语言学习效果。再次，在国防语言学院设立、扩展继续研究学院，这个学院主要是负责维持、提升相关领域中军队人员的语言能力。

情报部门的安全语言教育举措：国家安全局的负责人制定了一个在国安局内部工作语言必须达到 3 级水平的要求，并发展了一项策略计划"超越 2.0：密码编译的团队运作"，这暗示着在国家安全局内部更高外语水平的要求。

国家情报局的提升情报人员外语能力的路线图——《情报系统外语活动的策略指南》，强调以长期职业发展为导向的语言学习和使用，把情报人员分为入门级、中级和高级，提升入职人员的语言能力，在达到更高一级的语言门槛前，至少在两门语言上达到相应的语言能力要求。为此，国务院联合各情报部门，发起了"语言持续"行动计划，采取如下措施：鼓励扩大对现有外语，特别是安全语言需求量较大的职位的数量，给予初任官员更多的语言训练；开展现职语言项目行动计划，这是国会的倡议，要对那些只有一点点语言基础或者根本就没有任何语言基础但在日常生活中又有着较大的需求的人提供培训；推出一系列远程语言学习课程，并发展多种多媒体资源来帮助语言学习者，这些远程学习项目帮助人们在国内或国外习得、维持并提升语言技能；更新现有的外语课程，扩大或提升在公共外交或咨询方面的语言训练，尝试对一些特别难达到目标的语言，如希伯来语、俄语及越南语等语言方面实行转换沉浸法，使学习者最大程度地浸泡在目的语的学习环境和氛围中；发展一些长久以来在美国不怎么被教但在支持"持久的自由""解放伊拉克"以及其他一些成为"9·11"后优先考虑方面有实际用途的语言课程，包括新增的巴什图语、库尔德语、伊拉克的阿拉伯语，为应对紧急需求，为那些缺乏背景知识的人员开出阿富汗概况、伊拉克概况等课程，或者邀请其他部门的人员加入课程的教学；对官员已遗忘或长期不使用的语言技能的展开重新提升训练，包括对那些已经到外派地区工作的官员的区域知识集中强化训练；在外交学院现有的高级项目以及在突尼斯、首尔、横滨、台北、北京等的海外学校项目的基础上探索与国外教育机构的语言合作培训项目，这样就能在有利的目的语环境下培养学生的高水平（ILR3级以上）语言能力。

星谈计划：新的全国暑期语言教育示范点，目的主要是培养国家急需的外语，特别是安全语言的人才，每年基本都放在暑期开展语言，主要是安全语言的教学、培训工作，星谈计划开始一两年的重点是放在阿拉伯语和汉语上，后来逐渐扩展到其他的安全语言，如俄语、韩语、印度语和法尔斯语。

国防部开展安全语言教育的举措：美国国防、军队职业人员的安全语言能力培养措施。军方特别强调"战略要地语言"的学习，2006年，美国国务院和教育部联合举办"大学校长国际教育峰会"暨"国家安全语言计划"启动仪式，时任美国总统乔治·沃克·布什、第一夫人劳拉·韦尔奇、国务卿康多莉扎·赖斯、国防部长唐纳德·亨利·拉姆斯菲尔德、国家情报局局长约翰·内格罗蓬特、教育部长玛格丽特·斯佩林斯和来自美国50个州的120多位大学校长等出席。布什直截了当地声称自己出场是对"国家安全语言行动计划"的坚定支持，美国人民生活在一个非同寻常的时代，反恐战争尚未结束，依然有潜伏的敌人企图毁坏美国。语言行动计划的宗旨就是要保卫美国的国家安全。他强调：第一，美国必须拥有一支精通外语的军队，必须在国外的战场把恐怖分子粉碎，从而避免他们前来美国本土采取行动；第二，美国必须造就能够前往遥远国家的农村、乡镇、郊区和城市中心进行交流的人员，当有人用阿拉伯语、波斯语或乌尔都语交谈时，情报人员要知晓其谈话内容；第三，美国情报人员能够运用当地语言，说服外国政府联手打击恐怖分子，摒弃其难以置信的落后意识形态；第四，会说对方的语言（阿拉伯语）意味着了解对方的文化，表明了"我关心你""我对你的生存方式感兴趣"这样一种姿态。从短期战略目标看，美国必须在恐怖分子造成伤害之前将其绳之以法所以唯一的办法就是要保持情报优势，采取进攻态势；第五，从长期战略目标看，美国要通过传播"自由"和"民主"的理念保卫美国，要改变外国人心目中美国人"欺凌弱小"的观念；第六，合理利用资源的方法，就是推行从中小学到大学的语言行动计划，同时鼓励安全语言地区的本族语使用者前来美国教学；第七，美国人有信心和能力去与别人一道传播"自由"的理念，美国人在过去战胜了法西斯主义和共产主义，在未来要消除仇恨的意识形态。

通晓外语的军人可加薪：在布什提出"国家安全语言倡议"之前，美国军方已先行一步，美国国防部官员宣布，为增强美军在伊拉克和阿富汗等海外战场的行动能力，国防部已经把目标锁定"语言关"。国防部计划增加数千万美元的拨款，加强外语教学，吸收更多的外语教师，加快掌握"安全语言军官的晋升步伐等。陆军外语推广办公室主任麦卡恩说，目前最关键的外语是阿拉伯语和普什图语，同时也希望加强中文和韩语能力。驻扎在伊拉克的美军中通晓阿拉伯语的人寥寥无几。语言不通使士兵无法与当地人交流，也阻碍他们了解周围情况。同样，在阿富汗，鲜有军人会说当地的达里语或普什图语。据官方统计，在 140 万美军中，懂阿拉伯语的也只有 4000 人左右。美国五角大楼将花费数千万美元提高美军的外语水平，以此提高美军在阿富汗与伊拉克的作战效率，国防部需要更多的外语人才以提高美国在世界上的领导地位。

国防部安全语言教育的重点是以国防语言学院、马里兰大学的高级语言学习中心为基地，在联邦机构的要求和协调下开展各种安全语言教学或培训工作。国防部在《机构间语言能力量表》（ILR）的基础上还推出国防语言能力 5 级水准考试，测试为联邦服务所需的最高级别人员的语言能力。

二 美国高校的安全语言教育措施

高等教育主要是为政府和其他部门长期提供各类普通性或专业性人才。它是蓄水库，而不是水龙头。在国家安全战略指导思想的导向下，美国高校的外语教育开展起来了，学生的外语学习热情和外语能力提高到前所未有的高度，在安全语言的学习方面尤为突出。

美国高校的安全语言教育

语言教育的工具价值凸显：《1958年国防教育法》改变了高等院校中外语教育的状况，一些安全语言的地位被大大提升。根据国防教育法创立的 Title Ⅵ 项目主要资助高校开设、学习对美国国家安全来说及其重要的安全语言，那时候的安全语言主要是印地语/乌尔都语、日语、汉语、阿拉伯语及俄语。[①] 在之后的许多资助项目中，都把安全语言作为资助的重点，"国家安全教育项目"把阿拉伯语、汉语、波斯语、印地语、朝鲜语、日语、俄语和土耳其语作为重点语言来支持。在各种政策项目资助下，美国普通高等院校的安全语言教育获得了很大的发展，目前约有260多种语言在美国高校注册学习，其中有不少是美国政府较为关注的安全语言或方言。[②] 正是由于联邦政府的种种项目的支持，一些安全语言，如汉语、日语、俄语等逐渐成为美国学生主要注册学习的语言。[③] 在美国，约三分之二的安全语言的注册率的80%是来自 Title Ⅵ 项目资助的中心。[④] 近些年来，Title Ⅵ 项目资助的"国家资源中心"和"语言资源中心"在安

[①] Scarfo, R. The History of Title Ⅵ and Fullbright-Hays [A]. In Hawkins, J N., Haro C M., Kazanjian, M. A., Merkx G W. & Wiley, D. (Eds.). *International Education in the new global era: Proceedings of a National Policy Conference on the Higher Education Act, Title Ⅵ and Fulbright-Hays programs* [C]. Los Angeles: University of California, 1998. 23-25.

[②] Furman, N., Goldberg, D. & Lusin, N. *Enrollments in Languages Other Than English in United States Institutions of Higher Education, Fall 2009* [R]. New York: MLA Web publication, 2010.

[③] Welles, E. B. Foreign Language Enrollments in United States Institutions of Higher Education, Fall 2002 [J]. *ADFL Bulletin*, 2004 (2-3): 7-26.

[④] Wiley, D. *The Importance of Ⅵ Programs that Develop Research and Teaching Materials—The Technological Innovation and Cooperation for Foreign Information Access Program and International Research and Studies Program* [R]. Washington D. C.: National Research Council Committee to Review the Title Ⅵ and Fulbright-hays International Education Programs, 2006.

全语言方面的研究成果约占所有在美国小语种的60%以上。①

21世纪以来，在工具性的驱使下，美国高等教育的目标变得越来越现实，为国家、社会服务的功能更加凸显，语言教育，特别是安全语言教育领域已逐渐成为五角大楼和大学的交叉管理地带，在联邦政府的强烈干预下，美国高校的安全语言严重受制于联邦政府机构的拨款、支持，语言教育的工具性凸显。

联邦政府的资助加快了高等院校的学习和研究安全语言的步伐。一些安全语言，特别是像普什图语、达里语等，虽然说起来对美国很重要，但高校对注册率极低的课程往往不开课。有些高校，即使提供一些安全语言的教学，但因为往往聘请的是访问学者或在美国高校就读的外国留学生，他们往往会签证问题而离职，不能保证课程连续性。② 联邦政府的政策资助保证了这些课程的开设和延续。像孟加拉语如果没有联邦政府政策项目资助，这一语言的教学很难在美国开展。③

安全语言教育在美国高等教育中的状况可以从来自美国现代语言联合会（MLA）权威的数据中得到比较全面的解读。"9·11"后以服务于反恐需要的非传统外语，如汉语、阿拉伯语、印度语等亚洲语言的教育获得了跨越式发展，阿富汗的官方语言普什图语增长幅度竟然高达635.7%以上，其他增长比例最快的7种语言依次为法尔西语（波斯语）、阿拉伯语、乌尔都语、波斯语、汉语、朝鲜语、北印度语。

除了朝鲜语外，其余都属于国家安全语言计划所倡导的安全语言的第一梯队之列。朝鲜语则是被美国列为"邪恶国家"的北朝鲜的官方语言。唯一一门虽然也属关键之列但是增长幅度不大的语言。

---

① Brecht, R. D., Golonka E. M., Rivers W. P. & Hart M. E. (Eds.). *Language and Critical Area Studies after September 11: An Evaluation of the Contributions of Title VI/FH to the National Interest* [R]. Report submitted to the U. S. Department of Education. College Park: The National Foreign Language Center at the University of Maryland, 2007.

② Helms, R. M. *Inhabiting the Borders: Foreign Language Faculty in American Colleges and Universities* [M]. New York & London: Routledge: Taylor & Francis Group, 2005. 45.

③ O'Connell M. E. & Norwood J. L. (Eds.) *International Education and Foreign Languages: Keys to Secure America's Future* [C]. Washington D. C.: The National Academies Press, 2007. 109.

美国高校安全语言学习人数剧增

加州大学伯克利分校外语教育中心克拉里·卡拉姆在"后9·11：外语与软实力"报告指出："9·11"与1957年苏联的人造卫星对于外语的影响相似之处在于两者都是服务于国家的安全战略；不同之处在于，苏联发射卫星时美国尚没有外语能力，所以政府花大力气资助外语教学与区域研究。而"9·11"后，政府资助的重点是提高美国公民的外语水平，资助重点直接来自美国的国防和情报部门，主要是着眼于培养包括小语种在内的外语和文化专业人才，以便为国家安全、国家利益去搜集情报，或者开展外交。

在美国高擎反恐大旗和加强外语教学的情势之下，高校的外语教学取得了明显的效果。美国现代语言协会的统计数据预示着，随着美国政府语言战略的逐步实施，那些被政府认定的安全语言已经出现"雨后春笋"般的快速发展势头，美国正在进入其培养"战略语言"人才辈出的"黄金岁月"。

从学生学习外语的种类看，绝大多数欧洲国家由于既不是"恐怖主义的庇护所"又不是美国"潜在的对手"，它们的官方语言在美国高校教学中便自然呈现出相对的"低靡状态"，像西班牙语、法语这些学习绝对人数最多的语言，增长率远远低于平均水平。欧洲国家的代表性语言及相应增长幅度分别是：葡萄牙语（36%）、意大利语（26%）、西班牙语（16%）、拉丁语（9%）、法语（7%）、德语（6%）。

与此相反，少数中东地区和亚洲地区的国家，要么是美国征讨的对象，要么是已经被美国实行过政权更迭的国家，或者是被美国列入"流氓国家"的行列，或者被当作"潜在的对手"，美国学生学习这些国家的官方语言（也就是美国的安全语言）的人数增长率反倒呈现出"跨越式""超常规"的发展态势，有的语言甚至呈现出上百倍的增长态势。伊朗和阿富汗的官方语言——波斯语的增长率高达390%，包括伊拉克、叙利亚、埃及等中东地区22个国家的官方语言——阿拉伯语增长率超过200%。这些学习人数增长最快的语言按照次序排列依次为：波斯语（390%）、阿拉伯语（231%）、乌尔都语（120%）、汉语（79%）、韩语（63%）、北印度语（54%）、日语（41%）、普什图语（36%）。这8种增长最快的语言均属于美国"国家安全语言计划"所倡导的安全语言。唯一的一门虽在安全语言之列却增长幅度不大的语言就是俄语，增长比例仅为12%，排在第13位。具体可以参看美国现代语言学会（MLA）提取出来的与安全语言相关的数据，以对美国学生学习安全语言的状况有个大体地了解。

高校安全语言教育人文性的回归

长期以来，受古典教育思想的影响，美国高校的外语教育主要以法语、德语和西班牙语为主，尽管从 20 世纪起，哈佛这些顶尖大学里也有汉语、日语等安全语言的教学，但都是应对语言研究者的爱好和满足特定的需求，并没有大规模的注册学习。

21 世纪以来，语言教育的工具性凸显。但作为人才培养基地的高等教育堡垒，不应偏离人文性教育的轨道，因此，尽管美国联邦政府干预高等教育，使安全语言偏向于社会服务功能，但在美国高校还是能够坚持自己的原则，对强烈工具性的安全语言教育拨乱反正，保持语言教育的人文性特征和价值，具体表现在美国各大开设安全语言教育的高校中，区域研究中心和文化研究中心成为带动安全语言教育的阵地，像哈佛大学、耶鲁大学等美国很多高校，普遍设立东亚研究中心、非洲研究中心等，以政治、地理、经济、文化、宗教、历史等为立足点，把安全语言教育的纯粹的语言学习与各科知识结合在一起，这是美国高等教育的强大之处，在交叉学科、综合能力培养的目标框架下，还原语言教育的社会性和人文性。

因此，我们可以看到在美国高等教育中，安全语言教育，是在工具性和人文性之间摆动，联邦政府的强烈需求使安全语言教育偏向工具性这边，但高等教育的内在要求又使安全语言教育回到人文性的轨道上来。

不断增加跨学科课程：美国高校不断加强语言与区域研究、政治、地理、经济、文化、宗教、历史的跨学科课程。跨学科课程的不断增加促使学生在学科知识的学习中提高、完善语言能力，或利用语言的优势达到对其他学科的深入学习。

大量增设研究机构或中心：美国高校大量增设与关键地区相关的研究机构或中心。美国高校中各类教学或研究中心的作用常常超越了大学院系的功能，成为交叉学科、综合知识的学习、交流平台。

加快高等教育国际化进程：在高等教育国际化进程不断加快的情况下，美国开始派更多的留学生前往安全语言地区学习，这是新世纪美国高等教育国际化的新动向。这就使得美国原先的过分集中欧美国家的情况发生了较大的转变。

积极申报安全语言项目：每年都有很多学校申请联邦政府各部门的安

全语言项目，如 NSEP、星谈计划等项目，从而获得更多的经费来保证安全语言教育的深入开展。美国虽然提供了不少安全语言资助项目，但毕竟是僧多粥少，还是有很多学校、教师或学生无法得到及时的安全语言教育或培训资助。

加快培养安全语言教师：美国向来就没有提倡公民把外语学习放在优先考虑的位置，因此安全语言教师很缺乏，安全语言教育规划的关键是教师，没有一支优良的、适应并符合美国语言教育需要的教师，安全语言教育规划只能停留在纸上谈兵。

为解决安全语言教师缺乏的瓶颈问题，美国采取外来引进和本土培养相结合的方式，加快培养安全语言教师。美国各安全语言教师协会和美国大学一起，设计了多种办法。美国通过提高安全语言教师的工资、给予这类教师额外的津贴补助等方式来激励美国本土教师向安全语言的转型，同时在课程培训、资源配备等方面也给予大力的支持。"9·11"后越来越多的美国教师被派往安全语言地区学习也是最好的证明。在教师职业培训方面，美国积极鼓励、培养预备当安全语言教师的学生，同时通过多种手段和渠道积极开展在职教师的培训工作。

同时，美国吸纳安全语言地区的教师来美国开展安全语言的教学或培训工作，这些老师中有的是加入美国国籍的安全语言教师，有的是美国与安全语言地区的互派项目里的老师，有的是来美国短期访问交流的安全语言地区的老师，也有一些是访问教师的家属。

在美国，比较典型的安全语言教师的发展模式有：安全语言教师全球实践共同体的建设、综合学习社区模式、协作语言计划和跨学科安全语言教师团队建设。

安全语言教师全球实践共同体的建设：结合现代技术，美国在相关教师的培养上，采用"全球实践共同体"的方法，通过博客、在线会议、空中交流等办法来在安全语言教师间建立良性的、多元的互动，借助这种办法，美国向关键语言地区的教师或教育机构借力，使得老师们实现远距离无障碍交流，跨国界、跨民族地进行同伴之间的互相学习和交流。[1]

---

[1] Empowering beginning language teachers through global community of practice: Building Community of Practice for Foreign Language Teachers The Modern Language Journal, Volume 95, Issue 2 pp. 296-300, 2011.

综合学习社区模式：综合学习社区模式是美国安全语言教师培养的一种比较流行的办法。美国华盛顿乔治敦大学设计了一种培养安全语言教师的培训项目，叫"综合学习社区"，把安全语言教师，如汉语、阿拉伯语、土耳其语等老师放在一起，组成一个混合团队，建立在线教师社区"Ning"，为不同语言的教师之间的交流提供平台，14个阿拉伯语教师和9个汉语教师在交流合作中，认识到自己的教育和期望之间的差距，正是这种差异为他们创造了挑战，因为这些老师把不同文化、价值观等带进美国学校，他们都要去理解和满足学生的需求，都要把他们各自的教学理论、方法运用在教学实践中，他们怎样去实施这些教学理论和方法，为什么要这样去做，通过在线教师社区"Ning"的交流平台，老师们可以向学生发放对教学的满意度调查表、问卷，也可以通过平台交流反思日记或采访内容，这样这些不同文化背景的老师就可以互相参照，同时在交流中提升自己的教学水平和职业能力。

语言协作计划：美国威斯康星大学麦迪逊分校创设了一种提升安全语言教师能力的语言协作计划，主要的办法有：教授安全语言课程的教师深深体会到美国的课堂与他们自己国家的学校教育经历差异非常大；每天要和在文化上、语言上、认知上有着很大差异的学者、教师伙伴等一起打交道，课堂的管理和纪律管制对非美国本土教师来说不是一件容易的事，一直沉浸在目标语的语境里，不习惯将目标语的语言学习环境与美国的教育体制、教学方式等有机地结合起来。而教授安全语言的老师必须针对美国当前的基于5C的外语教学标准，设置合理的课堂教学内容和方法、规划出学习者为中心的教学评价方法，教师们还要在日常教学中处理好口语和书面语的差别，在教学中争取正确使用口语和书面语，教师要会处理在社区和学校以外的角色和地位。

研讨活动：21世纪以来开展的重大研讨课题包括：2001—2002年举办的"无边境世界卫生所面临的挑战"论坛；2002—2003年举办"境内境外解决派系、宗族和文化冲突问题论坛；2004—2005举办"追求公平：全球妇女的权利"论坛；2005—2006年举办的21世纪的高等教育：全球挑战与国家反应论坛；2007—2008年举办"21世纪高等教育：入学与公平论坛；2009—2010年举办的作为创新先锋和知识中心的大学论坛。值得一提的是，就在美国入侵伊拉克之前的2002—2003年，"富布莱特新世纪学者"全球项目召集了30多名学者聚集一起，重点讨论或重构冲突概念研究，宗教及其他文化的身份基础剖析，全球和平进程等事关国际安全和格局的重大问题，撰写并递交报告，提出了解决冲突和维护和平的方案。目前，"富布莱特新世纪学者全球项目"的负责人为杜克大学社会学教授爱德华·塔亚科恩。

三 美国基础教育中的安全语言教学

美国中小学安全语言教学的起步：对美国而言，其主要竞争对手高度重视世界语的教育，这些竞争对手都把世界语教育作为发展21世纪人才主要技能的重要基础，22个工业化国家已经实行了世界语言义务教育政策，要求学生在基础教育阶段就学习外国语言和文化（Pufahl et al., 2010）。[①] 欧洲委员会规定欧盟成员国所有居民必须发展三种语言技能，自己的本族语再加上另外两门语言；相反，82%的美国公民是单语言的，在众多工业化国家中，唯有美国的语言学习在大多数情况下是选择性的而非强制性的，在美国学生学习外语一般都要在14岁左右，而世界上有11个国家要求学生除了自己的母语外必须学习至少一门外语，这些国家分别是：比利时、巴西、加拿大、中国、德国、印度、意大利、日本、俄国、新加坡、英国。

虽然美国是世界经济高度发达的国家，但美国的世界语教育，特别是中小学里的世界语教育与世界上其他国家有着较大的差距。就拿中国来比较，《不让一个孩子掉队》法案明确指出：在中国有2亿多的孩子在学习英语，而且英语是中国的中学生的必学课程，是高考的核心科目，相比而言，在美国的5400万中小学生中，只有2.4万名左右的学生学习汉语。另据美国应用语言学中心的统计，美国仅有31%的小学在教世界语，即外语，而且公立学校中仅有24%，在这些开设世界语教学的学校中，有79%左右的学校仅仅是给予启蒙式的介绍性世界语接触，而不是要达到总体水平的提高。2002年的教育统计文摘显示，只有44%的美国高中生注册学习世界语，而这其中，注册学西班牙语的占69%，学法语的占18%，

[①] Nancy C. Rhodes and Ingrid Pufahl, *Foreign Language Teaching in U. S. School Result of a National Survey*, 2010.

只有不到1%的美国中学生学习安全语言。①

增强中小学的外语课程的延续性：统计数据显示，在美国小学开设的大多数外语课程都能持续下去，这代表着自20世纪末以来的外语教育，具有可持续发展的性向，在那些不能持续整个学期或学年教学的外语课程中，有96%的课程能至少持续6周，有54%的课程至少能持续15周。而在中学里，大部分开设的外语课程能持续整个学期，虽然私立中学开设的外语课程的持续时间要比公立中学长久，但总体上来看，中学里外语的课程在增加，一些不能持续整个学期的外语课程至少也能持续6周，而且有一半的课程能持续15周。

美国中小学的世界语教育，尤其是安全语言教育的改革力度在加大。提供汉语和阿拉伯语教学的学校数量虽然不是很多，但比例在不断地增加，在21世纪初美国就重视汉语、阿拉伯语，尽管现在仍然只有很少的学校教这些语言，统计数据显示，变化还是比较明显的。

美国中小学的安全语言教育举措：美国中小学的世界语课程开设基本是停留在启蒙的、介绍性层面上，深入性的不是很多。大致分三种类型的教学：探索性的教学、以语言为中心的教学、沉浸式教学。美国政府还为高中生提供到海外学习安全语言的奖学金，以鼓励更多的学生学习安全语言。

加大中小学安全语言教师的培养：美国中小学安全语言教师的缺乏尤为严重。在美国的中学里，有30%左右的提供安全语言方面的教学的学校宣称他们面临着符合条件的教师的短缺问题，初级中学的短缺情况（32%）要比高级中学（28%）更高些，私立学校，特别是一些位于郊区的学校（35%）要比公立学校（25%）高得多。社会经济状况与教师短缺的相关性较大，经济状况不太好的地区的教师短缺问题要比经济状况好的地区严重。美国也采用多种方式培养中小学的安全语言教师，在引进国外教师的基础上，尤其重视本土教师的培养。

星谈计划（Startalk）也加大力度培养中小学的安全语言教师。星谈计划的暑期学院明确提出教安全语言的教师要理解美国的教育制度和教育理念，理解美国学校的教育和教学要求，同时理解美国的学生，预先孕育教

---

① *Teaching Language for National Security and American Competitiveness*, January, 2006. US Department of Education, Archived Information.

师角色，迎接挑战的信心和决心。这就要求安全语言教师对自己的教育经历和教育期待的差异有一定的认识，通过了解差异来更好地面对为未来的挑战，维护好早先的教育形塑教师的职业身份，专心致志于学习者为中心的策略。

所以星谈计划展开对安全语言教师的多元需求，重视对教师实践效果的研究，开展"基于标准的、以学习者为中心的教学的活动"，同时把暑期学院的实践应用到日常教学中去。

美国基础教育中安全语言教育的发展倾向：中学和大学的安全语言教学强调跨学科教学，互动教学和充分利用广泛的外语材料学习的能力。"跨课程的语言学习"即外语教育必须融入各个学科领域教育，使外语技能在各学科的综合应用发挥重要作用。

在美国学习汉语的美国学生不到4万人，尽管全球的汉语学习热持续升温，不到1%的美国大学生学习一种安全语言，在过去的25年间，学习任意一种现代外语的大学生人数比例一直在7%—9%之间，在全美只有27%的四年制大学设定了对所有学生的外语要求。此外，有24.7%的学生在满足大学学位要求时会停止外语的学习，22%的同学会在他们熟练掌握一门外语时停止外语学习。

四　美国公民安全语言教育状况

现代语言学会很早就开始调查美国学生学习外语的状况。执行主任罗斯玛丽·费尔十分乐见美国学习外语的人增多，她说："我们发现学生对学校提供的语言课的兴趣变得更多元了。"现代语言学会每三年调查一次美国大学的外语学习情况。调查显示，学阿拉伯语的人数比三年前增长了将近五成，名列第八，中文则为第七。[1] 在各种外语中增长幅度最惊人的是阿拉伯语，选修阿拉伯语的人数增加了46.3%。其他也有两位数增长的外语包括，韩语增长19.1%，汉语增长18.2%，葡萄牙语增长10.8%，日语增长10.3%。根据联邦政府的统计，2006年美国的大学只培养了9名阿拉伯语专业的大学生，约140名中文专业的学生和寥寥几名韩语专业

---

[1] http://www.voanews.com/chinese/news/20101220-US-College-Foreign-Languages-112212784.html.

的毕业生。①

开展"外语学习年"和"国外学习年"活动受欧盟发起"语言年"的启发，参众两院宣布2005年为"外语学习年"。两院一致认为外语学习对学生的智力发展、国家经济和国家安全诸方面都发挥着重要作用。"外语学习年"期间，大中小学校、商界和政府的计划中都要加强和扩大语学习的规模；请求总统发表呼吁美国人民支持和鼓励加强、扩大外语学习的活动，以适当的仪式、计划和活动庆祝"外语学习年"。

此外，美国新出台的国家语言战略与其海外战场对外语技能的政治和军事诉求密切相关。美国军方外语推广部门认为，目前最关键的外语是阿拉伯语和普什图语。因为在伊拉克驻扎的美军中通晓阿拉伯语的人寥寥无几。语言不通便无法与当地人交流，无法了解周围的情况。为此，布什在全美教师高峰会议上详细阐述了掌握外语技能的重要性。他希望美国军队是一支具有流利外语能力的军队，外交人员和情报人员能够听得懂阿拉伯语等关键语言，并希望来自重要区域的外国人教美国人如何说他们的语言，以便于传播美国的意识形态，传播美国的自由和民主。

2005年"国外学习年"的决议，该决议要求美国政府充分认识国外外语语言学习项目的重要性，并督促在中小学校、高等教育机构、商贸和政府项目中增加赴国外进修和学习的机会。决议倡导美国公民不仅要提高英语水平，更要提高掌握其他语言的能力和跨文化的意识；强调外语学习对于学生的认知发展、国家经济繁荣和国家安全保障的重要性；要求参议院将2005年度定为"英语学习年"，并扩大和加强该年度中小学校、高等教育机构和政府中的外语学习项目；敦促总统发表声明来号召全公民众支持外语学习项目并通过适当的仪式或活动将"英语学习年"落到实处。

同年约瑟夫·利伯曼和拉马尔·亚历山大提交《2005年美中文化交流法案》，要求联邦政府在未来五个财政年度里从联邦资金中拨款13亿美元资助九个汉语教学和学习项目，包括扩大两国学生的互访和交流项目，用意在美国学校中开展中文教学、为美国中小学学生学习汉语建立一个全国性的教学制度，并授权美国教育部拨款成立外国语言服务中心。亚历山

---

① *Teaching Language for National Security and Global Competitiveness*: U. S. Department of *Education Fact Sheet*. Available at: http://www.ed.gov/news/press releases/2006.html. August 25, 2007.

大更是主张投资中国的语言文化教育,以增进两国的文化交流。该提案在参议院引起了很大的反响,在经过两次审议后被呈送至外交部门。

以上种种举措表明,美国公民安全语言教育的性质已逐渐从工具性走向人文性。在公民教育体系中,安全语言教育及其相应的文化是提升公民素养及文化理解、交流能力的主要途径。

充分利用家族语社区:充分利用移民的家族语语言优势,在多元社区开展安全语言的民间教学和培训,美国社区对移民的英语教育比较重视,希望更多的外来移民能够学好英语,尽快地融合到美国社会中,其实,美国也应该反过来学习移民的家族语,特别是来自关键地区的家族语,这样美国的民间语言教育就会发挥出更大的效果。

发挥企事业单位的作用:在经济全球化步伐加快的情况下,美国与世界各地,特别是关键语言地区的贸易往来不断增加。美国的一些私人机构和企事业单位在学习、使用安全语言方面也有得天独厚的条件,美国公民应该利用好这样的机会,在国际贸易和商务往来活动中,学习对方的语言和文化,以对方的语言展开交流活动,这样就会使对方感觉更受到尊重,更有利于商务活动的有效开展,赢得更大的利润和效益。

积极申报海外交换学习项目:越来越多的美国公民通过旅游、访问学习、交换项目等到安全语言国家和地区参观学习,这种直接到目的语国家本土环境中去学习安全语言的方法非常有利于安全语言水平和能力的提高,美国应加大派往关键语言地区学习、交流的人员数量。

第二节 美国国防语言学院安全语言教育规划的实施

美国的高校和军队紧密合作服务于国家安全战略的外语教育,军队甚至在很多时候走在学校的前面,这一点非常具有美国特色。在布什提出《国家安全语言倡议》之前,美国军方已经先行一步制定了通晓外语的军人可以加薪的政策,鼓励美国官兵学习安全语言。

位于加利福尼亚州蒙特利市的军事外语学院是美军培训各类语言人才的机构。它的任务是:为保障国家安全在美国境内及美国境外组织外语培训;开展语言学科研工作,完善教学流程,制定学员语言水平测试与评价标准。该学校在华盛顿设有分校。

国防语言学院是美国国防部的教育和研究机构,它为国防部和联邦的其他机构的人员提供语言和文化培训。国防语言学院负责进行国防语言的培训和许多国防语言机构的活动，包括教授国防部人员需要的语言。其他的责任包括计划和改进课程编制，以及对学习第二外语的进行研究。国防语言学院还提供价值评估的训练，以及为国防部人员在国防语言项目中取得成功提供帮助，进而保卫国家的安全。国防语言学院在各个方面都是语言教育机构中的佼佼者，它不断改革创新，积极配合组织的需要，并且在语言教授方面严格要求。除了最基本的先进的课程，国防语言学院还提供许多专业的培训项目，例如对各种工作所需要的特定的术语和技能的培训，技能的培训包括听、说、读、写四项技能。

在军事外语学院接受培训的有来自各军种的军人和联邦调查局、边防部门、国家航空航天局、反毒品署和其他国家机构的工作人员。

外语学院的固定教学队伍超过1300人，其中包括300名军人。他们所教的语言多是自己的母语。外语学院拥有雄厚的教学科研资源：有50个语音实验室和10多个计算机教室，收藏视频资料近5000种，图书馆收藏40种语言的书籍80000册。

一 国防语言学院的安全语言教育措施

国防语言学院的重点是为国家安全服务，培养国防语言能力，即国家军务外语能力是国防语言学院总体目标，国防语言能力主要包括常规战争、非常规战争、军事科技、军事外交、军事情报等方面的能力需要。即在常规战争、非常规战争中使用语言完成任务，在用语言来完成军事科技的学习或突破，用语言来展开军事外交，用语言来完成军事情报的解读和分析。重点是在军事情报的解读、翻译和分析方面。

国防语言学院连同外交学院、情报学院等一起共同发展美国的国家军事外语能力，国家军事外语能力既包括常规战争下，也包括非常规战争下的军事外语能力的运用，还有如何运用军事科学技术来提高军队的作战能力、如何在军事外交中运用语言来展开交流，如何展开军事情报的窃听和解读工作。现以国防语言学院为例来看美国国防语言教育的运作模式和战略措施等。

国防语言学院里学习外语的学员的学习任务相当繁重。学员每天要上7节语言课和3—4节自习课。学员要定期接受测验，从而了解他们对教学内容的掌握程度。多年的实践表明，有15%的学员因不能够承受繁重的学业负担而中途退学。

外语学院的学员主要被派往美军武装力量的各军种和特种部队的侦察分队,以及各种专业机构的情报分析部门。

美国外语培训机构的另一个主要任务是向外国人教授英语。这一任务由位于得克萨斯州圣安东尼奥市拉克兰德空军基地的美国国防部英语培训中心承担。国防部英语培训中心的工作方向主要有两个,第一个方向是直接在中心向派遣到美国来接受技术或职业军事教育的外国军人或文职人员教授英语。

进入军事院校所需要英语水平由美军各军种部规定并通过1—100级的ECL(英语理解能力)测试来确定。例如,为了掌握具有较深专业技术知识或具有较高危险性的课程,学员的ECL水平不得低于80。对于难度较小的课程,ECL的水平可能达到65、70或75就足够了。外国军人来美国进行学习前要进行ECL考试,那些英语水平达不到要求的学员首先要在国防部英语培训中心提高英语水平。

该中心工作的第二个方向是在境外实施国防部确定的所有外语教学计划。境外的学员包括:从其他国家移民到美国军人,英语为非母语的国防部文职人员及其家庭成员。一些英语教师在波多黎各的大学和学院为ROTC培训计划工作,在美国海军位于日本的船舶修理厂教授英语。

国防部英语培训中心通过派遣专家到海军研究院、彭萨科拉海军基地、马歇尔欧亚安全问题研究所、夏威夷亚太中心以及罗马尼亚、斯洛伐克、斯洛文尼亚、瑞士的军事院校从事指导、咨询、翻译或学术工作,对美国国务院在国内外的活动给予大力支持。近十年来,该中心专家还参与保障美国军方人员与阿尔巴尼亚、波斯尼亚、智利、克罗地亚、格鲁吉亚、立陶宛、拉脱维亚、约旦、马里、尼加拉瓜和乌克兰等国军方人员的工作接触。

正如美国军事政治领导人所指出的那样,目前负责国家安全的强力机构感到外语专业人才缺乏。尤其是驻伊拉克美军,在几千人的部队中只有几名阿拉伯语翻译。因阿拉伯语翻译不足,驻伊美军不能有效完成所担负的任务。

据某些刊物称,美国情报机构,如中央情报局和国家安全局,有大量的文件需要翻译;每十名驻外工作的外交人员中就有三人不能完全掌握当地方言。在主要语言是阿拉伯语和汉语的国家中,这一比例达到10∶4。

国家安全方面的知名专家认为，美国情报机构长期被阿拉伯语、汉语、土耳其语、波斯语、印地语和乌尔都语专业人才不足的问题所困扰。

显然，现代信息技术不足以解决这一问题。虽然近年来出现了相当多的电子翻译软件，但它们并不能够捕捉说话者的语调特征，也不能够使用近东、非洲、亚洲及其他地区的大量方言。

由于迫切需要解决问题，2005年起，美国军队开展了大规模学习外语的活动。美国媒体称，美国国防部已经制定并开始实施增加军事翻译人员和掌握外语军人数量的一系列措施。在布什提出《国家安全语言倡议》之前，美国军方已经先制定了通晓外语的军人可以加薪的政策，鼓励美国官兵学习安全语言，2006年国防部把目标锁定"语言关"，美国国防部计划在未来5年内增加拨款经费，加强外语教学，吸收更多的外语教师从事外语教学，并规定为掌握关键语言的士兵或军官提供加薪升职的机会。

国防语言学院安全语言的语种变化

军事外语学院教种语言近30个语种。培训时间2周（提高班和专业班）至63周（基础班）。所教授的语言根据复杂程度分为四个等级，最复杂的为四级，包括阿拉伯语、朝鲜语、汉语、日语和其他一些东方语言；三级主要有俄语、波斯语、塞尔维亚—克罗地亚语、普什图语、达里语、法尔斯语、希伯来语、土耳其语、泰语、印地语、普什图语和其他语言；德语和印度尼西亚语属于二级，西班牙语、法语、意大利语和葡萄牙语则属于一级。国防语言学院中92%的学员进行三级和四级的语言学习，通常四级的授课时间为64小时，三级的授课时间为48小时，二级的授课时间为35小时，一级的授课时间为26小时，从授课时间的安排可以看出三、四级的安全语言的学习是多么的费力。在CIA和FBI的强烈需求下，美国的安全语言语种也是不断地在进行变化着，主要是新的安全语言不断出现（图5-1）。

国防语言学院的安全语言课程改革

国防语言学院主要开设以下班次：基础班、提高班和专业班。华盛顿分校通过签订合同对各部门人员进行外语培训。外语学院同时可接收3000—3200名学员，其分校可同时接收300名学员。在外语学员学习的各军种人员比例大致如下：陆军40%—45%，空军30%，海军15%，海岸

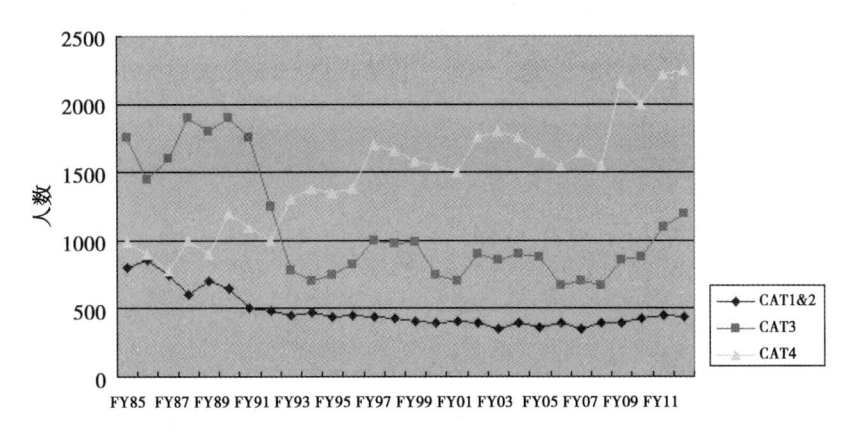

图 5-1 美国国防语言学院的外语教育变迁（1985—2012）

（CAT1&2：德语、西班牙语、法语；CAT3：俄语、法尔斯语、达里语；CAT4：阿拉伯语、汉语、韩语）

警卫队 8%—10%。

在基础班学习四级语言的学员最多（占总数的 65%），学习时间最长（63 周）。学习三级语言的学员占总数的 25%—30%，培训时间为 47 周。二级和一级语言培训时间分别为 34 周和 26 周。除了重点进行外语口语实践，学员们还要接受对象国国情——历史、文化及当前面临问题的补充强化培训。外语学院的分校教授的语言有 50 多种，培训时间从 4 周至 63 周不等。

对基础语言能力的提升计划策略主要有：降低师生比，使学生有更多的机会与老师交流、学习；进行课程改革，探索学习语言的最新方法；基于语言能力的安全语言教师培训，使得一线教师的素养大大提升；利用最新、最前沿的技术来支持语言教育，如：无线网络、Youtube、iPod 等；全部的诊断性测试，为学员提供最完善的测试和评价方式；更加高标准的语言输入，一切语言输入围绕国防部语言能力基准线展开。军队的安全语言提高项目的目标是当下要具备读写说（2/2/1）的水平，到将来要发展至读写说（2+/2+/2）的水准，最终要达到读写说（3/3/3）的水平。

在课程开发方面：基础和传统课程是基本的、核心的课程，在此基础上推出中级、高级课程，从头开始学项目，语言熟悉课程，全球语言在线支持系统及每周训练事件。跨学科课程，尤其是区域知识与语言、文化与语言类的跨学科课程越来越多。

基于科学技术的安全语言教学手段和方法的革新

国防语言学院的网络课程、基于网络的在线交流或流动学习小组加大了学员间的互动交流，大大增强了学习的兴趣和效果。

便携式语言教学装置的配置，有很强针对性的语言训练或派遣前的语言突击训练，发放给学员 iPod 和微型手机。当学员的语言能力向读写说（2+/2+/2）迈进时，技术将会把学生带入一个新的学习任务上去。

在课堂实践的改革方面：实行"4+2"的模式，即 4 学时读写训练和 2 学时的听说训练，注重听力的培养，重点放在各项活动训练上，实施家庭作业的变革，开展晚间学习活动，采取灵活多变的教学方式，如虚拟课堂、在线学习和分散式课堂等。

进入目的语国家的沉浸式项目，目前有超过 65 条线路在开展沉浸式学习，学员们进入中国、韩国、埃及、俄国、约旦、菲律宾、乌克兰及土耳其等国家，这个项目最大的好处就是能培养学员的自信心和流利度。

二　国防语言学院的安全语言教育特点

采用最先进的训练方式，在冲突持续的年代里，美国给官兵提供全方位的技术支持，"利用最新的科学技术手段或成果，提供基于文化的语言教育"这是国防语言学院的安全语言教育的重要特点。国防语言学院对语言专业人员给予最大程度上的支持，对普通兵力也给予大力支持，军校的课程设置与普通院校的定位、特色是不一样的，军校重在培养在实际战场上的语言人士，侧重于实际交往中的语言运用能力。

技术支持下的国防语言教育是一个逐渐兴起、有潜力的行业，国防语言学院对实践中的语言学习人员提供基础水平之上的维系和支持项目。主要延伸项目：一是分离式语言训练。考虑到被派遣出去的官兵们都分布在五湖四海，因此就在语言职业人员高度集中的地方设语言学习或训练点。二是远程学习，这种远程学习包括流动学习小组、电视电话学习、在线学习等是在现代技术支持下的新的语言学习方式。

对派遣单位和作战官兵的语言教育支持是给予他们语言熟悉和区域研究训练。"语言生存包"的训练方式是指为学员提供语言和文化熟悉材料，强调训练学员在到被派遣单位的可以预测的环境中的生存语言。语言生存包包括如下范畴：基本通信、医疗、航空人员、军队警察、护航、守卫和搜寻、航海、军队保护、公共事务处理、民用事务、武器装备，这些都可以通过互联网来提供。

国防语言学院为学员提供文化熟悉学习光盘，主要是帮助学员提升目的语的相关短语学习，这些学习光盘的文化范畴比较宽泛，包括宗教、传统、都市生活、家庭生活。

"从头开始"（Headstart）也是国防语言学院为学员推出的一个重要项目：这是一个长约80小时的自动调节的互动项目，基于真实的军队生活、开展基本的语法记录和训练，在各种书面、录音工具的帮助下，开展有意义的听说读写实践，并且有完备的自我评价工具。这个项目已有伊拉克语、普什图语、达里语、波斯语、法尔斯语、韩语和汉语普通话这些语言的节目和内容。

"9·11"后国防语言学院课程的动态变化：从单纯的语言技能训练和提高，发展到把区域知识、跨文化沟通能力与语言紧密结合在一起；为派遣的官兵量身定做的语言、文化培训课程也越来越普遍。文化训练注意根据不同的阶段或需要分层次训练，主要分文化意识、文化理解和跨文化沟通，最终是要发展学院的跨文化沟通能力。

国防语言学院提供基于文化的外语教育、训练、评价方式，同时对国防部人员予以有力的支持，确保国防语言项目的成功，从而加强国防安全。国防语言学院是一个富有创新、不断适应的机构，有着最前沿的语言教学、研究和技术支持。

同时，国防语言学院也投入大量的经费来保障安全语言教育工作的开展。

第三节　美国安全语言教育规划的保障策略

一　安全语言教育规划的机构保障

安全语言教育规划是美国重要的语言战略，同时它超越了语言范畴，进入了国家战略的层面，安全语言教育规划对美国的未来发展有着极大的影响。因此，美国联邦政府建立了较为完善的管理体系来督促安全语言战略在国防部、教育部、国务院、情报机构等部门的实施，这种"多管齐下"的方式是安全语言教育规划实施的重要法宝。

首先是管理体系的建立，为保障安全语言战略的推进，美国建立了相应的管理体系：领导机构、管理执行机构、咨询机构、国家语言指导委员会、高级语言委员会，还有一些非政府的机构。

领导机构：国家语言署是美国国防部和国会议员共同建议设立的，目的是来协调 20 多个国家部门或机构的语言规划。其主要职责有：第一，保证、监护国家外语战略在国家各个职能部门里的执行；第二，为满足国家在外语技能和文化理解方面的提升，促进联邦政府、地方政府间、学界、工业界、劳力资源部和家族语社区等联合起来一起行动；第三，协调并引领公共信息方面的运动，提升公共、私人领域及职业生涯对外语技能和文化理解的需要，倡导国家领导者、商业社区、地方官员、父母和个人等不同类型人们的外语能力的提高。

协调机构：美国专门设立了国家外语协调委员会对安全语言教育规划的监管。2005 年，美国参议员阿卡卡提交的《国家外语协调法案》提出：美国应建立全国统一的国家外语协调委员会，这个委员会由负责全国语言规划的主任、教育部部长、国防部部长、美国国务卿、国土安全部部长、最高检察院检察长、国家情报局局长、劳工部部长、国家预算管理办公室主任、商务部部长、卫生和服务部部长、财政部部长、住房和城市发展部部长、农业部部长、进出口银行主席和其他联邦机构负责人组成，委员会负责监督、协调、实施国家安全语言计划，制定相关国家战略，对联邦部门各机构的外语发张状况进行调查，监督国家语言战略的实施，2008 年国会通过《高等教育机会法》时，教育部新增了负责国际和外语教育的副助理国务卿，即"国家语言主任"，统领政府的教育部、国防部、国务院、国土安全部等几十个部门，统一协调外语政策。

管理机构：在国防部内，《国防语言改革路线图》出台时国防部也宣布成立一个新的实体：国防语言办公室，简称 DLO。国防语言办公室是隶属于国防秘书处下的国防部人力资源活动部门的。国防语言办公室的职责主要是确保满足军队和民用单位中现在和将来对语言和区域熟练人员的需求。[①] 国防语言办公室主要处理策略语言列表中的年度总结、能力基础总结和国防语言办公室语言准备指示，语言准备指示是一个策略管理工具，这个管理工具将会确保能在服务范围内识别区域内的语言专业人员或在这

---

① http：//www.dhra.mil/website/field Activity/field Activity.html.

方面有优势的居民，同时也能发现更大语言需求地区的语言能力的不足之处在什么地方。国防语言办公室参照国防部5160.70的指示，就国防语言改革路线图的内容，加强国外地区官员培训项目建设，针对外语水平设立一些激励措施，如外语水平奖励金。

国防语言办公室在举办和参与一些峰会或圆桌会议方面一直很积极。2007年国防语言办公室举办"地区和文化专业人员峰会：构建一个满足国防挑战需要的框架"，这个峰会的目的就是要集合多方的力量来构建一个发展框架，与会人员一致认为区域和文化能力的集中训练是我们行将培养既在执行任务或完成工作的过程中，懂得广博的区域知识，又有深厚的文化背景的领导、操作人员、分析人员[①]。

综合峰会的白皮书，国防部建立了以下五个行动项目：行动一，建立一个国防部区域与文化能力发展策略计划；行动二，建立常用的术语和鉴别、发展、测量、管理区域和文化能力的原型；行动三，定义国防部对区域知识和文化能力的策略内容并优先发展它们；行动四，在行动中发现国防部的区域和文化需求；行动五，和一些公立的、私立的部门一起合作共同寻求解决的办法。

另外，国防部还成立了国防语言掌控委员会、国防语言行动小组、国防计划副秘书、国防机会均等管理研究院来协同管理语言计划的实施。陆军有陆军训练和教导官，海军陆战队有高级运作文化学习中心等机构来保障安全语言教育规划的开展。

国家情报总监办公室的外事项目办公室是为增加具有关键语言技能的情报处理职业人员所建立的。总统在2008年的年度拨款中要求包含有1000万美元的经费来支持情报工作人员在进入工作领域前接受美国小语种的教育。

美国情报机构的情报社团外语组织：情报社团外语组织的任务就是要提高情报社团工作人员的外语能力。情报社团外语组织的外语项目办公室通过各种计划和项目提升在实际工作中使用外语的专业人士的更高的外语水准、加深他们对文化的理解，把语言技术与文本翻译技巧有效地融合在

---

① DoD Regional Capabilities: The Way Ahead: Regional and Cultural Expertise, Building a DoD Framework to Meet National Defense Challenges.White Paper: Oct 2007, page 2.http://www.deomi.org/CulturalReadiness/documents/CulturalSummit White Paper(Signed) October2007.

一起以达到做大的效果。外语项目办公室在整个的情报系统内部根据各种不同的任务目标要求定义、衡量、跟踪工作人员的外语能力和准备情况。

在公民安全语言教育领域，美国各级语言教育协会对安全语言的教育管理起到了极大的推动和促进作用。

美国外语教学协会是致力于提升美国外语能力和文化教育，使外语和文化融入美国教育和社会。少数被教授语言国家委员会是在福特基金会的资助下成立的。其目的是为所有较少被教授语言提供一个工作联盟，促进较少被教授语言的教育在美国各级教育系统的发展。协会既有个人会员，也有组织会员，主要是为较少被教授语言在美国所面临的共同问题分享专家资源和解决方案。协会在组织会议、数据收集、政策建议及帮助建立新的较少被教语言协会及促进已有协会的发展方面做出了重要贡献。协会在教师培训、课程设计、教学材料的开发等方面建立了一个协调和合作性的全国性机制，促进了对美国社会、经济发展和国家安全具有重要意义的语种的教学发展。

还有一些安全语言的教师协会，如：美国阿拉伯语教师协会（AATA）、全美俄语教师协会（AATR）、全美日本语教育学会（AATJ）、美国韩语教师协会（AATK）、美国波斯语教师协会（AATP）、美国土耳其语教师协会、全美希伯来文教授协会、汉语教师协会、全美中小学中文教师协会。阿拉伯语、波斯语、土耳其语沉浸学院（APTLII）。

评估机构：美国针对安全语言教育规划的评估机构分国会内部、国会外部两部分，内部评估机构主要是政府问责局、监管和调查委员会，国会外部的评估机构主要是政府款项使用者、政府聘用的评估者。通过内外结合的方式，美国国会对联邦政府各机构的语言教育，特别是安全语言教育展开细致的调查、分析，并作出相应的评价。比较有代表性的就是美国国家审计总署对美国国防语言教育的监测和评估工作。如：2002年的《纠正人员和能力方面不足的人力资本方法》详细分析了美国联邦政府的机构，主要是国务院、国防部和情报局这些重要机构的外语人员的短缺和外语能力不足问题，提出了联邦政府可以运用的提升外语能力的各种办法，如：语言训练、增加工资、提供有吸引力的职业发展路径、聘用合同制人员、招聘本土语言使用者、长期雇用语言能力强的雇员等，报告最后还指出联邦政府各机构应在人力资源规划上采取长远的战略来解决语言人才短缺的问题。① 针对军队训练,美国国家审计总署连续提交三个报告,《国防部需要一个策略规划并做好准备来引导语言技能和区域能力的发展》《国防部努力提升语言技能和区域能力的持续行动》《协调陆军、海军陆战队的语言和文化训练所需采取的行动》,前两个报告都指出国防部仍然严重缺乏语言技能和区域知识,仍需一个综合战略计划来引导各种各样的努力,促使国防部里的语言技能、区域知识等的战略能得到协调发展,并监督国防部的办公系统行使职责,维护各项工作的有效展开。② 在《协调陆军、海军陆战队的语言和文化训练所需采取的行动》的报告中,监管和调查委员会对陆军和海军陆战队的语言和文化训练作了回顾,并对相关的项目资助作了分析,指出没有在全军范围内作出应该的努力,因此,国防部必须展开全军范围内的努力来进一步加强服务语言和文化培训。③ 就国务院的语言战略,美国国家审计总署发布三个报告,《尽管已经采取一些措施,但国务院的人员和语言的短缺仍然存在》分析了国务院的外语需求情况,也肯定了已作的努力,但还远远没有达到要求,很多需要中级外语水平的岗位上仍然是大批初级水平的人员占着,这样外语能力的不足就会负面地影响国务院工作的开展。④ 《外语能力和相关人才的持续短缺造成的外交准备方面的差距》指出国务院没有系统地来评估对外语资助的激励计划,国务院外语短缺的问题还是持续着,这样就会致使外交储备人才出现很多问题,国务院必须采取综合型的战略措施来解决这一问题。⑤ 紧接着的《解决外语人才持续短缺的综合计划》指出语言人才的不足会负面地影响美国外交的一些方面,如咨询工作的开展、安全方面的问题、公共外交方面的种种问题、经济及政治方面的问题、对外关系发展方面的问题

---

① *Human Capital Approach Needed to Correct Staffing and Proficiency Shortfalls*, January, 2002. Report to Congressional Requester.

② *Continued Actions Needed to Guide DOD's Efforts to Improve Language Skills and Regional Proficiency*, June 29, 2010. Testimony Before the Subcommittee on Oversight and Investigations, Committee on Armed Services, House of Representatives.

③ *Actions Needed to Improve Planning and Coordination of Army and Marine Corps Language and Culture Training*, May, 2011. Report to Congressional Committee.

④ *Staffing and Foreign Language Shortfalls Persist Despite Initiatives to Address Gaps*, August, 2006, Report to the Chairman Committee on Foreign Relations U. S. Senate.

⑤ *Persistent Staffing and Foreign Language Gaps Compromise Diplomatic Readiness*, September 24, 2009.

及道德问题，国务院将在培训、招聘、奖励方面采取措施来改进。①

二 安全语言教育规划的资助保障

在经费资助方面，联邦政府采取多种办法，如提供资金、开展各种类型的激励、奖励措施来保障安全语言教育规划的开展。

资助政策：联邦政府是安全语言教育规划的主要投资者；政府对海外交流项目的资助；政府资助设立各种"关键外语"教育与区域研究中心；政府资助本科教学与高级国际研究；政府资助本科生和研究生的学术奖学金；政府对安全语言教育实行长期、稳定的投资；政府鼓励地方、私人投资安全语言教育规划。

薪酬管理政策：在安全语言方面的薪酬状况：美国国家安全部门的薪酬一般都是由工资、奖金、津贴、补贴四部分组成。其中，工资是指职务工资，即按职位等级和服务年限来定，一般来说，各机构在工资方面的差异很小；奖金包括了很多种，比如完成任务奖励，月度及季度绩效奖励，年终服务奖励等，各机构在这一块儿的差别比较大；津贴是指各类福利津贴，比如住房津贴，子女教育津贴，医疗津贴，心理健康服务津贴等；补贴是各类补助，像是地区薪资差异补贴等，各机构标准差异也很大，比如，中情局探员多在海外执行任务，这一项就很高；国家安全局每年拿到的拨款比较多，这一项也高。

从2004年开始，国务院在教育政策、教育经费投入、教师待遇和教育国际交流等方面向外语教育倾斜，给予前所未有的资助和扶持，高校外语教育变革也随之启动。

政府部门通过设立奖学金项目鼓励学生学习安全语言：美国联邦政府及其下属机构为鼓励学生学习安全语言，设立了名目繁多的奖学金项目。这些七七八八的资助项目，在美国经济形势不见好转的背景下就成为一种"有力但无形的手"，影响着美国学生的语言学习选择和国外交流流向，为实现美国的战略目标服务。"9·11"之后，美国国务院、国防部和教育部等多个部门对安全语言学习和国际交流活动提供资助，其中国务院和国防部的资助力度都比较大。国务院专门提高了对安全语言地区和国家的学习奖学金、交流和图书馆项目的资助力度，认为这些项目是确保美国的

---

① *Comprehensive Plan Needed to Address Persistent Foreign Language Shortfalls*, September, 2009.

国家安全、塑造新一代美国人态度的最有力工具。美国政府加大对安全语言学习的支持力度，希望通过它来大力支持学生去学习。政府设立的奖学金资助力度和范围正在不断加大。例如，新开设的国务院"暑期浸入学习项目"每年为275名大学生提供到重要国家和地区学习机会。国务院为富布莱特学生交流项目增加150名美国学生名额。

在2010年国防部收到了5.5亿美元的资助经费来支持国防语言办公室指定的语言和文化项目，除此以外，陆军和海军陆战队也得到了额外的经费资助来执行各自的语言和文化计划，比如在2010年陆军训练指挥中心就收到了1300万美元的经费来保证《陆军文化和外语战略》的实施；海军陆战队的高级运作文化学习中心就收到了1000万美元的经费来发展普通目标力量的语言和文化项目。就派遣前的训练资助而言，国防秘书办公室共计划拨1.6亿美元来资助2011—2015年针对军队驻扎地的军队和公民的语言教育，包括将要被派遣到阿富汗去的陆军和海军陆战队执行部队，这些训练包括自主学习、课堂教学和角色扮演练习等。

联邦政府提升安全语言能力的激励措施

联邦政府采取各种措施提升安全语言能力：主要归结为以下两个方面：第一，提升员工自身语言能力方面。为员工提供各种形式的语言培训；采取薪酬激励机制激发员工学习"安全外语"；为语言专业人员提供诱人的职业道路，只要学员达到相关单位的语言水平，就把推荐到一些很好的职业岗位，如安全局、情报局等国家重要单位去工作；第二，在外部资源管理方面。启用各类合同签约人员来解决语言专业人员人手不够的困难；从家族语社区聘用以关键外语为母语的家族语人员，雇用有较高语言水平的人士，从其他部门中挑选合适的人员，或者从预备役军人中遴选人员提前进入军队服务，或从退役军人中返聘一些合适的人员（表5-1）。

表5-1　　　　美国联邦部门提升安全语言能力的策略

策略部门	员工发展			外部资源管理			其他	
	语言培训	薪酬激励	为语言专业人员提供诱人的职业道路	合同签约人员	聘用家族语传承人员	雇用有较高语言水平的人士	其他部门人员，预备役军人和退役军人	借助现代技术
军队		●		●	●	●	●	●

续表

策略 部门	员工发展			外部资源管理			其他部门人员，预备役军人和退役军人	其他
	语言培训	薪酬激励	为语言专业人员提供诱人的职业道路	合同签约人员	聘用家族语传承人员	雇用有较高语水平的人士		借助现代技术
国家语言服务办公室	●	●	●	●		●雇用有语言技能的语言专业人员，但是驻外办事处不需要外语能力		●
商务处	●	●	没采用（因为没有雇用语言专业人员）	●		●难以满足的有语言要求的相关岗位通常雇用一些有指定的语言技能的且没有职业限定的人		
美国联邦调查局	●	●	●	●		●	●	●

资料来源：美国政府责任办公室的分析

对安全语言教育的资助和激励措施

美国制定多种形式的对外合作、交流计划，将安全语言计划纳入本科、研究生教育计划，建立本科生和研究生海外学习制度，开展留学生教育和公民的国际交流活动。

另外，美国还采用一些激励措施来激励安全语言的教与学，比如：俄勒冈州的对K-16旗舰补助，在联邦政府的旗舰项目资助下，州政府再进行资助补助，以促使更多的人参与旗舰项目，对学习安全语言的学生，其外语水平所取得的提升和进步可兑换学分，这样学生的积极性就高些，另外州政府也通过发放"语言教育债券"的形式鼓励家长和孩子来学习国外的语言和文化，对在安全语言方面获得较高成绩的学生给予他们价值较高的文凭证书，以方便他们进入一些职业领域。

设立语言习得办公室，专门来负责应对、解决安全语言习得过程中的各种与教学相关的问题，为学习安全语言的学生提供实习机会，在实际工作环境中使用所学的语言，还有通过州政府的资助和联邦政府减税补贴来开展"留学奖金激励活动"，学习安全语言的学生可以在政府的资助及州

第五章　美国安全语言教育规划的实施与保障

的补贴下到所学语言的国家和地区进行短期的访问学习或交流。通过在线的语言学习，来有效地开展正式授课外的多种形式的外语学习，为学生设立信息交流站，大家可以在共同的交流平台上一起探讨各种问题。另外，也对学生的外语，特别是安全语言的学习开展语言水平登记记录，这样，一方面，有利于国家、社会能及时找到他们所需要的语言人才，另一方面，也使语言学习者不断地提升自己的语言级别和水平。

同时对参与安全语言培训计划的教师也采取相应的激励措施，这些主要是对教师在一些奖金的发放、考核方面、职务晋升方面的优惠。为教安全语言的教师提供实习机会，使安全语言教师在实践中丰富教学经验，提升教学能力。

继续加大对安全语言教育的资助力度：联邦政府对大学的绝对拨款额渐增，而生均资助额却逐渐减少。将通货膨胀因素考虑在内，美国联邦政府对高教机构的拨款虽然表面上在增长，但实际增长不多。美国必须加大对安全语言教育的资助才能保障安全语言规划的稳步发展。[1]

三　安全语言教育规划的制度保障

美国的国家审计总署对安全语言教育进行了跟踪监督与管理，在分析实施现状的基础上，提出了相应的改进建议或措施。2002年1月审计总署发布《外语：需要纠正人员不足与能力短缺的人力资本之道》回顾了美国联邦四大主要部门，即教育部、国务院、国防部和情报监督总局的外语技能的使用情况，确定性地估算出了语言能力的差距，克里斯托付指出："美国外语人才，特别是'9·11'后急需的安全语言人才的不足已大大影响了美国在国际上的总体业绩，已经导致了大量的信息无法解读或翻译，这一切都严重影响了美国在与打击国际恐怖势力和毒品贩卖中的战斗力，也损害了美国在海外利益。"[2]

国防部制定新的招聘制度，加强对安全语言人才的管理

美国采取多种办法来扩大外语学习者，特别是国家急需的安全语言学

---

[1] Baum S. & Ma J. *Advocacy & Policy Center of College Board: Trends in College Pricing 2010* [R]. Manhattan, New York City, 2010: 4.

[2] Christoff J. A. *Foreign Languages: Human capital Approach needed to correct staffing and proficiency shortfalls.* Washington, DC: U.S. Government Accounting Office. (2002, January)

习者的人数，设在国防大学的国防部安全语言教育项目意欲扩大事关国家安全的联邦人员中语言程度较高者的人数；在安全语言教育项目的名下，国家旗舰语言行动计划的试点行动直接被导向来保证来自各大高校的有较高外语水平的毕业生中，特别是那些在国家急需的安全语言方面有较强语言能力的毕业生立志到联邦政府部门工作；2006 年的《国内安全教育法案》目的也是促进国内外语能力向更高水平迈进，这个法案为语言学习提供了很多项目支持，如：教师和学生的奖学金、助学金项目，涉及外语学习方面的学生的学习贷款的减免，对中小学与高校合作的资助，对鼓励学习科学、技术方面知识的人员的外语能力的同步进展。得克萨斯州的议员瑞昂提出的《21 世纪国防教育法案》里面就强调促进科学、技术、工程和数学（STEM）的教育与职业教育、终身学习、能力培养结合起来，同时，他更强调学生在安全语言上的流利表达的重要性。

情报部门的安全语言人才招聘模式的变化与管理

随着美国海外战争、维和等事件的不断增加，情报部门所需要的安全语言的语种不断增加，因此，情报部门语言人才也变得越来越多样化，情报部门把这些语言人才大致分为三类：情报分析员、语言翻译员、外语教师。2002 年美国在情报机构内部设立中央情报局大学，并设立了语言研究院和沉浸式外语学习中心，并和马里兰大学的高级语言中心一起合作，经常开展各种交流活动。

2005 年，美国情报部门增加了向社会招募各种外语人才，特别是安全语言人才的数量，加快了对申请人员的审查速度，还通过提供外语奖学金，建立外语培训中心等方式提高情报人员的外语水平。2009 年，中情局提出了"五年发展倡议"，要争取在未来五年内大幅度提高情报人员的综合能力，尤其是语言技能和跨文化交际能力。

设立语言专家库，建立安全语言人才的科学管理机制

美国在语言专家库的设立和发展方面展开了一系列的工作，主要有：美国已开始对在国家需要的外语，特别是安全语言方面具有一定水平的公民展开调查统计，具体包括：一是国家语言技能登记，这项工作目前由国防管理数据中心在做，另一个类似的努力工作是由联邦调查局开展的法律执行和情报机构语言学家接近系统；二是成立国家虚拟翻译中心，这个中心直接归联邦调查局管,确保事关国家安全的相关资料的及时、准确地处理和翻译。

在安全语言教育的战略规划体系中,美国的公民语言教育就是为国防语言教育储备人才,是安全语言教育规划的长远规划之计。同时在美国的语言人才资源流的系统里,可以清楚地感受到美国从基础教育、社区教育到中等教育、高等教育以及国防教育、在职教育、人才储备管理等,怎样逐步储备语言人才,以真正对待国家面临的安全问题。

建立"民间语言学家储备团",储备安全语言人才

民间语言学家储备库的设立,这是在2003年《情报授权法案》的框架下展开的一项工作。这个行动计划提议,在军队储备的模式下,建立和维持一个在语言能力方面有一定水准的干部队伍,以备在国家需要的时候能为国家服务。

语言的安全化使美国把语言问题上升到前所未有的高度。外语能力成为国家未来竞争力的重要组成部分。因此,美国为了顺利实施安全语言战略,由国防部负责建立"民间语言学家储备团"。目的是赋予语言学家在国家安全方面的话语权,希望语言学家为政府提供与国家安全至关重要的专家意见。

完善法律法规制度,推进安全语言教育

教育法案自身的局限,以及时代和环境的变迁,均使得美国必须不断修订和调整教育法案,语言教育方面也是如此。在国会、国家审计总署等机构的管理和监督下,美国对安全语言的相关法案进行审查、分析,不断地提出改进措施和建议,提交国会讨论,最后达到新的法律法规的出台或完善。

然而,美国安全语言教育改革的努力仍然面临重重阻力。这不仅来自于教育外部,如政党之间的政见不同,还来自于教育的内部,如教师协会对政府"奖优罚劣"教育政策的抵制等。因而,美国政府修订教育相关法案实施新战略的过程注定"荆棘遍布",其教育新政的成效也仍需时间的检验。

本章小结

本章先介绍了美国的全方位、多层面的安全语言教育战略实施举措。

国防安全语言教育强烈渗透到国防实践中，高等教育里的安全语言教育实行多元发展路线，在联邦安全语言项目的推动下，高等教育既要保证语言教育的人文性和社会性，同时也兼顾联邦政府的迫切需求，加大与政府的合作，积极参与、承接语言旗舰项目或星谈计划项目等多种多样的来自联邦政府的高额经费资助项目。在基础教育中，强调打好安全语言教育的基础，使学生能够从较早的年龄开始学习相关的小语种，并强调语言教育的连贯性和可持续发展，提高高级语言学习者的比例。在公民的安全语言教育上，重视与家族传承语社区、个人及企事业单位的合作，使安全语言教育能有更大的社会平台，美国的多语并存、多元文化共融的社会环境在某种程度上对公民的安全语言教育是一个很好的促进。

本章还介绍了国防语言学院——衔接国防安全语言教育和公民安全语言教育的重要基地，对相关的安全语言教育的课程特色、教育举措、进展成效等都作了讲述和分析。

本章对美国安全语言教育规划的保障策略展开了阐述和分析，从机构保障、资助保障和制度保障三个层面展开，较为详细地展示了美国对安全语言战略的多种方式的保障手段和策略。

第六章

美国安全语言教育规划的个案研究

第一节 美国安全语言之阿拉伯语规划

美国的阿拉伯语教育规划目标和定位：在美国，部分外语，特别是安全语言的学习主要得力于美国政府的支持。自"9·11"事件后，包括国务院在内的政府机构出于战略考虑，积极培养各种外语人才。比如，国务院2006年设置了关键语言奖学金项目，每年资助至少500名学阿拉伯语、汉语、波斯语等外语的学生，到这些国家开展暑期交流。

阿拉伯语简称阿语，即阿拉伯民族的语言，属于闪含语系闪语族，主要通行于中东和北非地区，现为4个国际组织的官方语言。以阿拉伯语作为母语的人数超过2.1亿人，同时阿拉伯语为全世界穆斯林的宗教语言。阿拉伯语因分布广阔，因此各个地区都有其方言，而"标准"阿拉伯语则是以伊斯兰教经典《古兰经》为准。

阿拉伯语就是阿拉伯民族的语言，普遍被用于西亚和北非，阿拉伯语现在是22个亚洲和非洲国家及包括联合国在内的四个国际组织的官方语言。这22个国家是：沙特阿拉伯、也门、阿联酋、阿曼、科威特、巴林、卡塔尔、伊拉克、叙利亚、约旦、黎巴嫩、巴勒斯坦、埃及、苏丹、利比亚、突尼斯、索马里、吉布提、毛里塔尼亚、科摩罗、阿尔及利亚和摩洛哥。因为古兰经是用阿拉伯文写的，人们在其他穆斯林国家如印度尼西亚、马来西亚、巴基斯坦、阿富汗、孟加拉国、阿塞拜疆、土库曼斯坦、乌兹别克斯坦、塔吉克斯坦、吉尔吉斯斯坦、哈萨克斯坦、印度（世界上最大的穆斯林人口，虽然伊斯兰教不是主要的宗教）、土耳其，都有不同程度的阿拉伯语的使用者。此外，阿拉伯语也在吉布提、冈比亚、新几内亚、尼日尔、马里、塞内加尔、厄立特里亚、索马里、埃塞俄比亚、加纳、坦桑尼亚、尼日利亚等许多以伊斯兰教为主要宗教的地方使用，甚至在小穆斯林社区。阿拉伯语也是许多国际组织的官方语言，包括联合国。

阿拉伯语属闪语系，古典阿拉伯语和现代标准阿拉伯语是用来描述它从中世纪到现代的变化，古典阿拉伯语是在编纂《古兰经》时使用的，现代标准阿拉伯语不同于古典阿拉伯语，现代标准阿拉伯语一般是在正式场合或在学校或家庭教育孩子的，也用于正式的书面和口语交际中。阿拉伯语因分布广阔，因此各个地区都有其方言，而"标准"阿拉伯语则是以伊斯兰教经典《古兰经》为准，根据地域和社会的不同，主要分四种方言：摩洛哥方言、埃及方言、地中海东部方言和海湾地区方言。埃及阿拉伯语方言广为阿拉伯世界所理解，它是最广泛被使用的方言。

在美国，精通阿拉伯语意味着拥有一条通向很广泛的职业机会的路径。美国对阿拉伯语的需求很大，在联合国等国际组织、世界银行、跨国公司、外国援助机构、情报机构和许多其他行业都有着很大的缺口。律师、医生、记者和其他专业人士如果能讲阿拉伯语也意味着他们还享有更广泛的职业选择权，同时它所提供的文化和专业方面的利益和好处更是无与伦比的。这就是为什么美国对世界语言学习兴趣越来越强以及学生数量急剧上升的原因。这也证明了美国阿拉伯语学习的年代的到来，美国也到了阿拉伯语言相关领域的工作机会明显增加时代。美国约有 100 所大学教授阿拉伯语。据美国现代语言协会统计，在美国各大学目前大约有 12000 学生学习阿拉伯语。随着学习阿拉伯语学生人数的不断增加，美国开设印地语（印度）和乌尔都语（巴基斯坦）的大学和学院也不断增设阿拉伯语课程。① 美国把阿拉伯语作为安全语言教育中的重中之重，其主要战略目标就是要通过语言与文化的教育来应对恐怖组织，以便能在反恐斗争中取胜。

美国阿拉伯语教育规划的实施手段和措施：为加强阿拉伯语教育，提升美国公民的阿拉伯语能力，美国联邦政府各部门投入大量资金，设立多种阿拉伯语项目②。比较有代表性的项目有：

一、国家安全语言计划青年项目之阿拉伯语暑期项目：国家安全语言计划青年项目中的阿拉伯语暑期项目的接待方为约旦、埃及或摩洛哥，项

---

① http://www.ohio.edu/linguistics/swahili/index.html.

② http://www.sidibousaidlanguages.com/en/term-programs/.

目的维持时间为8周,从6月中下旬到7月底或8月初,共计上课时间为120小时,住宿在接待方的家庭中或是整体住宿和家庭住宿相结合的方式。学术项目:暑期阿拉伯语项目主要是增加学生的阿拉伯语词汇,并让学生在目标语的环境中自信地交流,课程设计为通过沉浸式或集中的学习以达到在美国大学中为期一年的阿拉伯语学习,项目内容包括标准现代阿拉伯语的学习、方言口语学习课程以帮助学生展开日常交际,同时根据项目所在的地点,参与者将能把课堂学习的东西运用在一些历史遗迹如金字塔的游览中,或运用在市场购物的讨价还价中。再有,住在接待方家庭中的学生可以和社会各界人士打交道,也可以领略到不同的社会阶层、不同的经济水准。当地人喜欢化妆,故参与者应该准备得比较干净利落、穿着保守一点。

二、阿拉伯语学术年项目:这个项目的主办地在埃及和摩洛哥,项目的时间一般是从八月底或九月初到第二年的初夏,每周的学习时间为15—20小时,参加项目的学生一般住在主办方的家里。这个学术年项目主要是通过到目的语国家长期浸入式学习,来帮助学生增加阿拉伯语的词汇量,以及自信地与当地人交流的能力。授课内容分现代阿拉伯语听说读写几个部分。也有课程专门来教阿拉伯语的方言以使得学习者能在每天的日常生活中自如地与当地人在家里、学校里、社区里进行交流,学习者可以在社区服务活动中、艺术课里、音乐表演和课堂表达等时候来锻炼自己的语言表达能力。在这个项目中,埃及和摩洛哥都把自身欢快的文化融入进了语言学习中,在埃及,参与活动的人既可以参加基督教的活动,也可以体验伊斯兰教会的活动,既可以享受西方的文化,也可以体验中东的民间文化。摩洛哥处在三种文化:阿拉伯文化、欧洲文化和巴巴里文化(长期生活在北非地区的土著居民)的交界处,在摩洛哥经常可以听到人们在一句话中夹杂着法语、阿拉伯语和巴巴里语,在这里,年轻的女性可以不披戴面纱。

三、没有围墙的阿拉伯语:学习阿拉伯语的兴趣在很多学校里变得越来越浓厚,不少高校也把阿拉伯语教学融入自己学校的语言课程中,然而,各个高等教育机构对这一重要语言的重视程度却不一样,由此,美国教育部出资在加利福尼亚大学的语言学习和教学中心、国家中东语言资源中心提高中学后的阿拉伯语教育,开设的项目叫"没有围墙的阿拉伯语",这是一个具有创新性的远程学习项目,任何人不管年龄大小,生活在何处,只要参与都可以来学习阿拉伯语。这个项目的组织者利用现代技术设计了这一项目,但也保证成功语言学习所需要的面对面交流,为了使学习者更加深入地体会阿拉伯文化的深度和广度,设计者收集了很多真实的材料,并对不同地区、各个教育层面、各种职业、各种不同文化背景的人们进行采访,这样在课程学习中就可以穿插很多真实、生动形象的材料,使学习者能够更有效地掌握阿拉伯语及其文化。

美国还成立了阿拉伯语教师协会(American Association of Teachers of Arabic)来帮助阿拉伯语教师们共同探索阿拉伯语教育。美国的阿拉伯语教师协会成立于1964年,其宗旨主要为促进阿拉伯语在美国的教学以及阿拉伯语言学与文学的学习、批评和研究,并促进这些科目的教师的共同利益。阿拉伯语教师协会自成立起,为阿拉伯语进入各级教育机构提供了专业服务,在阿拉伯语教师协会的促动下,阿拉伯语现在已成为美国高等院校注册学习的十大语种之一。[1]

第二节 汉语成为美国安全语言的背景

通过搜索引擎,黄宏在网上查到美国关于汉语学习的文章约70篇。通过对这些文章的分类,按"国家安全""恐怖主义""文化"等关键词统计分析,结果发现排在前十位的分别是:国家安全、商业、经济、国家防卫需要、文化、全球化、恐怖主义、国家竞争力、情报工作、父母。透过分析,黄宏认为,"美国的汉语热绝大部分还是国家动机,小部分是出于个人的动机。"[2]

从汉语的语言背景来看,它所代表的文明与美国文明有着较大的差异,存在着冲突,汉语的背后是儒家思想和东方文明。萨义德在《东方主义》中指出美国对与自己不一样的东方文明,尤其是伊斯兰文明和儒家思想一直持对立和排斥的态度。亨廷顿在《文明的冲突》里也指出东西方文明间存在着很大的分歧。长期以来,特别是在苏联解体后,美国一直想独霸世界,把西方文明传播、渗透到世界每一个角落。美国对中国一直心存芥蒂,甚至提出"中国文化侵略论"。华盛顿的著名智囊库人物之一乔

---

[1] http://www.aataweb.org/.
[2] 黄宏:《美国汉语热的主动力是国家因素》,《世界汉语教学》2008年第2期。

舒亚·库尔兰茨克就发表《中国在亚洲挑战美国软实力》的文章来渲染这种论调。他对中国的汉语国际推广机构在东南亚的快速发展表示担心。同时他指出,中国的孔子学院就是中国威胁美国软实力的重要证据。中国经济上的飞速发展已让一些人产生了"中国经济威胁论"的想法,如今中国又要对外开展意识形态输出和文化传播,美国对此甚是担忧。

作为国家重要的安全语言,美国已认识到学习汉语既是21世纪世界经济竞争的必然要求,是美国人处理国际事务的需要,同时也是美国公民登上中国这辆快速前进列车的需要。普通话逐渐成为全球通用语。学习汉语更是美国国家安全的需要,美国在亚洲和泛太平洋地区的利益和安全都离不开汉语。

中美关系的历史演变及其对美国汉语教育战略的影响

自从美国宣布"重返亚洲",亚太地区就成了除中东之外美国最重要的利益所在。奥巴马执政时期美国国务卿希拉里的一次出访足以说明美国对东亚,特别是对中国的重视。希拉里在13天内出访了法国、阿富汗、日本、蒙古国、越南、老挝、柬埔寨、埃及和以色列9个国家,希拉里访问日本的一项任务就是试图在钓鱼岛问题上给日本"打气撑腰"。在巴黎开完会后,希拉里原计划直接飞往日本,结果却在中途突访阿富汗。希拉里称阿富汗为美国"重要非北约盟国",并承诺"不抛弃"和"金援"。在结束日本访问后,希拉里对蒙古国进行了4个小时的闪电访问,说美国是蒙古国的"第三邻国",蒙古国的前两个邻国自不必说,那就是与蒙古国接壤的中国和俄罗斯;她还高调宣称蒙古国是"亚洲民主典范",用心显而易见。将远隔千山万水的蒙古国拉拢为"邻国"之后,希拉里又访问越南,称"支持越南为解决南海争端所做的努力"。

随后,希拉里对老挝进行闪电访问,虽然短,但却是美国国务卿57年来首次访问该国。《华尔街日报》说,华盛顿正在扩大与东南亚国家结盟的行动,以制衡中国在该地区日益提高的影响力。同一天,希拉里抵达柬埔寨首都金边,参加东盟地区论坛外长会议。她声称这一地区的国家"不应通过压迫、恐吓、威胁或武力"解决争端,要求东盟"又快又好"地完成"南海行为准则"。希拉里的这一表态直接杠上了中国的立场,此前中国一再呼吁,东盟论坛不适合谈南海问题。而"美国已经深深卷入南海争端"。从中国东边的日本,到北边的蒙古国,再到南边的越南、老挝、柬埔寨，希拉里绕着中国走了大半圈，说的话也从民主、人权过渡到更具体的"南海行为准则"。英国《金融时报》评论说："希拉里的亚洲之行烙上深深的中国印记，她做了一个完全针对中国的讲话，却对'中国'只字未提。"①

美国对华政策的发展演变

中国在东亚逐渐崛起，无论在公共领域还是私人领域，中国都发挥着越来越重要的作用，随着中国经济的快速增长，中国作为亚洲地区领导者的角色越来越明显。

随着中国力量的提升，美国越来越重视处理同中国的关系，美国政界对华态度大致分为三个派系：遏制派、合作派和接触派。约翰·米尔斯海默是遏制派的代表人物，他认为："在21世纪早期，美国可能面对的最危险的前景是中国成为东北亚的潜在霸主国，因为中国几乎肯定会用经济实力建立起强大的军事力量，而且出于战略原因，中国一定会寻求地区霸权。他认为，要阻止这种情况的发生，美国就必须设法放慢中国经济增长速度，以延缓中国的崛起。"②米尔斯海默的思想是基于现实主义的论断："国家谋求权力、大国谋求霸权"。"文明冲突论"的创始人塞缪尔·亨廷顿从文化与权力的关系发展演变也得出相似的结论，他认为东西方文明间存在着较大的分歧与冲突，"中国的历史、文化、传统、规模、经济活力和自我形象，都驱使其在东亚寻求一种霸权地位；中国作为东亚占主导地位的地区大国的状况如果继续下去，将对美国的核心利益构成威胁。"亨廷顿主张，"为阻止中国在亚洲占据主导地位，美国需要调整与日本的安全同盟，与其他国家发展紧密的军事联系，加强美国在亚洲的驻军以及能够用于亚洲的军事力量。"③

合作派认为美国要实现其在欧亚大陆或东亚的战略目标，必须同中国建立战略合作关系。其代表人物兹比格纽·布热津斯基在《大棋局》一

---

① 分析称希拉里在中国周边展开平衡中国外交，http://news.qq.com/a/20120715/000676.htm.

② [美]约翰·米尔斯海默：《大国政治的悲剧》，王义桅、唐小松译，上海人民出版社2003年版。

③ [美]塞缪尔·亨廷顿：《文明的冲突与世界秩序的重建》，周琪等译，新华出版社2002年版。

书中指出:"美国能否保持其对全球事务的支配权,取决于其能否保持其在亚欧大陆的主导权,而要保持在欧亚大陆的主导权,美国就必须同中国建立合作关系。"① 合作派的另一代表人物罗伯特·罗斯则认为:"冷战结束后,东亚地区存在着力量的两极平衡。中国在东亚拥有强大的军事优势与经济地位,而美国则控制着东亚的海洋部分,两个大国在各自势力范围内安排了一定的和平秩序,共同建立起安定的地区秩序。"② 他们都认为中国是美国实现其战略目标的不可或缺的力量,强调美国要同正在崛起的中国合作,而不是遏制中国。

接触派的思想基础是新自由主义,接触派认为美国可以通过"改造"中国使之成为美国的伙伴,而不是对手,一些政界人物认为美国可以通过与中国的积极交往,推动中国政治的自由化和民主化,使中国在价值观上与美国靠拢,同时,美国还要将中国纳入现存的国际体系,使其接受美国主持制定的游戏规则,与遏制派不同的是,接触派摈弃了把中国看成是美国不可避免的对手的观点,强调一切取决于交往的过程,美国如何与中国交往,以及中国如何对美国做出反应。接触派也不同于合作派,接触派坚持认为中国必须在经过美国的"改造"后才能成为真正的合作伙伴,而且在同中国的接触过程中,美国必须对中国保持警惕和防范。

美国的对华政策一直是在自由主义的接触路线和现实主义的遏制路线之间动态性地调整,调整的时机和幅度在很大程度上取决于美国国内政治和国际形势的变化。而合作派所倡导的中美战略协调的构想就目前来看实现的可能性不大。

克林顿政府对华推行以接触为主的政策,而布什政府推行"遏制+接触"的政策,在安全上遏制中国,在经济上与中国交往。布什政府第二任期内的对华政策仍是"交往"与"吓阻"的结合,在政治和经济领域,美国需要通过对华交往以促进其利益;在安全领域,保持对中国的吓阻与牵制,辅之以有选择的合作与有限的接触。克林顿政府恪守与中国"全面接触"的理念,积极改善对华关系,谋求与中国在地区事务中的合作。因

---

① [美]兹比格纽·布热津斯基:《大棋局:美国的首要地位及其地缘战略》,中国国际问题研究所译,上海人民出版社1998年版。

② [美]罗伯特·罗斯:《美中和睦:大国政治、影响范围与东亚和平》,《世界经济研究》2004年第3期。

而克林顿时期美国的亚太政策思路，是以中美日共同处理地区安全与经济事务为基调的。而在小布什执政期间，其外交与安全班子的重要成员对一个正在崛起的中国持有强烈的不信任感，强调美国的亚太政策应以巩固和扩大美国的安全纽带、牵制乃至遏制中国为主旨。"9·11"对美国的国家安全战略以强烈的冲击，也影响了美国的亚太安全政策。美国一方面基于地缘政治的考虑加强同有关国家的安全纽带，另一方面也谋求建立广泛的反恐联盟；在对中国保持战略防范和牵制态势的同时，也寻求与中国在地区安全事务中的合作。

对于中国的崛起，美国一方面担心中国崛起的方式，另一方面害怕中国崛起的力量内涵，如果中国以传统的大国争霸的形式挑战美国，美国应付这种挑战也许会更加得心应手；但是当中国以一种和平、合作和建设性的方式崛起时，它却给美国决策者在思维方式的调整和政策的转变带来挑战。

彭光谦曾指出，影响当前及未来一个时期国际战略格局变化的有三件大事：一是以美国和欧洲主权债务危机为代表的持续的全球性金融危机，以及由此而引发的社会危机、价值观危机；二是席卷西亚北非的历史性政治大动荡；三是美国全球战略重心东移，就是美国全球战略重心向亚洲地区转移。一是大危机、二是大动荡、三是大转移，分别发生在经济领域、政治领域和军事领域。

美国全球战略重心东移是冷战结束以来，对当代国际战略格局带来重大冲击的严重事态，也是冷战后中国安全环境面临的最严峻的挑战。苏联解体后，美国时任总统老布什认为，"中国是最令美国感到不安的国家"，"中国应该成为中央情报局日常工作的重点"。

美国主要从以下六个方面打造针对中国的战略遏制：一是以中国为主要作战对象，以西太平洋为主要战场，以空、海军为主要作战力量的"空海一体战"战役作战体系。二是以日本和澳大利亚为南北两大战略支点的军事同盟体系。北边是日本、南边是澳大利亚，南北对中国进行钳制。美国不仅要把美日、美韩同盟搞在一起，实现美日韩一体化，同时还打造包括印度、越南、菲律宾在内的"亚洲小北约"。美国人打仗历来强调同盟战略，不是单打独斗。海湾战争以来都力求拼凑多国部队。三是以西太平洋岛链为依托的军事基地体系。四是以西方价值观为内核的政治渗透体系。包括利用网络等新的传播手段，宣扬西方价值观，在中国培植代理人。五是排斥与压制中国,确立美国经济主导权的经济遏制体系。美国积极打造"跨太平洋战略经济伙伴协定"(TPP),用意很明显,就是要排除中国,重新夺回在亚洲的经济主导权。六是以挑拨与离间中国与周边国家友好关系为特色的所谓"前沿部署外交"体系。

上述动向表明了中美结构性矛盾的深刻性,首先不管是老布什、小布什还是奥巴马,战略都是一致的;其次揭露美国霸权目标的根本性,表明美国维护霸权的决心和能量;最后是暗示中国的安全环境十分严峻,决不能掉以轻心。

综上所述,加强美国人的汉语学习及对中国文化的了解成为非常迫切的事。有国会议员认为学习汉语很重要。2005年,美国参议员乔·利伯曼和共和党参议员拉姆·亚力山大在《2005年美中交流法案》中要求联邦政府在未来5年拨款13亿美元用于资助9个汉语教学和学习项目。利伯曼指出:"此时此刻,我们正站在美国外交史和世界发展史上的一个新时代的起点上,人类历史上第一次,一个经济和军事超级强国正在没有战争和灾难的国际形势中崛起,它就是亚洲的中国。"[1] 美国需要花费时间和金钱来了解中国的语言和文化,这是美国与中国打交道最为根本的需求。美国拟定的"国家旗舰语言试点项目"包括阿拉伯语、波斯语、俄语、中文普通话、普什图语、乌尔都语、韩语等安全语言。其中,汉语特别重要,新保守派视中国为"共产主义最后一个堡垒",所以一直没有放弃改变中国政权性质的企图,中国仍然是美国的潜在对手。

第三节 美国安全语言之汉语的教育战略目标

作为对美国及其盟国的潜在威胁,美国对中国的快速发展和崛起感到害怕和担忧,美国把汉语定为安全语言也是出于对中国这个潜在的未来大国的防备。美国对中国的发展总是比较担忧:2006年2月,美国国防部公布的《四年防务评估报告》[2] 将中国列为"处于十字路口的国家",声称这类国家一旦做出错误的选择,就有可能对美国及其盟国造成威胁。报

---

[1] *US-People Republic of China Cultural Engagement Act.* (S. 1117) http://www.govtrack.us/Congress Bill.xpd.

[2] "*Quadrennial Defense Review 2006*", http://www.com.org/qdr/qdr2006.pdf.

告称中国"代表了亚洲巨大的经济成功，但转型仍没有完成"，指出中国不应该坚持"旧的道路"，即持续的、不透明的军备扩张，控制能源管道和控制市场，支持缺少法治的能源富裕国。对于台湾问题，报告强调和平解决途径，反对两岸单方面改变现状的行为。最后，报告还十分关注中国的民主化，认为"只有在中国人民享有到自由与普遍的人权之后，中国才能尊重宪法与国际承诺"。

汉语事关美国的国家安全——美国早已把中国看成美国潜在的敌人，是美国新世纪的主要竞争对手。因此，美国在对待汉语这个安全语言上也是毫不怠慢。2005 年，美国参议员乔·利伯曼和共和党参议员拉姆·亚力山大在《2005 美中交流法案》中要求联邦政府在未来 5 年拨款 13 亿美元用于资助 9 个汉语教学和学习项目，就是最好的佐证。

另外，国际经济竞争加剧美国对汉语的需求：美国的亚太战略是美国 21 世纪的重点。汉语作为区域研究的一个重要工具直接影响到美国在亚太地区的地位与作用，因此美国非常重视汉语教育。同时，美国在处理美国、中国和台湾的关系上存在着这样的观点：美国试图借助汉语学习来加强美国政府官员和民众对中国大陆和台湾在政治、经济、文化等方面异同的熟悉和了解。

汉语在公共话语中扮演着越来越重要的角色，激烈的国际经济竞争需要美国的商业人员有良好的语言能力来与亚洲商人，特别是中国商人打交道，汉语也是登上中国快速列车的票，很多年轻人积极投身于汉语学习以早日成为"中国通"，从而方便来中国旅游或交流学习等。全球事务发展也需要美国公民有较高的汉语语言能力来处理各种与中国有关的事务。汉语对美国的国家安全的影响自不必说，无论是政治安全、经济安全、军事安全，还是文化安全，美国都想通过对语言和文化的掌握来达到对中国的控制。普通话作为一个全球的现象已开始走向世界的每一个角落，用普通话交流也已经成为很多华人集中区的通用语言，不难想象普通话有一天也会像英语一样成为世界通用语。

美国安全语言之汉语教育的战略目标主要是：首先，就美国的国家安全，特别是在太平洋地区的安全来说，美国试图通过对汉语及中国文化的了解和学习，帮助美国公民提升汉语能力，提升对中国的地理、历史、社会、政治、文化等，以保证美国在亚洲，特别是东亚地区的利益，保证美国在太平洋地区的绝对主导地位，阻止中国的崛起；其次，美国与中国的经济、贸易往来对美国的未来经济发展也非常重要，美国必须保证有更多美国人能用汉语，而不是英语来于中国商人打交道，以便在商务往来、贸易交流中取得更多的主动权，保证经济上的利益和优势；再次，随着越来越多的中国公民移民定居美国或到美国访问、交流，这都给美国社会增加了汉语的使用机会，为了保证美国国内的多语社会、多元文化的和谐发展，即保证语言的社会安全，美国采取很多措施，鼓励公民学习、使用汉语。

第四节 安全语言之汉语教育战略的相关法案

对于汉语这一安全语言，美国在新世纪初也制定了相关法案，主要有：一、2005 年 5 月的《美中文化交流法案》（S.1117）：新世纪以来，中国的迅速发展引起了美国的极大关注和恐慌。美国认为，中国的经济崛起对美国是一个全方位的挑战，美国需要既有职业技能又具备了解其他文化和多种语言能力的职员，这样才能保持美国在全球市场的领导地位。因此，2005 年 5 月美国民主党参议员利伯曼和共和党参议员亚力山大向参议院提交了《2005 年美中文化交流法案》，指出，"为我们的孩子们提供了解中国语言和文化的机会，将使他们在经济全球化过程中获得更好的获胜机会"，美国政府已经认识到，外语能力的匮乏给美国的国家安全、外交、法律实施、情报收集以致文化理解带来了许多负面影响，参议员利伯曼在法案中报告了一组美国 2000 年的统计数据：美国有 2200 万人讲汉语，但这些人当中 85% 以上是有中国血统，而在大学里，98% 的美国学生注册学习的外语都是欧洲语言，因此，他要求联邦政府在未来 5 年投资 13 亿美元资助 9 个汉语教学旗舰项目。利伯曼指出，美国需要花费时间和金钱来了解中国的语言和文化，这是和中国打交道的必备武器。参议员亚力山大更力主投资中国，投资中国语言文化教学，他不无远见地指出：历史已经表明，与其把成千上万的美元用于外援，不如适度投资语言文化。交流法案一致认为，投资中文教育，增进两国的文化交流，美国的投入会获得更大的回报，法案要求美国政府 5 年内从联邦资金中拨款 13 亿美元，用于美国学校开展中文教学，以改善与中国的贸易和文化关系。二、2005 年 6 月的《扩大美国的汉语能力》：2005 年美国亚洲协会发布的该白皮书主要从学生的汉语学习、汉语项目的开展、汉语教师的发展三个方面探讨美国汉语教育的问题与解决办法。在汉语教师的发展方面，美国注重汉语教师教育项目的发展、具有可行性的汉语教师资格论证的替代方案的遴选、来美访问的中国汉语教师使用、中国的英语教师培训项目、美国汉语教师的在职培训和发展等；在汉语教学项目的增设方面，该文件指出美国拟加大中小学的汉语教学项目，并在大中小学各级教育间做好衔接工作，并加强对汉语教育现状的评估工作。在汉语课程方面，文件也提出就汉语课程、教材、评价办法等的新方案。文件最后指出，美国应充分开发现行的汉语课程，扩大汉语教育的范围和影响力，采用短期培训和长期培养相结合的方式解决当前师资的严重短缺问题；提升学生的汉语学习兴趣，促使更多的人学习汉语，把研究成果和现代技术充分融合到课程、教材、评价等中去，提高汉语教学效果；对汉语教育作长期投资，不仅仅是为了解决当下的问题。[①] 三、2006年的国家安全语言行动计划（NSLI）：教育部、国防部、国务院联合行动，2007年美国在关键语言上的财政资助为1.14亿美元，要实现三大主要目标：扩大国家安全急需的语言，如阿拉伯语、汉语、印地语、波斯语等，把学习外语的年龄提前些；增加在外语，特别是安全语言上的高水平学习，建立从幼儿园到高中毕业的管道式外语学习通道；增加外语教师的数量，扩大外语教学的资源。四、2006年的外语学习支持计划（FLAP）：这个计划是沿袭2001年的《不让一个孩子掉队》法案中对语言、阅读等的学习要求，目的是提高外语教学质量，扩大外语教育项目，尤其是在中小学，优先考虑像汉语这一类重要语言，各州的教育机构给予系统性的支持，资金资助范围在五万到四十万美元之间（表6-1），地方教育机构主要是支持地方上的语言教育，资助范围在五万到三十万美元之间。五、2008年的《汉语2008：一个不断扩展着的领域》，该法案回顾了新世纪以来美国汉语教育所取得的成就，但面对未来的竞争和挑战，美国的汉语教育还需解决以下问题：缺乏有效的协作机制，没有大中小学校连贯的教育体制来保证汉语学习者往高水平发展，没有让美国孩子更早学习汉语的机制，同时美国的汉语教

---

① "Expanding Chinese Language Capacity in the United States" What would it take to have 5 percent of high school students learning Chinese by 2015? http://AskAsia.org/Chinese.

师认证机制也有待完善，美国当前的汉语教师急需提升在职发展。① 六、2010 年的《应对挑战：为美国学校培养汉语教师》：该文件探讨了如何解决当前美国汉语教师短缺的问题，主要从汉语教师的招聘、培训和相关项目的发展来展开，美国打算把外来教师与本土培养结合起来共同提高美国的汉语教师水平，在本土教师的培养上，特别强调如何充分利用移民中的家族语使用者，以及如何保证本国的教师在资格论证、证书颁发上顺利通过。文件还推介纽约大学、俄亥俄州立大学、新泽西的罗格斯大学的汉语教师培养项目，文件还特别强调在职教师如何通过在职培训、继续教育等方式提高自己的教学水平。②

表 6-1　　美国的外语资助项目之——汉语项目（FLAP）情况

项目	2006 年	2007 年	2008 年	2009 年
数目	48（地方项目） 3（联邦项目）	22	5	36（地方项目） 12（联邦项目）
经费数目	$ 9.66	$ 3.65	$ 0.79	$ 7
总计：$ 21				

第五节　安全语言之汉语教育的战略措施和成效

美国公民一直把汉语看作是一个较难学习的语言，随着美国学生对汉语的学习兴趣越来越浓厚，美国扩大汉语学习计划，增强学生对汉语学习的兴趣，美国联邦政府和各级教育部门主要采取以下措施：首先是打造一批足以胜任的汉语教师队伍；其次增加学校汉语教学项目的数量，提升汉语教学项目的质量；再次，推出合适的汉语教育课程、教材和评估方案，包括基于技术的讲授系统（表 6-2、表 6-3）。

美国的各级汉语教学协会和机构都采取多样手段来提升汉语教学水平，早先的一些措施为美国汉语能力的培养打下了良好的基础，从 2006 年开始，大学协会在美国的中学开设高级水平汉语（AP）课程、普通话

---

① Chinese in 2008：An Expanding Field，Chinese Language Initiatives，http：//AskAsia.org/Chinese.

② Meeting the Challenge：Preparing Chinese Language Teachers for American School，http：//AskAsia.org/Chinese.

考试和中国文化考核；中国国家汉办和美国教育部联合推出的成功（CHENGO）在线汉语教育项目在美国的一些试点学校免费推出；另外，国家安全教育项目中的汉语 K-16 管道计划开通。把研究和技术融合到有效课堂教学、教材开发、课程评估、课程传授中去。

表 6-2　　　　2009 年部分安全语言的学生入学数和教师数量

	学生	教师	总计
阿拉伯语	820	317	1137
汉语	3143	776	3919
印地语	255	48	303
波斯语	139	29	168
斯瓦西里语	9	9	18
土耳其语	37	1	38
乌尔都语	52	13	65
总计	4455	1193	5648

表 6-3　　　　2009 年美国星谈计划项目的数量

	学生	教师	综合	总计
阿拉伯语	15	23	3	41
汉语	27	39	6	72
印地语	5	11	0	16
波斯语	4	4	0	8
斯瓦西里语	2	1	0	3
土耳其语	2	2	0	4
乌尔都语	2	3	0	7

一　汉语教育行动计划之五年规划

亚洲协会为汉语教育行动计划制订了一个五年规划，拟实现五大目标，第一目标是为学校新的汉语项目创造有利的条件；第二目标是加强并扩大现有的汉语语言旗舰项目；第三目标是增加美国汉语教师数量，提升汉语教师的水平；第四目标是促进领导力的发展、加强沟通；第五目标是增加汉语项目的数量。

二 美国的汉语教学进展

美国的 AP 课程和美国高中的汉语文化考试已经融入美国教育系统，成为美国中学生高中阶段或大学里学习的重要科目。中国教育部为美国提供了乘风汉语，也得到美国各级学校的欢迎和重视。同时，为加强美国的汉语教育，美国联邦政府也正在积极推行国家安全语言计划中的从幼儿园到 16 年级的汉语管道计划，在美国中小学（K-12）中通过树立意识、建立项目、加大资助等来保证语言管道计划的顺利进行，具体到汉语课程上，加强对项目问题的设计研究，充分考虑项目类型、教员选择、技术使用、中美联合项目、学校课程外的项目的可行性和连贯性等，对教材和课程的评估等也作深入、细致的分析。

各州比较有代表性的汉语行动计划：2008—2009 年芝加哥发起了汉语学习潮，约有 12000 名学生注册学习汉语普通话；2008 年 10 月，洛杉矶也发布语言学习决议，鼓励大家学习汉语等语言；纽约的汉语任务学习团在亚洲协会和中国学院的帮助下，发起汉语学习运动，越来越多学生融入汉语学习队伍中来。美国政府也与中国政府保持良好的协作和互动，在汉语教与学方面都做了不少努力，比如汉语桥、中美汉语教师互访项目、孔子学院和孔子课堂。

美国的印第安纳大学、俄亥俄州立大学和杨百翰大学等大学都有汉语旗舰项目。这些大学每年派出大量的学生前往中国，学生在完成一年的学习之后，可以在南京大学和青岛中心学习一学期的汉语、建筑、商业、国际事务、法律等相关专业课程，还可以到青岛参加实习，所获得的学分可以纳入自己大学的学士学位学分。

三 美国汉语教学的成功典范

在汉语教育方面，比较有特色的学校是俄勒冈大学和波特兰公立学校。他们在汉语教育方面走在美国的前列，为其他城市的汉语教育树立很好榜样，这些市级汉语教育计划的样例有芝加哥市、洛杉矶市和纽约市，在 2008 年到 2009 年间，共有 12000 名学生在芝加哥学汉语；2008 年 10 月的语言决议会议在洛杉矶举行，为洛杉矶的汉语学习营造了很好的氛围；纽约的汉语任务团（亚洲协会和中国学院）也大大推动了纽约市的汉语学习。州一级的汉语教育计划样例有以下一些州：康涅狄格州、印第安纳州、堪萨斯州、明尼苏达州、新泽西州、北卡罗来纳州、俄亥俄州、俄克拉荷马州、犹他州、威斯康星州。

美国的汉语虚拟教育项目：美国有 11 个州有汉语远程或基于网络的汉语学习项目；其中，有 11 个州提供汉语 I 级教学；9 个州提供汉语 II 级教学；5 个州提供汉语 III 级教学；7 个州提供 AP 水平考试，有 3 个州的项目在执行过程中。中国政府在汉语教育方面也做了努力，汉语国际推广办公室（汉办）为汉语在全世界的推广做出很大的贡献。汉语作为世界语言的推广活动在美国开展得也很好，汉办定期组织汉语桥代表团访问美国，同时也设立访问教师项目吸引有兴趣、有志向到美国教汉语的志愿者，另外广泛设立的孔子学院也是宣传中国文化、加强海外汉语教学的好方法，至 2009 年底，美国共建有 243 所孔子学院和孔子课堂，位列世界第一，孔子学院一般都设在高校，孔子课堂主要是在美国中小学（K-12）中开展。另外，美国大学委员会与汉办合作，开展各种活动促进美国的汉语教学，在美国大学委员会努力下，2007 年美国开始 AP 课程和考试；已有 1200 名教育工作者参加汉语桥代表团；另外在美国 32 个州的 130 多个机构的教师们大部分都是通过访问教师项目到美国；大学委员会还通过组织中国文化研讨会来促进中美文化交流，还有很多学生通过大学委员会的内设研究所里的中国暑期项目来中国学习交流。在美国，亚洲协会在汉语推广方面做了很多努力。

第六节　汉语教师的发展状况

美国汉语教师在教学中的挑战有：怎样激励学生，如何提高教学技能、如何适应美国的学校体系、如何利用现代信息技术改进教学，如何评价学生等。为提升美国学生的汉语能力、解决汉语教师匮乏的瓶颈问题，美国采取短期培养与长期培养相结合的方式来培养胜任的汉语教师。从短期培养的目标来看，就是要造就一批胜任教学的汉语教师队伍。为此，美国的州或地方政府加强和高等院校的联系，联合培养汉语教师；另外美国利用现成的资源，培训一些到美国访问的汉语教师使他们能适应美国的学校教学要求，迅速填补美国学校汉语教师的缺口。

在汉语教师不够的情况下，美国借助现代技术和多媒体资源，充分利用现有的汉语教师师资力量，使更多的学生能享用同一老师或同一组老师的授课。

汉语教师的资格认证也是制约汉语教师入职教学的一个主要因素，由于美国各州对教师资格的认定标准不一样，这给汉语教师在美国各州间的流动教学带来了困难，因此美国正在探索多州通用的汉语教师资格认证系统，有些州已经开启了这样的认证系统，这就使得那些从事汉语教学的教师们可以灵活地在各州之间流动。

从汉语教师培养的长期目标来看，美国高等院校及教育机构也投资全职的、长期的汉语教师储备项目。和其他语言教师的培训一样，美国也把在职教师的培训引入汉语教师队伍的培训机制中来。

在美国从事汉语教学需教师资格证和执照，美国设有安全语言教师培养快速路径计划，这个计划设在美国高校，为外语学习人员提供考证所需要的课程和技能，很多在美的中国访问学者都通过这个计划很快取得教师资格证书，还有不少教师参加中国英语教师培训计划来获取资格证书。

美国也非常重视对新教师的指导和培训，有学校里的现场指导，指导者当面指导新教师，并且与新教师定期召开研讨会探讨教学中的问题，也有通过电话和邮件进行指导的新教师培训。教学经验丰富的教师也会对新教师进行指导，汉语教师协会每年都会开展研讨会，共享各种信息。州或地方教育局也会开展各种形式的合作与交流，对学校和学区的汉语教学进行各种形式的支持。

美国汉语教学的成就离不开亚洲协会的努力，亚洲协会为汉语在美国的推广作了大量的努力。在亚洲协会的帮助下，美国成立了汉语推广小组，开展各种形式的咨询与合作工作，同时也有各种形式的教学培训，汉语推广小组通过教师职业培训或研讨等方式促进教师间的合作与交流。同时，充分利用已有网站、开发新的网络资源，共同提高汉语教学水平。在亚洲协会的推动下，美国联邦政府与中国汉办也开展多种形式的交流和合作，特别是在汉语教师的互相交换和联合培养上都做了很多的工作。新世纪以来，汉语旗舰项目在美国开展也很好，汉语旗舰项目已成为其他安全语言旗舰项目的表率。

本章小结

除阿拉伯语这一重点安全语言外，汉语这一安全语言也是比较有特点的战略规划语言，美国把汉语列为安全语言，主要是由于美国对中国的恐惧害怕造成的,美国力图通过加强汉语教育,使更多的美国人成为"中国通",这样就可以在语言、文化上取得主动权,保持优势地位,遏制中国。美国特别重视国防汉语教育,在军队建设和海外官兵的汉语教育和培训方面投入一直都很大;同时通过社区教育、家族传承语教育等多种形式开展民间汉语教育,美国注意多途径培养知晓或精通汉语的人才,并通过各种创新手段提高汉语这一安全语言的教学效果。

从安全语言的视角来看,美国针对汉语的旗舰项目和星谈计划项目已经有目的、有步骤地为军方、国防部门、情报部门培养了不少人才。同时,美国综合基础教育、高等教育、社区教育等多方面的力量,积极把现代技术融入汉语教育中来,培养大量的汉语教师来满足国家安全部门的需要。

总之,从政府的立场来看,美国把汉语定为安全语言有着很强的政治目的和意义,它有别于正常的美国汉语教育。作为国家战略语言,美国的汉语教育规划主要是应对国家安全的需要,新世纪以来美国在国防、情报等方面所取得的汉语教育成就与民间的汉语教育成绩在战略意义上是不一样的。新世纪以来,美国联邦政府培养了大批服务国家安全事务的汉语人才,这是最主要的,也是最重要的。

第七章

美国安全语言教育规划的成效与影响

第一节　美国安全语言教育规划的成效

一　"语言+区域研究+文化"逐渐增强

美国的外语教育经历了从不重视到重视的过程,"9·11"事件后,美国深刻地认识到外语教育,尤其是对安全语言的重视和投资不足已经给美国的国家安全、外交、法律的实施、情报机构和文化理解方面带来了负面影响,阻碍了美国在国外环境下的有效交流等。新世纪以来,美国林林总总的与安全语言教育有关的会议或法案无不昭示着美国迫切希望在各个领域加强语言与文化教育,特别是对美国的未来极有影响力的核心区域。因此,在联邦政府各种"糖衣炮弹"式资助项目的轰炸下,作为语言与文化教育的主阵地——高等学府也开始致力于语言教育,特别是政府高度关注的安全语言教育。由于美国教育系统中的外语教育,特别是安全语言教育的先天不足,高等院校在提升安全语言水平及相关的文化教育方面还都存在着这样那样的困难,为有效地组织相关的力量来发展美国高校的安全语言教育,各种相关机构和组织也就应运而生,承担着发起各种活动、协调部门间的合作等工作。不少高等院校成立了与安全语言教育相关的研究中心,有些大学早在19世纪末就设立了区域研究中心,在重视语言教育的过程中,出于跨学科的考虑,很多高校成立了外语与区域研究中心,比较有名的如:加州大学伯克利分校的外语与区域研究中心[①],该中心下设非洲研究中心、东亚研究学院、中东研究中心、南亚研究中心、东南亚

---

① http://grad.berkeley.edu/financial/pdf/flas_academic_year_announcement.pdf.

研究中心及塞尔维亚、东欧和中亚研究所。外语与区域研究中心是二战后在美国高等院校发展起来的重要机构。

在20世纪初,卡内基、洛克菲勒、福特等各种基金会开始为一些研究中心提供持续的资助。二战后,联邦政府成为最重要的语言和区域研究的资助者。① 在联邦政府资助下而成立各种语言与区域研究中心,把外语、区域研究及国际教育结合在一起,鼓励教师开展跨学科研究。各种研究中心对高校的外语教育,尤其是安全语言教育提供了很大的帮助。从联邦政府资助的各个高校的国家资源中心来看,中心在区域研究、国际关系和国际研究等领域也培养了大量的人才,同时中心也吸引了大量来自不同学科的学生。但由于这些中心或新的组织处在高等院校主流结构和教师职称体系之外,所以一直依赖外在的资助。

外语与区域研究中心自成立以来,成为高等院校开设外语课程、实施外语教育的重要组织机构,对高等院校外语的发展,特别是安全语言教育发展产生了重大影响,主要表现在以下三个方面:

一是外语与区域研究中心促使了安全语言教育的跨学科学习和研究。语言区域中心不仅把安全语言的教学和文学、文化联系起来,而且把语言学习和该语言国家或区域的历史、政治、经济等较大范围内的文化和文明联系起来。因此,在语言区域研究中心发展了大量和区域研究相联系的跨学科的课程。中心开设了大量目的语国家的地理、历史、社会等课程。二战后成立的语言区域研究中心改变了其原来对区域知识的重视高于语言的状况,把语言置于区域的前面,强调语言的学习。② 语言区域研究中心为被美国高校外语院系所忽略的高级的、跨学科的语言和文明学习提供机会:不同的区域研究中心提供该区域的语言及和语言有关的文化、历史、社会等知识的课程学习,目前美国的语言和区域研究中心几乎涵盖了东亚、南亚或东南亚、中亚、中东、俄罗斯和东欧、非洲、拉丁美洲和西北欧等世界每个国家和地域,为美国提供了大量的受过高级训练的现代语言、区域研究和世界事务的专家。

---

① Biddle S., *Internationalization: Rhetoric or Reality* [M]. New York: American Council of Learned Society, 2002. 14.

② Thompson R. T., Modern Language Teaching in the Uncommonly-taught Languages [A]. In Dale L Lange (Ed.) *Pluralism in Foreign Language Education* [C]. ACTFL Review of Foreign Education, Volume 3. Skokie, Illinois: National Textbook Company, 1973. 279–309.

二是外语与区域研究中心促使了大量安全语言课程及一些在美国不太被教的语言进入高等教育体系。如在1969年，在107个语言与区域中心，大约76种语言及有关这些语言国家的历史、政治等4000门课程。有15种语言的40%的课程知识集中在语言区域研究中心，而不是传统的院系开设的。① 尤其在20世纪末，由于许多高校废除了外语的入学和毕业要求，许多传统外语院系所提供的外语课程受到挑战，普遍被教语言的注册率急剧下降，但外语与区域研究中心所提供的一些对美国国家安全有着重要影响的安全语言课程并没有受到冲击，相对普遍被教授语言，其注册率反而上升。②

三是语言区域研究中心开设了大量供其他专业学院研修的课程，许多专业的学生注册学习语言区域研究中心的课程，他们把公共政策、健康、新闻的学习与安全语言学习、区域研究融合在一起。语言区域研究中心的结构为后来的包含外语学习在内的国际项目提供了可供操作的管理结构，把来自不同学术领域的教师集中在一起工作，这在学术上和管理上被证明是可行的。③

二 跨学科安全语言教育的多维发展态势

安全语言教育规划对美国高校外语学科的影响主要体现在教学目标、内容和科学研究等方面。尽管古典语言一直是美国高校的核心课程，并且是美国高等院校人文学科的重要组成部分，然而从19世纪末开始，随着美国大学的课程变得越来越实用化，现代语言教育更重视外语技能和读写能力，以满足国家经贸发展等的需要，但由于学术研究是大学的主要任

---

① Thompson R. T., Modern Language Teaching in the Uncommonly-taught Languages [A]. In Dale L Lange (Ed.) *Pluralism in Foreign Language Education* [C]. ACTFL Review of Foreign Education, Volume 3. Skokie, Illinois: National Textbook Company, 1973, p. 304.

② Allouche E. K., Expanding the Options: Curricula in Many Languages [A]. In Gilbert A. Javis (Ed.) *An Integrative Approach in Languages Teaching: Choosing Among Options* [C]. ACTFL Review of Foreign Education, Volume 8. Skokie, Illinois: National Textbook Company, 1976. 245-283.

③ Birch M., Statement for National Academy of Sciences on the Higher Education Act, Title Ⅵ, Part B, Centers for International Business Education, on behalf of Association for International Business Education and Research [R]. Presentation and written submission, Washington D. C.: National Research Council Committee to Review the Title Ⅵ and Fulbright-hays International Education Programs, 2006. 1-20.

务，外语院系一般都把文学、语言的学术研究和人文主义教育传统作为其在大学存在的逻辑基础，核心目标是提升学生的人文素养。但二战后，美国高校的外语教育规划把语言学习与区域研究及世界事务相联系，以满足国家安全、外交和经济实际需要为目标，从而提高学生的语言技能和国际意识，特别是"9·11"以来，美国外语教育的安全取向越来越明显，这也使得外语教学内容发生了很大的变化。在安全语言政策的引导下，不少政策项目明确规定支持现代外国语教学，而且还更多地资助历史、政治、经济、文学、社会学和人类学等与语言、区域知识相关的课程。

带有国际研究或区域研究性质的新型课程普遍开设，不同学科的教师共同担任跨学科课程，承载国际性内容，开阔学生的视野，分属不同学科范畴的学院和学系打破长期存在的界限和隔阂。

在安全语言战略思维的指引下，高等院校外语教育把语言学习与区域研究、国际事务、经济、政治、文化等联系起来，以满足国家安全、经济发展及外交需要为目标，从提高学生的语言技能和全球能力。语言教育目标的变化带来教学内容的变化。不少联邦政府政策项目明确规定支持安全语言教学，但也有不少资助是为了帮助学习者了解该语言国家或地区而开设诸如历史、地理、政治、经济、文学、社会学和人类学等课程。表7-1、表7-2分别是2002—2004年国家资源中心的不同学科专业硕士毕业生人数和比例及2001—2005年外语和区域研究奖学金项目学科专业的毕业生人数和所占比例。[①]

表7-1　美国国家资源中心2002—2004年硕士毕业人数和所占比例

学科	毕业生	比例（%）
外语语言与文学	1159	9.07
区域研究	1077	8.43
全球/国际关系研究	884	6.92
国际/区域研究	830	6.50
教育	792	6.20
卫生保健	774	6.06
商务管理	671	5.25

---

① O'Connell, M. E. & Norwood J. L. (Eds.) International Education and Foreign Languages: Keys to Secure America's Future [C]. Washington D. C.: The National Academies Press, 2007. 94-95.

续表

学科	毕业生	比例（%）
历史	559	4.38
政治学	461	3.61
法律	344	2.69
人类学	341	2.67
英语	286	2.24
经济学	253	1.98
公共政策	252	1.97
国际商务	235	1.84
艺术/艺术史	229	1.79
155种其他学科	3626	28.39

表7-2　　　　2001—2005年外语和区域研究奖学金项目硕士
毕业生人数和所占比例

学科	人数	比例（%）
区域研究	2638	16
历史	2126	13
人类学	1964	12
外语语言与文学	1950	12
政治学	1047	6
国际/区域研究	688	4
法律	466	3
语言学	454	3
宗教研究	437	3

从上表可以看出，联邦政府资助的国家资源中心以及语言与区域奖学金项目实现了外语教育的跨学科的发展，项目资助了更多的学科，不仅扩展了外语教育学科的发展，而且促进了这些学科的国际化。许多高等院校在项目资助下开发了新的以全球、国际和区域研究为内容的主修和辅修专业。一些高等院校增加了大学生毕业的语言种类和水平要求。这些国家资源中心把国际化、全球化的成分融入高等院校的学科专业中，给一些专业如商业、法律、医学等的学生提供可供选择的课程和辅修学位，一些专业

学位项目如公共政策、健康、新闻已经把区域研究与学习融合在课程里。此外，国家资源中心、语言资源中心等机构与大学的各个学院系所合作开发课程，接受国际学者，开展各种国际性的活动，加快学校课程和校园文化的国际化转型。①

美国语言文化的总体发展目标是希望在经济全球化的契机下，利用"语言战略武器"来向全世界尤其是安全语言区域传播美国的意识形态，推销美国价值观，实行美国文化在其他文化中的渗透，从而使美国的语言文化走向世界，最终实现"全球文化的美国化"和"美国英语的全球化"。

安全语言战略下，美国高等教育机构的转型与升级：美国外语教学委员会、安全语言各相关语种的教师协会，如阿拉伯语教师协会、汉语教师协会应运而生。很多不太起眼的语言教学协会越来越成为安全语言学习的重要基地或机构。

三 美国高校安全语言课程政策转向明显

安全语言课程指导思想与目标的转向：安全语言课程指导思想是语言教育的服务性、实用性高于语言教育的人文性。

与职业相关的安全语言课程，把安全语言、文化与其他相关专业知识相结合，如商务语言类、法律语言类、医疗语言类，目的是能在实际教学中把实际社会事务或情景卷入进来。跨学科类的安全语言课程有两类：跨院系的课程或是院系内部跨学科课程，把安全语言和区域学习、国际事务等学科相结合的跨院系的课程在美国高校也越来越多，如：中东研究——阿拉伯语，远东研究——汉语，外交学——俄语。院系内的跨学科课程主要是由外语院系内的老师开设的，如宗教文化——阿拉伯语，儒家思想——汉语。

安全语言课程逻辑基础的转向：高等院校外语课程的逻辑基础早在中世纪大学诞生之时就确定为古典语言教育。美国在殖民地时期建立的大学

---

① Metzler J. M., Challenges for Title Ⅵ Programs of Outreach in Foreign Language and International studies [A]. In J. M. Hawkins and C. M. Haro. (Eds.) *International Education in the New Global Era: Proceedings of a National Policy Conference* [C]. Los Angeles: International and Overseas Program, University of California, 1997. 17-133.

在外语课程目标的定位上也几乎一直都沿袭着古典教育的目的。然而,两次世界大战期间,外语课程内容开始强调听说等交流性的技能,外语教育的逻辑基础开始发生变化。二战后,高等院校外语教育的逻辑基础不再是单一地强调人文价值,而是强调满足国家和个人的职业以及促进人类理解和思维训练等多样化的逻辑基础,而正是这些变化进一步带来了美国安全语言课程定位和发展的变化。把国家安全目标放在突出地位的安全语言教育,其课程定位显然是以实用主义和功利主义为基础的,正如布合所说:"用语言课程来解决所有问题,而不是去制造氢弹等,因为语言课程可以提高学生对其他国家文化的理解力,减低学生的地方狭隘主义,从而最终避免战争。"① 同样的还有皮尔的观点:"美国人懂一个国家的语言和文化甚至比物理学家更加重要,一个物理家制造炸弹毁灭世界,但是一个翻译家却可以防止战争的爆发。"② 这更是语言课程实用观的有力证明。

5C 原则引领下的安全语言课程标准的偏向:在美国 5C(交际、文化、比较、联系和社区)外语课程教学标准的引领下,美国的现代外语教学比较偏重文化与交际,对社区和比较的重视不够。

美国安全语言课程特色明显,成效也较显著

美国安全语言课程更是以服务于国家利益为核心,相关课程的实施与学习方式处于不断改革创新之中,基于计算机辅助的教学方法或模式是这些语言课程的显著特点。以短期训练为主的暑期浸入式学习或学期内集中式学习也很普遍,同时这类语言学习更强调个性化学习、独立自主学习和海外实践学习。

美国高校普遍开设安全语言课程

高校重视开发安全语言与文化学习课程,重点培养精通外国文化,尤其是国家安全战略关涉区域的语言和文化的"世界公民";同时,高校采取多种方式保证安全语言课程的教学质量,把安全语言课程与理工科的课

---

① Buehner W. J., Language Study Versus the Hydrogen Bomb [J]. *The Modern Language Journal*, 1952, (2): 80-83.

② Peyre H., The Need for Language Study in America Today [J]. *The Modern Language Journal*, 1956, (6): 323-334.

程内容结合起来，开设暑期个性化外语课程，开设实践类异域风情体验课程，举办安全语言文化系列展览、讲座、影视等；专门开设安全语言类本科课程。

语言本科课程一般要持续 4 年或者 5 年，面向所有专业的学生提供外语达到专业水平的机会。为本科生开设的语言课程在设计时考虑到与学生主修课程的协调问题，为学生们学习数学、历史或者政治学等课程提供便利。由于外语学习能够与学生的其他学术兴趣有效地结合起来，它已经成为学生本科教育的一个重要组成部分。每一所接受资助的大学都必须至少举办一个本科层次的语言课程项目，这些项目分散在美国各地的 20 多所大学当中：阿拉伯语由 5 所大学具体负责，分别是俄克拉荷马大学、马里兰大学、密歇根州立大学、密歇根大学和得克萨斯大学；汉语由亚利桑那州立大学、布里恩那瓦尔学院杨百翰大学、印第安那大学、俄亥俄州立大学、俄勒冈大学和罗得岛大学等 5 所大学具体负责；乌尔都语由波特兰州立大学、密德波瑞学院和加州大学洛杉矶分校 3 所大学负责；土耳其语由布里恩那瓦尔学院负责，波斯语由密西西比大学负责；北印度语由得克萨斯大学奥斯汀分校负责；韩语则由夏威夷大学负责。以下是一些有代表性的学校的安全语言课程的设置情况。

俄克拉荷马大学的阿拉伯语课程：旨在使学生们在学习商业、工程、历史、健康、新闻、政治、法律、区域研究等专业课程的同时把阿拉伯语提高到高级水平。课程的学制为 5 年，致力于帮助学生在毕业时阿拉伯语和专业领域都达到优秀，学校提供的奖学金足够支付学生的学费和部分生活费。在前 3 年的学习中，学生主要学习阿拉伯语的核心课程。在语言课程开设的同时，还有一些课程，如"阿拉伯语媒体与政治""透过当代小说看阿拉伯文化及其社会""透过电影了解阿拉伯文化""当代阿拉伯文学流派""伊斯兰宗教文本阅读""天方夜谭""当代埃及历史、什叶派政治及其宗教拥护者"等以帮助学生深入了解和学习阿拉伯语言的相关背景知识和文化、宗教等。

俄克拉荷马大学的阿拉伯语课程形式多样：有班级讨论与辩论，也有个人与小组项目；有口头陈述要求，也有书面写作要求，同时也开展个性化写作指导。为了巩固课程教学质量和向学生提供课外使用阿拉伯语的机会，该项目还在校园里举办各种活动，如在俄克拉荷马大学的宿舍区建立"阿拉伯语屋"，凡是进入该楼的人都只能讲阿拉伯语，在餐厅永久设立

"阿拉伯语餐桌";定期让学生观看阿拉伯语电影并展开讨论;学校也经常主办与阿拉伯文化、艺术、音乐和书法等相关的主题校园活动。该校的学生们可以申请参加埃及亚历山大的阿拉伯语旗舰项目。在俄克拉荷马大学完成两年的阿拉伯语学习之后,学生们就可以申请为期 10 周的暑期项目;同样,完成四年的学习之后,就可以申请为期 1 年的海外学习项目。只要是俄克拉荷马大学的全日制学生或者被俄克拉荷马大学正式录取的学习者都可以申请学习该课程,同时申请者还要有一定的阿拉伯语的学习经历,把阿拉伯语学习当作长期的事业目标,承诺完成全部阿拉伯语旗舰项目,争取阿拉伯语水平达到优秀级,学分绩点(GPA)达到 3.25 或者以上。

亚利桑那州立大学的汉语课程:要求学生在第一年全部学习汉语普通话原版教程,课程内容涉及中国文化、社会和全球化。"汉语与专业学习""科学、技术与人文在中国的融合""中国医学史""前近代中国的城市生活与文化"等都是该项目开设的创新性课程,其宗旨在于指导学生有良好的语言方法以提高语言技能。该校学生在完成一年的学习后,可到南京大学学习一学期汉语,主要是通过汉语学习进入相关专业课程。学生所学习的专业课程包括建筑、商业、国际事务、法律等。课程实施的具体方式包括个性化或者小组项目陈述、课堂讨论与辩论、个性化写作指导。在完成课程学习之后,学生们可以到青岛参加课程实习。通过旗舰语言项目获得的学分可以在亚利桑那州立大学获得学士学位。申请该项目的学生必须具备下列资格:汉语水平介于中级到高级之间;已经完成汉语文化必修课程和一学期的古代汉语课程;学分绩点不低于 3.25 分;致力于通过学习和分享中国文化并把汉语提高到高级水平。具备资格的学生根据学术表现会得到"教务长奖学金""校长奖学金"和其他旗舰奖学金的资助,这些资助可以帮助学生们解决学费和部分生活费。

波特兰州立大学的乌尔都语课程:主要包括当代乌尔都语、早期乌尔都语和乌尔都语巴基斯坦方言三个部分。毕业生可以获得相应证书或者学士学位。该课程的特点是:全日制精读课程学习为主要方式;该校用乌尔都语教授语言和文化课程;课程教学中强调听、说、读、写、译能力;重视从多元主题角度对巴基斯坦进行区域研究,内容包括"南亚地区的宗教角色""伊斯兰文化""阿拉伯与巴基斯坦关系""埃及、叙利亚、黎巴嫩和伊拉克的地缘政治环境""阿富汗的形成与转型"。该校有时候会邀请到杰出的乌尔都语语言专家开设讲座，以便建立语言伙伴关系、开展文化交流和进行实地旅行。

布里恩那瓦尔学院的土耳其语课程：接受中亚土耳其语海外旗舰学术委员会的指导，由该校联合其他几所高校和语言中心负责组织实施，宗旨是为商业、政府、学术界和服务行业培养能说、读、写并精通文化的语言专业人才。课程持续时间为9个月，授课方式包括常规辅导、小班授课和正式与非正式相结合的专业语言使用、短途旅行等。高级学员可以前往土库曼斯坦、哈萨克斯坦、吉尔吉斯斯坦和乌兹别克斯坦等地学习该国语言。学员通常与当地人居住和生活在一起，并参加当地大学的正规专业课程学习。申请者必须已经具备中高级的语言水平，传统语言学习者尤其受欢迎，所获得的学分可以得到承认并转换成研究生课程学分。学生动身前的准备包括接受培训，准备事故和伤病保险，配备专职主任等。

密西西比大学的波斯语课程：设有两个研究生项目，一个是波斯语专门研究研究生证书，另一个是波斯语专门研究硕士学。已经拥有波斯语初级水平的学生都可以申请。课程的主要内容涉及当代伊朗文化、政治与国际关系，课程内容与学生的研究兴趣和专业联系在一起。学生们第一年在该校学习波斯语精读课程，第二年前往塔吉克斯坦首都杜尚别的"杜尚别语言中心"和"塔吉克斯坦国立大学"参加为期一年的浸入式体验和感悟阿拉伯文化活动。

得克萨斯大学奥斯汀分校的北印度语课程：北印度语和乌尔都语在非正式口语形式中区别不大，但在书面语词汇、写作、文化和文字传统方面存在差异。该课程的主要授课形式是准备资料、开展讲座、表演、文化节、学术活动等。具体安排包括：第一学年为10个语言学时，第二学年为9个语言学时，主要在高级阶段；第三学年采用海外语言浸入学习法，地点在印度的斋浦尔和勒克瑙；研习北印度语和乌尔都语课程教学的内容和方法；接受指导教师的辅导。该项目主要是为那些对南亚、北印度和乌尔都语感兴趣的学生开设。对那些语言资质较好但原先没有学过北印度语和乌尔都语的学生，该校还为他们开设暑期课程以便为下一个学年做好准备。参加学习的学生包括文科、工程、无线电视、商业、医学等诸多科目。完成学业之后，学生们大都运用语言特长在美国政府、非政府组织、医院、大学的研究生院等部门工作。

夏威夷大学韩语课程：依托檀香山和夏威夷大学校园丰厚的韩国学生

资源和文化氛围，旨在通过韩语和韩国文化的教学为美国学生在选定的学术或职业领域流利地运用韩语做好准备。该校的韩语学习项目可分为三种，分别是"短期证书课程""文学士课程"和"文硕士学位课程"。证书课程于2010年暑期开始举办，其中在该校本部持续8周，随后在高丽大学进行为期1年的学习。"文学士课程"学期3年，总学分为38个，随后在高丽大学学习1年。申请者必须是美国公民，必须具有良好的语言基础。该校倾向于录取政治学、经济学、社会学、历史学、心理学、商业、医学、护理、社会工作、工程等专业的学生。"文硕士学位课程"为期两年，第一年学生在该校接受精细式个性化"任务语言课程教学"；第二年到韩国首尔的高丽大学接受浸入式学习，学生可以参加课堂讨论、专业实习并接受韩国同行的辅导。申请参加的学生必须是美国公民，必须具有文学士学位或者相当学位。申请人的专业不受局限，学员需要完成34个学分的课程学习，并需要证明自己已经达到韩语优级水平并有能力在专业领域熟练运用韩语。合格者可以从东亚语言文学系获得韩语专业文硕士学位。许多毕业生充分利用他们的韩语特长，在美国的国务院、国防部、商务部等政府部门工作，也有学生以韩语专家的身份在公司工作。有的毕业生则继续攻读"国际关系"或者"国际政治"的研究生。

密歇根州立大学的阿拉伯语课程：对全部本科生开放，但申请者需要具有良好的学术记录、浓厚的志趣。学生们在用阿拉伯语完成专业课程学习的同时还可以自主选择科目。所有课程都围绕提高文化意识和技能而展开。课程的主要特色有：持续4年的阿拉伯语基础课程和专业课程教学；学生选择用阿拉伯语教学的通识教育课程；四年级的专业毕业论文或者实习报告用阿拉伯语完成并答辩；到埃及的亚历山大大学感受阿拉伯文化；创建电子公文包以显示运用阿拉伯语的技巧；建立一个与阿拉伯人共同生活和学习的支撑性环境；课外活动包括参观当地文化名胜、观看电影、参观企业等以提高实习体验。

安全语言教育规划下美国教育国际化的发展演变

安全语言教育规划大大影响了美国高等教育中的语言和文化教育，美国高校中的外语教育的重心逐渐发生改变，美国前所未有地加大了对安全语言的重视，特别是像阿拉伯语这样的紧俏语言越来越受到学生们的青睐和追崇，伊斯兰文化、儒家经典思想等越来越多地走进美国的课堂，美国高校在安全语言和文化的课程设置方面也在不断地调整，以适应全球化时代，政治、经济、文化等对语言教育的要求。美国高等教育国际化的趋势也在悄悄地发生着变化。新世纪以来，美国高等教育国际化越来越面向中国市场，汉语和中国文化在西方国家受到了前所未有的重视。

教育国际化向安全语言相关地区有明显倾斜

课程国际化服务于国家安全，2003年8月国会议员鲁斯·霍特向议会提交《国家安全语言法案》指出："如果不致力于学习世界重要地区的语言与文化，我们将无法再保持国家安全，我们在海外的军队和国内人民的安全要求我们迅速行动起来以解决国家需要的安全语言人才短缺问题。在这个问题上不作为不仅是不负责任的，而且是危险的。"

2006年1月5日，美国国务院和教育部联合举办"美国大学校长国际教育峰会"暨"国家安全语言计划"启动仪式，美国总统布什率国务卿、国防部部长、国家情报局局长、教育部部长等政要和来自美50个州的120多位大学校长一同参加了由美国国务院、教育部、国防部和中情局联合举办的这次会议。会上布什在发言前直截了当地表达了他对《国家安全语言计划》的坚定支持，并强调《国家安全语言计划》的宗旨是保卫美国的国家安全，其短期战略目标是为反恐提供工具，长期战略目标则是传播美国的"自由""民主"价值观。

布什认为美国必须拥有一支精通外语的军队，必须在国外的战场上把恐怖分子粉碎，从而避免他们前来美国本土采取行动；美国要造就能够前往遥远国家的农村、乡镇、郊区和城市中心进行交流的人员，当有人用阿拉伯语、波斯语或乌尔都语等语言交谈时，情报人员要知晓其谈话内容，美国情报人员能够运用当地语言，说服外国政府联手打击恐怖分子，摒弃其难以置信的落后意识形态，会说对方的语言意味着了解对方的文化，表明了"我关心你""我对你的生存方式感兴趣"这样一种姿态；从长期战略目标看，美国要通过传播"自由"和"民主"的理念保卫美国，要改变外国人心目中美国人"欺凌弱小"的观念；合理利用资源的方法，就是推行从中小学到大学的语言行动计划，同时鼓励世界重要地区的本族人前来教授语言；美国人有信心和能力去与别人一起传播"自由"思想。

教育部部长斯佩林斯表示教育部支持大学与当地中小学建立伙伴关系，帮助中小学教学阿拉伯语、汉语、朝鲜语、北印度语、乌尔都语和其他安全语言。如开设相关课程,开设国际学者讲座,为安全语言学习提供奖学金,并为前往中东、亚洲、非洲、中美洲、南美洲等非西欧国家进行访问学习开辟通道。[①]

截止到 2006 年秋,从事汉语、阿拉伯语、俄语教学的高校分别为 661 所、466 所和 484 所,"9·11"之后的 2002—2006 年美国高校学习外语的总人数从 1397253 人增长到 1577810 人,增长幅度为 12.9%。与传统外语欧洲语言教学的"止步不前"和"负增长"相比,以服务于反恐需要的安全语言的教学却获得了"跨越式发展"。2002—2006 年阿富汗的官方语言普什图语增长幅度竟然高达 635.7%,其他增长比例最快的 7 种语言依次为法尔西语(伊朗官方语言)、阿拉伯语、乌尔都语、波斯语、汉语、朝鲜语、北印度语。

随着美国政府语言战略的开展和实施,美国安全语言教育将迎来"黄金时期",尤其是在阿拉伯语和汉语教育方面。

亚非拉地区留学生大幅增加,安全语言的学习热情高涨

"9·11"后,"服务于国家安全战略"成为压倒一切的理由。"从历史上看,尽管各个时代的教育目的在提出与制定、贯彻与落实过程与方式上有着显著的变化与差异,但是由社会政治主体——统治阶级来控制这个过程,决定教育目的的内容和形式、性质和方向,却是一致的、相同的"[②]。无论是美国普通民众还是政府部门,包括情报部门和美国国会,都支持、鼓励学生学习外语,尤其是与国家安全高度相关的语言。

情报及职能部门急需外语能力强的国际化人才,对于美国政府及其职能部门而言,"9·11"是一场非常规战争,需要辅之以非常规的手段加以解决,对异域语言、文化和情况的急切了解,促使美国学生积极学习安全语言。情报部门对安全语言人才求贤若渴。美国政府深刻意识到国内的孤立主义、自我中心主义与其作为世界第一经济、军事与政治大国的地位极不相称。美国最重要的情报机构在恐怖袭击事件之后的几年里明显感受到安全语言人才的匮乏。就连美国联邦调查局(FBI)也不得不承认,他

---

① Remarks Delivered by Secretary Spellings at the U. S. University President Summit on International Education, http://www.ed.gov.news speeches/2006/01/01062006.html.

② 成有信:《教育政治学》,江苏教育出版社 2000 年版。

们在为缺乏中东和南亚地区的安全语言人才感到头痛。虽然联邦调查局的工作重点是打击地区恐怖主义，但是他们却很难找到掌握阿拉伯、伊拉克、伊朗、巴基斯坦等地区的语言和区域知识的雇员。所以，在遭遇恐怖袭击之后的连续几年里，美国的相关部门和人士都发出了加强安全语言和重点区域知识教学的呼声，他们一致要求加强安全语言的学习，要把美国的外语教育与国家安全利益、反恐战略和美国的价值观传播紧紧联系起来。

国会通过资助安全语言学习与交流法案。美国众议院通过HR1469号法案，要求从2007年开始每年投资8000万美元，确保100万美国本科生到国外学习的机会。在2016—2017学年，美国出国交流学习的大学生达到64万人。[①] 美国参议院拨款委员会为此每年专门拨款200万美元用于派出学生海外学习的项目。

美国安全委员会强调国家对安全语言的了解和教育的责任：美国"9·11"委员会报告建议，美国需要加大对大学生安全语言学习的支持和资助，鼓励学生到国外学习、交流合作，并认为这些项目是塑造下一代美国人的态度和开放思维的最有力的工具和武器。2008年，美国"9·11"委员会前主席托马斯·肯和前副主席李·哈弥尔顿强烈要求参议院完成《参议员保罗·西蒙国外学习基金法案》，认为对世界的无知是国家的责任，美国再也不能失去这次的机遇。在竞争日趋激烈的国际环境中，接受过高等教育的美国公民如果缺乏对世界的了解，或者没有切身体验外国人如何看待美国人，那么美国就不可能有效地开展国际行动，就不可能说服外国政府接受美国的思想，就很难影响国际舆论，所以美国必须满足大学生了解世界的急迫需求。

布什政府发表的美国《国家安全战略》报告和国防部发表的《四年防务评估报告》都清楚表明美国全球战略的核心目标就是要确保美国在全世界的优势地位，政府最关注的是那些在地缘政治上对美国国家利益至关重要的地区。根据美国国防部掌管的"国家安全教育项目"公布的资料，全世界总共有6大地区的约87个国家被认为是美国未来国家安全的防御重点，美国的学生需要学习这些地区的政治、经济、文化、地理等，在该

---

① Paul Simon, *Securing Ameria'Future: Global Education in a Global Age* [R]. Association of International Educators, http://www.nafsa.org/_/Document/_/securing_ameria's_ future.pdf.

地区通用的主要语言就是安全语言。所以，美国的国家战略规划到哪里，美国学生的语言学习要求和境外交流项目就指向哪里。

美国学生的国际流动加快安全语言教育的步伐

美国大学生积极、踊跃地参加国外学习，往安全语言地区或国家的学习人数不断增加，不同类型、不同层次的高校成为实施美国国家战略的实实在在的行动主体，在"国家安全教育项目"的资助下，美国每年都有200多所高校积极地向安全语言地区派遣3000多名学生[①]，大学的层次从哈佛、耶鲁等一流大学到史密斯学院、巴纳德学院、社区学院等。

受到美国联邦政策的鼓励和安全语言资助项目的驱动，很多高校都自觉或者不自觉地参与到服务于美国国家战略的行动中，有的高校表现得非常积极，例如，纽约大学的学生出国学习比例持续增长，连续多年成为美国派出学生人数最多的大学。从出国学生的学科和专业来看，覆盖面广，广泛涉及国际事务、区域研究、历史、语言学、文学、商业管理、政治学、公共管理、城市与地区规划、社会学、传播与新闻、公共卫生、生物学、环境学、计算机科学、地理学、心理学、教育学等诸多学科领域。

从安全语言的学习来看，印第安纳大学、俄亥俄州立大学和杨百翰大学等每年派出大量的学生前往中国，学生在完成一年的学习之后，可以在南京大学和青岛中心学习一学期汉语、建筑、商业、国际事务、法律等相关专业课程，还可以到青岛参加实习，所获得的学分可以纳入自己大学的学士学位学分。得克萨斯大学奥斯汀分校把印度当成一个重要的目的地，大三的学生前往印度的斋浦尔和勒克瑙，主要通过海外语言浸入的方法学习北印度语和乌尔都语，同时接受当地指导教师针对印度教习俗进行精细化辅导。夏威夷大学学生的主要去向是韩国，学生需要前往高丽大学进行为期一年的学习。马里兰大学则是派学生前往埃及的亚历山大大学和叙利亚的大马士革大学学习古埃及文化和叙利亚穆斯林什叶派的教旨主义。密西西比大学主要针对塔吉克斯坦，该校要求学生去塔吉克斯坦国立大学参加为期一年的浸入式体验学习和感悟阿拉伯的文化活动。佛罗里达农业与机械大学的"全球机会"就是为了培养学生的国际意识、加深对黑人学

---

① List of Current Boren Awardees, 2010 Boren Fellows.

生群体的理解，该项目已经被正式纳入常规教育，包括一个学期的肯尼亚旅行学习体验和一个三个月的短期多米尼加共和国旅行学习体验，同时该校正在推出前往中国学习的项目。

"9·11"后美国境外的安全语言教育发展状况

美国学校加大力度在安全语言地区开设境外分校或合作项目。在战略重要地区开设境外分校或合作办学是移植美国办学模式、加大美国对安全语言地区控制的最为直接的一种手段，这既可以为美国常驻安全语言地区的公民提供与美国本土完全一致的教育，也为本国学生提供了解安全语言地区的语言和文化的窗口，还可以为安全语言地区的外国学生提供美式教育，为他们提供更多选择机会接受高等教育，从而加强对这些地区的人们的民主输出或语言、文化的同化。

境外分校及合作项目集中在安全语言区域的一些历史文化名城："9·11"之前，美国大学的境外分校设置具有较强的自主性、自发性，通过英语这一世界通用语，美国在许多国家的首都和历史文化名城建立教育合作项目，许多国家的首都和世界性城市都成为美国高校建立中心、交流处和合作办学的最佳地点，如日本的东京，韩国的首尔及中国的北京、上海、南京等。当然，许多被美国大学瞄准的教育交流与合作的城市也不一定是政治、经济和金融中心，很多情况下，城市的历史与文化品味则更容易成为美国大学的选择要素。美国大学举办境外分校和合作项目最为集中的城市依次为：日本东京、韩国首尔、中国北京、中国香港。

在基础教育方面：新世纪以来，与安全语言相关学生的入学状况发生了较大的变化，选择学习安全语言的人数逐渐上升。但教育投入大了些，成效尚不是很明显。这突出表现在虽然安全语言教育在联邦政府机构间暂时地、小范围地解决了安全语言人才的紧缺问题，但安全语言教育规划的可持续性问题仍值得关注，美国对安全语言教育规划的投资会持续多久，随着美国对国防部、情报局等经费资助的削减，美国还会坚持对安全教育大量投资吗？

另外，在公民教育体系中，安全语言教育规划使得普通的语言与文化教育遭遇了"应急性的、功利性的、工具性的"语言教育的冲突，两者之间的差距和矛盾使人们看到了美国安全语言规划的工具价值。

第二节　美国安全语言教育规划的特征

美国安全语言教育规划的重点：美国安全语言教育分为国防安全语言教育和公民安全语言教育两个部分。美国霸权意识特别强烈，总是竭力向世界推销所谓的民主思想，美国不希望其他思想意识或文化强过自己，因此，美国安全语言教育规划的指向非常明确，直接为服务于国家利益。确保美国的国家安全，保持美国的世界霸主地位，免遭恐怖事件的影响。美国的安全语言教育重点是在国防安全上，国防部、情报部、外交部等联邦机构的语言人才就成了国家先锋队，美国不惜一切代价保护国防安全，语言和文化成为新时代保护国家安全的重要的法宝。因此我们不难理解为什么美国在国防部、情报机构等方面花费了如此多的人力、物力和资金投入，而公民的安全语言能力培养是作为国防教育的储备库来考虑的，虽然公民的语言教育有着自己的需求和发展节奏，但在国家安全的框架里，公民语言教育始终是国防语言教育的辅助、储备和补充。

美国安全语言教育规划的特点：由联邦政府主导，从顶层设计开始，规划严密全面，既保证国防的安全，也保护社会和经济的安全。国防安全语言教育和公民安全语言教育相辅相成，互为补充，国防安全语言教育是公民语言教育的先锋队，公民语言教育是国防安全语言教育的储备库，实现军民共建和资源互通。

规划优势：语言和文化是无形的武器。新世纪以来，语言的安全功能凸显，语言规划已被提升到国家战略的高度，是国家安全的重要屏障。美国的安全语言教育规划有着应对国家安全的预警管理机制，而且美国也建立了相应的管理、协调和监督机构来保障语言规划的开展。美国已经意识到外语技能和文化知识对保持美国的国家安全和经济竞争力的重要性，"民间语言学家储备团"显示了民间语言储备的重要性。总之，美国的安全语言规划集政治、经济、文化、外交等安全利益于一体，有着不可比拟的优越性。

一　联邦政府主导的安全语言教育规划

安全语言教育规划从最根本上来说还是一个由美国政府主导的为维护美国世界霸权地位、实现美国进一步统治世界野心的战略。美国的安全语言教育规划从整体上来说是一个联邦政府主导的"国家化"的战略规划，其重点放在国防部和情报部门等机构。联邦政府是安全语言教育的领导者和管理者：联邦政府展开安全语言教育的规划工作，制定安全语言教育计划表；联邦政府协调安全语言教育的开展，成立专门的国家外语协调委员会，制定《国家外语协调法案》；联邦政府设定奖学金标准、设立奖项管理学生；联邦政府制定全国性的综合语言教育政策与计划。

各级教育机构和单位是实施安全语言教育的载体，学校是安全语言能力培养的实施机构，作为公民教育主体的学校教育，特别是高校须担当起安全语言教育的重任。国防安全语言教育作为先锋队，有着美国特有的特色，安全语言教育规划的管理需要良好的合作与协调。

二 联邦政府各机构间的"通力合作"

美国安全语言教育规划需联邦政府的各部门的通力合作、齐抓共管与层层落实。与世界其他国家发展语言教育的最大的不同点就在于美国在规划语言教育时，重视充分调动教育部、国防部、国务院和情报部门的集体力量，国防部和情报局的作用空前强大，这也是美国联邦政府非常特别的举措。作为对安全语言和战略地区的支持，国家语言办公室或国家语言咨询机构将重心放在国家利益下的语言规划服务，美国的国家利益包括国家安全、经济竞争和社会健康发展。

三 以语言作为武器来强化国家安全

美国的安全语言教育发展历程起起伏伏，在 20 世纪 70—80 年代，俄语在美国很受欢迎，这主要是受斯波尼特事件的影响；而到 20 世纪 80—90 年代，日语又开始流行起来，主要是由于日本经济的高速发展；新世纪的阿拉伯语和汉语的兴起，主要是"9·11"所致，这种明显的重大事件的导向性作用致使美国总离不开语言这一保卫国家的重要武器。

美国安全语言教育的目标是以语言、文化、地区知识的学习来强化国家安全。近期目标设立了明确的内容和完成时间点，更为具体，更可操作，也更有利于评估，但因时间、资源等有限，近期目标难以促使教育得到全面进步。长期目标则有利于推动教育的全面发展，两者的有机结合是最佳的选择。美国安全语言教育规划的近期、长期目标的结合预示美国安全语言教育规划的良性发展趋势。安全语言教育规划的近期目标可以被看作是在国家安全的框架下，在军队、情报机构、法律部门、外交部中填补具有语言和区域知识的人员以保证美国的国家安全，维护美国的世界霸权地位。在各国均致力于通过教育提升公民素质的时代，美国高等教育一如既往地为升学和就业做准备。

美国长期的国家安全需求包括发展和保持对未来国家安全需求做出反应的能力，保持美国在全球市场中的竞争力，保持美国在科学技术方面的优势，拓展思维能力，使公民具备全球意识，由此，美国安全语言的长期目标也是保持美国的语言教育，特别是安全语言，在更广范围内的语言、区域知识、文化意识的教与学，以实现语言教育的人文教育与工具教育的双目标。

美国的语言政策是隐性的，而非显性的，在新世纪的美国安全语言教育规划上，美国在意识到了文明冲突和不对称势力对美国造成的危害时，前所未有地重视安全语言教育，美国拟通过加深对战略核心国家和地区的语言和文化的学习来达到其对世界的控制。因此，在美国，语言成了国家政权扩张的工具，通过联邦各部门的语言教育政策的制定和落实，语言成为国家之间的权力较量的手段，这种文化霸权和世界第一的思维已经渗透到各级部门和管理机构。

借助于阐释学的方法来分析安全语言教育规划，聚焦安全语言教育政策的意义、价值、感受或它们所传达的信念，以及人们解读意义的过程有助于更好地理解美国的安全语言规划。阐释性政策分析探究政策制定者意欲的政策意义及可能的各种变异的理解。政策分析需要建立政策意图基准，这是政策制定者制定政策的意义所在。由于对政策的不同理解往往会在执行中产生出新的问题，对于政策分析人士来说，去接受这些不同的理解很重要。

第三节　美国安全语言教育规划的影响

一　安全语言教育规划对国防安全的影响

安全语言教育规划的实施使美国联邦各执能部门的语言和跨文化交流能力得到了较大的提升，尤其是阿拉伯语、汉语、俄语、韩语、印度语等。具体表现在以下方面：

国防部的安全语言教育规划

国防部的现有各军种安全语言和文化能力不断提升,部队官兵、战士、外派人员的外语和跨文化交流、沟通能力成为军队选拔人才的主要标准。安全语言的语种也不断增加,特别是一些小国家或小地区的语言,由于其独特的地理位置或特殊的国情,使得美国不得不花费资金去资助对这些语言的学习,如索马里语、斯瓦西里语等。

美国各军种在安全语言教育的"语言技能+区域知识+跨文化沟通能力"上取得了比较显著的进步。尤其是陆军和海军陆战队的官兵的外语技能大大提高,在官兵的业绩考核中,在相关安全语言的听读上基本能达到IRL2水平,语言专业人员的水平更能达到IRL2+以上,对于那些长期驻外或被派往重要区域执行重要任务的官兵,其区域知识的掌握明显提高,但总体来说,美国军队,特别是驻外军队官兵,经过多种形式的培训,在跨文化沟通能力上进步大,这在中东作战的部队官兵当中最为明显,因为在执行各种作战任务中,官兵们必须和当地的部队或民众进行反复的交流,因此,多种形式的训练加之长期的实践使得美军的语言技能和跨文化交流能力提高很快。

作为美国安全语言培养摇篮的国防语言学院,其语言教育改革措施和成效也比较显著。国防语言学院作为连接国防部和民间机构、高等院校的桥梁,一方面,培养大量具有较强的"语言技能+区域知识+跨文化沟通能力"的军队作战人员以应对国家安全需要;另一方面,国防语言学院充分吸收、利用高等教育资源和民间资源,储备国家未来发展和安全防备所需要的人才,成为联邦机构和社会之间的一个重要纽带。

情报部门的安全语言教育规划

情报部门的安全语言教育使命主要就是以语言和文化武装情报工作人员,在面对"9·11"这类突发事件时,能及时处理情报窃听和翻译工作。情报部门的安全语言人才培养任务是最艰巨的,美国一方面加大培训力度,大力提升在职人员的外语技能和文化水平;另一方面通过星谈计划,大力资助高校、中小学等培养基地来储备人才。另外,情报部门在人才引进模式上的变化也比较显著,利用临时的合同制人员或从家族传承语社区中寻找相关人才也是情报部门的惯用策略。

美国情报部门安全语言教育的成就：首先美国成功击毙本·拉登，情报部门功不可没。其次，美国的情报部门在各地区的情报搜集、情报翻译、情报解码、情报分析等，都取得了明显的进步，比起"9·11"时的情报解密人员的稀缺，美国情报部的情报处理能力和水平大有改进，说明情报部门在安全语言教育上所取得了一定的成就。再有，美国情报部门，尤其是国家安全局、联邦调查局和中情局的人才引进都有了很大的改善，美国采取各种激励措施，促使更多的美国公民学习安全语言，积极投身到情报工作中去。美国情报部门还特别从家族语社区招聘了有美国国籍的家族语传承者参与到国家情报工作中来。

国务院的安全语言教育规划

国务院的很多部门都涉及与国外打交道，处理各种信息咨询、处理国内外的政治、经济相关事件。国务院对语言通才和专才的需求都比较大，在安全语言教育规划的引领下，美国国务院一方面加强了通用人才的培养，为各相关岗位填补人才空缺；另一方面，国务院注重对语言专业人才的培养，促使美国在外交等事务中有一批能够在与世界重要地区的交往中有效地处理各种事务或纷争，从而保持美国的绝对统治地位。

随着安全语言教育规划的深入，美国国务院的主要机构和部门在应对安全地区的各项事务的能力和效果大大改进，派往安全地区的外交人员和相关咨询、协作人员的外语能力、跨文化交流能力进步明显，这些可以从国务院的众多报告中略窥一斑。

二 安全语言教育规划对公民教育的影响

安全语言教育规划是美国的重要的国家战略，它不仅对美国联邦政府各职能部门的语言规划产生重要的影响，同时在教育领域内也引起了极大的反响。作为美国国家语言资源的蓄水池的高校及各高等教育机构，在安全语言战略的指引下，采取各种措施积极应对。

在安全语言教育规划的影响下，美国高等教育的语种变化、课程变革、教育国际化呈现出新的发展趋势和特点，具体表现在：第一，安全语言语种变化明显。安全语种数量在不断增加，而且各个部门对安全语言语种的界定和需求量差别大，联邦政府各机构基本是在对本部门语言人才需求情况进行调查分析的基础上得出的。第二，课程变革。安全语言作为美国的小语种，无论是教师配备，还是资源配套，都难以一下子解决安全语言教育，因此跨学科语言教育、语言与区域研究相结合的教育、语言与文化相结合的教育使安全语言教育更具可行性。第三，教育国际化。新世纪以来，美国教育国际化程度程度大增，越来越多的学生被派往安全语言地区交流学习，这样也大大促进了美国安全语言教学。第四，语言区域研究中心不断增加，区域中心成为语言教育的一个重要支点，语言、文化、区域政治、经济、历史、宗教等在语言区域研究中心的大平台上交叉发展。很多高校成立语言区域研究中心，对外语和区域研究的资助增长迅速。

在安全语言规划的指引下，美国的外语教师发展，特别是安全语言教师的发展有了很大的变化。美国还通过和私人教育领域合作提高技术教育手段和方法，大力开展在线学习与交流，以快速提升安全语言的教学效果。

美国安全语言教育对基础教育也产生了极大的影响，主要的有针对中小学生的各类的安全语言项目，如国家安全教育项目（NSEP）和星谈计划等，越来越多的学校申请并得到资助。

三　安全语言教育规划对美国综合实力的影响

作为一项重要的语言规划，安全语言大大提升了美国的软实力和巧实力，这样美国就能更有效地对抗恐怖势力和经济快速发展起来的国家。美国力求硬实力、软实力和巧实力一起发展，以综合实力来保证在世界的霸主地位。

新世纪以来，美国的《国家安全战略报告》《国家军事战略报告》《四年防务报告》《国家防御小组报告》等与美国国家军事安全密切相关的文件都显示美国对国防安全的高度重视。2012年5月的《维持美国的全球领导地位：21世纪国防优先任务》是奥巴马政府关于国家战略体系的报告，该报告概括了未来十年美军关注的战略重点和发展方向。报告指出：恐怖主义将继续成为美国的全球安全的威胁；美国在亚太地区面临的安全和经济挑战更加严峻；美国在中东和欧洲地区仍不能完全确保安全。因此，新世纪美军的主要任务是在继续打击恐怖主义和应对大规模杀伤性武器扩散的基础上，维持安全有效的核威慑；确保关键能力的建设和特定领域的优势，摄止并挫败敌方的挑衅行为，保证美军稳定的海外存在并突出美军的民事支援能力。

第七章　美国安全语言教育规划的成效与影响

"9·11"后,小布什政府在《美国国家安全战略》报告中提出了恐怖主义、大规模杀伤性武器、地区冲突是美国国家安全所面临的重大威胁。因此,新世纪初美国的主要任务是全力防范和制止恐怖主义威胁,巩固军事同盟并保持良好的大国关系;在全球范围内推广美国的价值观,促进美国经济的发展。① "9·11"事件是冷战后非传统安全威胁中的标志性事件,它的发生和巨大破坏性给全世界敲响了警钟,标志着21世纪国际安全问题正趋于多元化,也标志着非传统安全问题威胁的严重性加剧,同时应对非传统安全问题变得更为紧迫和现实。② 它促使美国政府反思自己的外语教育的不足,外语人才的缺乏不仅影响了美国国家安全,也将会影响美国在国际政治格局和未来反恐战争中战略地位和实力。

2006年1月18日,美国国务卿赖斯在华盛顿乔治敦大学发表演讲,首次提出"转型外交"的思想。赖斯声称:"转型外交的基础是伙伴关系,而不是家长式统治,是基于与他人一起做事,而不是替他们做事","转型外交意味着与我们在世界各地的伙伴携手努力,建立并维护能满足本国人民需要"。基于赖斯的讲话,我们不难发现美国的外交工作开始转型,转向"重视印度、中国、巴西、埃及、印尼等新兴国家,将非洲、拉美和中东的转型国家作为外交工作的前线。外交布局地区化、分散化,外交活动直接走向各国的基层以地区伙伴关系为基础打击恐怖主义,规范各国政府的行为,为各国改革提供外部激励"。于是美国调整外交人员的部署,将约100名外交官从欧洲及华盛顿调往中国、印度等"增加人员部署会发生重要影响的国家",在国务院内组建"重建与稳定办公室"以"帮助"动乱国家行使主权,又在全球200个没有美国外交机构的大城市逐步派驻外交代表。美国试图以温和的干涉主义改变世界。

"巧实力"外交战略是奥巴马政府的外交指导思想。时任美国国务卿希拉里申称,"加强巧实力外交的战略政策可以重振美国的领导作用",她还提出,"要根据具体情况,采取适当手段或多管齐下的措施加强巧实力,包括综合性的外交、经济、军事、政治、法律和文化手段"③。时任

---

① The White House, *The National Security Strategy*, Sept, 2002. http://www.whitehouse.gov/nsc/nss/2002/.

② 王春霞:《非传统安全问题兴起的原因初探》,《兰州学刊》2008年第8期。

③ Michelle Austein Brooks:《希拉里·克林顿力争以外交重振美国的领导作用》,2009年1月13日美国国务院国际信息局(IIP)《美国参考》。

美国国防部部长罗伯特·盖茨则呼吁美国将更多资金和努力投入实力手段，如外交、经济援助、交流等，因为只靠军队是没法保护美国利益的。[①]

语言教育以及伴随着语言而来的文化等"软实力"，已从大教育的边缘逐渐向中心移动，对国家的发展、民族的安全越来越重要，美国新世纪出台了一系列关于安全语言的文件，并做了规划来确保国家安全，尤其是在国防语言战略方面。美国的安全语言明显是一种把软实力渗透于硬实力中的"巧实力"。

第四节　美国安全语言教育规划存在的问题

在国家安全和社会经济发展的巨大需求下，美国力争通过加强安全语言来壮大自己的力量，却面临着多重矛盾。

"唯英语"政策与安全语言教育规划之间的矛盾

美国历来对英语以外的其他语言的排他性和新世纪对安全语言的优先发展形成了两股不可交融的思想洪流。这两股思想洪流对美国语言教育产生了强大的冲击，美国人对外语，尤其安全语言教育的纠结也时隐时现。

说到底，安全语言还是一种政府行为，美国的普通民众和老百姓并没有太多地去把阿拉伯语、汉语等语言当成"敌人的语言"来学，大多数人还是出于对异族语言和文化的兴趣和热爱才去学的。美国应正确处理家族传承语言、少数民族语言与安全语言之间的关系，增强语言教育的人文性，少一点急功近利的实用主义思想。

联邦安全语言规划与现实执行之间的矛盾

美国安全语言教育和国际研究项目面临着经费削减的困境：受美国经济危机的影响，美国安全语言教育的巨额经费拨款与各类项目面临着经费削减的矛盾明显加大。

在国家安全和社会经济发展的巨大需求下，美国力争通过加强安全语

---

① Joseph S. Nye, Jr. "*The War on Soft Power*," April 12, 2011, http://www.foreignpolicy.com/articles/2011/04/12 the_ war_ on_ soft_ power.

言教育来壮大自己的力量。很多语言教育专家对美国外语教育的"零和游戏"式的开展方式感到失望,开设或增加一些外语,总是以减少或牺牲其他的外语为代价。[1]

教育部在语言规划中作用有待进一步加强

美国国防部在履行其职责时,大力地投入人力、物力加强安全语言教育。任何一个国家,如果首先把语言教育看成是国家安全的问题,而不是一个教育的问题,还是值得商榷和思考。[2] 综合"9·11"后美国派遣学生出国学习的去向可以发现,美国联邦政府加大把学生派往战略重点国家或地区学习的做法实则上是对高等教育价值的异化,因为学生被派往的既不是世界教育中心,也不是出于正常学术和文化交流之所需,这样,即便是数量和比例上有增长,对于高等教育国际化的本质属性来说依然存在偏差,更加糟糕的是,无论学生选择哪个地区或国家,海外学习的机会都没有帮助学生更深入地理解外国文化,与其他国际学习项目一样,许多大学并没有为海外项目提供相配套课程,没有为学生的海外学习做好充分准备,使他们更好地利用这一宝贵时光。在一些安全语言项目学习中,不少学生对其留学所在国的语言一窍不通,部分学生虽参加过语言培训,但其程度也只能停留在初级阶段,大多数学生对留学国家的历史、政治、文化一无所知,由于缺乏充分的准备,只有少数勤奋的学生能与当地学生一起交流、学习,而大多数学生只能参加那些专门为美国学生开设的课程。总而言之,大多数与安全语言有关的海外学习项目在帮助学生更好地理解外国文化和社会方面并没有发挥应有的作用。

作为负责国家教育的核心机构,美国教育部还需采取更强的措施,同时联合各州、各种协会、地方教育机构等有计划地按语言教育的内在规律,实实在在地发展、加强美国语言教育。

21世纪美国安全语言教育规划的演变历程表明,在国内外力量的影响下,新时代的美国正在不断地进行教育改革,并千方百计向所有美国人

---

[1] Board Members of the Joint National Committee on Languages, Personal communication, February 27, 2009.

[2] Richard D. Brecht and William P. Rivers, US Language Policy in Defense and Attack [R]. 2010.

提供他们获得成功所需要的教育。这正是美国不断增强国际竞争力，确保世界领先地位的关键所在。

美国需加强基础教育中的语言规划

美国的世界语教育与世界上其他国家的差距明显，一项关于基础教育中的外语教育的调查发现，在被调查的 19 个国家中有 7 个国家，在孩子 8 岁前有普及的或义务的语言学习，另外 8 个国家在小学的高年级阶段引入外语教育。在大多数情况下，小学阶段就提供第二外语教育，这与美国现行的学前或小学阶段的外语教育形成鲜明的对比，虽然现在也有不少针对孩子的外语学习项目，但大部分美国孩子开始学习外语的年龄是在 14 岁。

注重教师发展规划，解决安全语言教师不足问题

正如其他领域一样，衡量外语教育卓越与否的一个很重要因素就是受过良好训练的教师队伍，虽然外语教师教育不是很突出的问题，但教师发展确实很关键，美国应该有更加严谨的外语教师教育，尤其是在像安全语言类的小语种教育方面。教师的训练和培养主要有：入职前的培训、在职培训、运用综合运用现代教育技术提升教学能力、有效的教学策略训练、融合语言和内容的教学训练等。

不同于许多欧洲国家或亚洲国家有着长久的外语教育传统，美国从来就没有把鼓励公民学习外语当成国家优先发展或考虑的大事。新世纪以来，特别是"9·11"事件发生以后，美国把安全外语教育放到国家战略发展的高度上来，让各级学校的外语教育部门"措手不及"，外语教师缺乏，安全语言方面的教师尤其匮乏，使得美国的安全语言教育难以在短期内立竿见影、收到比较好的成效。

密得布里的经验就是一个很好的例子。[①] 密得布里一直想扩大阿拉伯语学校的教学规模，这个阿拉伯语学校是一项为期 9 周的集中培训项目。密得布里学校每年夏天都能轻松接纳 400 名学生来学习阿拉伯语，但就是由于阿拉伯语教师的缺乏，学校甚至连 120 名学员都接受不了。据亚洲协会反映，密得布里的华文教育要好些，但对印地语、法尔斯语以及中亚的

---

① Ronald D. Liebowitz, The Foreign Language Challenge, What America Must Do to Achieve Competence, March 24, 2006.

一些语言来说，情况也不容乐观。

一个关键的问题是：谁来教安全语言？布什政府时期已意识到自己面临的难题：通过组建国家语言服务军团来增加安全语言教师的数量是一个方案，可谁来教这些军团里的人学外语呢？

有人曾提出，发展全国的在线外语教师培训，通过远程外语教育来培训教师以弥补空白，但这样的远程外语教育对外语水平已达到一定程度的学员来说，还是不错的选择，学习外语——特别是那些在美国本土用得少之又少的与国家安全相关的外语，其语法、结构等特别复杂，学习上的困难不是远程教育能解决的，必须要手把手地教、面对面地学。

基于生态语言观的美国语言教育规划

语言规划的生态观：蔡永良在《全球化时代的语言规划与国家利益》[①]中提出，维护和拓展国家利益是语言规划重要的本质特征，语言规划除了原有的"地位""本体""习得"规划外，还应增加"生态规划"，语言规划不仅与国家的政治、经济、文化和安全等近期利益密切相关，而且具有中长期可持续发展的战略意义。王淑菡在探究美国的汉语规划时也指出了美国语言规划必须考虑生态规划的重要性。[②] 泰雷斯·瓦利教授在指出美国当前面对的语言危机时，指出家族传承语言和社区语言是很好的补充，从生态学的角度来看，美国应把各种语言资源充分利用起来，以在语言生态发展的框架下提升美国国民的外语能力，尤其是安全语言能力。[③]

美国的安全语言教育规划从一定意义上来说，是从国家的中长期可持续发展来考虑的语言教育规划，美国在长期的唯英语政策的思想指引下，过度地强调英语的作用和地位，试图通过英语这一通用语来达到维护国家统一、称霸世界的目的，但随着世界多元化的发展，特别是恐怖袭击等对美国威胁的声音和力量的出现，使得美国开始意识到唯英语教育的局限性

---

① 蔡永良：《2012年北京外国语大学的语言政策及语言规划研讨会发言摘要》。

② Wang, S. C. (2004), Bi-literacy Eco-system of inter-generational transmission of heritage language and culture: An ethnographic study of a Chinese community in the US. Unpublished Ph. D Dissertation, University of Pennsylvania, Philadelphia, PA.

③ Terrence G. Wiley (2007), The Foreign Language "Crisis" in the US: Are Heritage Language and Community Languages the Remedy? *Critical Inquiry in Language Studies*, Taylor & Francis.

和危害性，对安全语言教育的重视一方面体现了美国对多元语言教育的重视，另一方面更明显地显示了美国语言教育规划中的生态观，少数被教学的语言与其他外语一样，对美国的未来发展，特别是美国的国家安全和国际利益有着不可或缺的作用。

第五节 美国安全语言教育规划的未来走向

新世纪以来，尤其是从克林顿政府以来，美国已将发展安全语言教育列为国家核心战略之一。自小布什提出《国家安全语言倡议》以来，美国的外语教育蒸蒸日上。奥巴马的《维持美国的全球领导地位：21世纪国防优先任务》也更明确地指出一切与国家安全相关的规划都是政府优先考虑的事。

为保证美国的霸权地位，提升美国在世界上的整体竞争力，美国联邦政府不断完善语言教育，特别是安全语言教育。在政界、学界和工商企业界的推动下，美国也有越来越多的州通过相关的法案和项目来推行、扩展美国的安全语言教育。

在后"9·11"时代，普通美国民众对外语课程开设要求更加强烈，美国主要国家安全部门对于外语人才需求量大幅增加，服务于反恐战争和加强国土安全变成美国大学外语教学的指导思想，《国家安全语言法案》和《国家安全语言计划》相继出台，美国政府、企业、学术界和语言协会领导人参加的"全国语言大会"和美国国务院和教育部联合举办的美国"大学校长国际教育峰会"相继召开。美国国防部下属的国家安全教育项目（NSEP）得到大力拓展和加强，集中关注对国家利益至关重要的国家和地区，重点指向中东、亚洲和非洲的语言。

政府相关部门采取措施鼓励外语教学，"本杰明·吉尔曼国际奖学金"开始资助大批学生出国学习，高校采取多种方式提高外语课程的教学质量。在美国国家政策和项目的竭力推动下，事关美国国家利益和安全的安全语言呈现出"超常规"的发展态势，波斯语、阿拉伯语、乌尔都语、汉语、普什图语等"敏感地区"的语言学习人数比例大幅度增长。在美国政府与普通高校合作开展的外语教学项目中，大张旗鼓地宣扬外语教学要服务于国家的反恐、外交、军事和情报搜集等目标。美国政府所确立的安全语言分层法显然依据的不是"传统外语"的概念，造成了外语教学中出现明显的"移位现象"——本应服务于高深知识的善意和友好交流的外语移作服务于技术性的情报和敌对目的，这就背离了高等教育国际化的初衷。

Title Ⅵ项目由《1958年国防教育法》发展演变而来，是二战后美国最为重要的关于高等院校的外语教育项目，目前项目内容由《1998年的高等教育修正案》最后修订的第六款——国际教育项目的第一部分"国际和外语学习"而来的。Title Ⅵ出台的初衷也是出于国家安全的考虑，发展学习者的语言和区域知识能力，然而，随着时间的推移，这个项目已转变重心，转向作为普通教育中的语言和区域知识研究，同时也带有国家安全的成分，这个重心的转移也导致了这个项目在为国家服务近期需要和长期需要上的不同意见。这个项目到底在多大程度上满足紧急的联邦近期需求，或者这些项目是不是应该服务于国家的长期需求而被引向保持在更广泛范围内的语言和区域知识的教与学，超越目前的近期需求。也就是说，安全语言教育战略的发展趋势应该是满足长期的国家安全需求，从语言和文化教育的本质和内在规律出发，从而达到真正维护国家安全和利益的目标。

第八章

结语：美国安全语言教育规划对中国的启示

外语能力逐渐成为公民必须具备的核心能力，各类政府组织或非政府组织一直都在致力于研究、培养国家或公民的外语能力，如世界经济合作与发展组织及其成员国采取多样手段和方法来发展公民的外语能力。美国的安全语言教育规划目标明确、体系完整、保障措施到位，美国新世纪的安全语言教育规划已经给美国社会带来了积极的影响和社会效益，对美国乃至全世界影响深远。我国也在努力把外语列入21世纪的公民的核心能力。作为拥有越来越大的国际话语权的中国，外语能力显然是公民必不可少的核心能力。我国可以从美国的安全语言教育规划中得到如下启示。

第一节 构建有中国特色的语言教育规划体系

我国正在从"本土型国家"向"国际型国家"转变①，国家的转型对语言教育带来了挑战，我们必须在语言教育战略上作出调整和规划。首先，语言教育规划观念要转变，推进以语言规划来配合国家未来发展、提升国家能力的总体思维，从而更好地指导语言教育发展；其次，要大力推进语言教育规划研究，从官方语言、各类方言及外语规划的未来发展上宏观设计语言发展指向，在这方面，我国目前的现状还比较薄弱，需要加以引导以加强这方面的力量；最后，要建立符合中国和平崛起大计的中长期语言教育发展战略体系，特别是汉语教育国际推广的规划。

---

① 李宇明：《中国外语规划的若干思考》，《外国语》2010年。

但我国外语学习和使用属于多个部门管理，政出多门，急需协调和整合。尤其外语学习和使用政策的制定应放在国际化大背景下考虑，外语人才培养政策应放在国家发展的战略中考虑，应作为提升文化软实力、加强公共外交的一部分。在今后相当长的时间里，各国在动用武力上也许会更加慎重，不仅现在的强国如此，未来新兴的强国也难以仅仅依靠硬实力崛起，21世纪的新生强国必然是软实力大国。和平崛起，需要大量的外语人才来传播中华文化，引进各国先进文化，充当和平发展的使者。我国的国际战略布局大致是：大国是关键，周边是首要，发展中国家是基础，多边是舞台。因此，外语人才绝不是仅仅只需要英语人才或发达国家所使用的语言的人才，相反，更需要精通或熟络周边国家语言人才以及和发展中国家语言人才。外语人才的培养不能仅靠市场，政府要加强规划，制定政策，加大投入，加强对正规教育的语言教学方面的投入。笔者对中国外语教育规划的构想如下。

一　规划多语教育体系，应对全球战略需要

当前，我国已形成了英语作为主要外语的一统天下的局面，英语广种薄收，而对小语种、非通用语言缺乏近期和长的规划。目前我国外语教育语种配置不均衡，英语独占半壁江山，小语种、非通用语言的发展有限，这不符合社会多元化的语言需要。虽然从20世纪六七十年代起，中国就注意到这个问题，但从小学到大学，长期由于缺乏对国家发展和社会需求的深入调查和研究，致使学校的外语语种仍然是以英语为主导，小语种的教育始终处于边缘化、点缀性的状态。这大大限制着多元化语言教育发展。根据科学、生态的外语教育发展需要，外语语种需要多元化发展，使英语和小语种合理配置，特别需要保持小语种在基础教育和高等教育阶段的连贯性和持续性。

二　大、中、小学"一条龙"外语教育系统化规划

对外语教育进行科学的规划，既是优化教育之策，也是培养人才之道。应从切实服务国家战略的高度，把外语教育的科学规划作为促进我国教育事业科学发展的一项重大战略举措来抓，形成外语教育科学发展，外语人才有效培养的良好局面。

要贯彻科学发展观，以提高公民素质为出发点，以服务国家战略、国

家安全为目标,综合考虑国家安全、国际社会发展、国内社会发展需求和外语人才培养特点,实现人才培养战略与满足国家安全、社会需求的有机统一,科学认识外语教育的地位,对各语种在大中小学开设的范围,应培养的学生数量等进行合理的统筹,制定统一连贯的外语教学标准,协调和统筹各个层次的外语教育,实现外语人才培养在市场规律和宏观调控相互作用下的动态平衡。结合人才培养目标,实现区域重点语种发展,推进重要语言人才的大中小学"一条龙"教育模式。同时,应根据当地社会经济发展的具体情况,结合地区的传统和优势,确定外语教育的目标和方向,在各级教育行政部门的指导和监督下,建立外语重点发展区,充分利用现有的各种资源,重点发展具有区域特色的、可促进当地社会经济及其他方面发展的外语教育,加强外语人才的汉语能力培养及民族文化教育,做到"以人为本,统筹兼顾,全面规划",在外语教育中加强汉语及民族文化教育,实现大语种与小语种的和谐发展。

三 重视安全语言教育的规划

中国安全语言的危机:当前,我国国家安全对外语教育提出了新的要求,随着全球化步伐的加快,传统安全领域与非传统安全领域都不断地产生一些问题出来,我国国内重要领域的非传统安全问题更值得我们关注和重视,比如中国陆地边疆的非传统安全问题,能源安全问题,核安全问题,人口城市化、碳排放与环境安全问题,食品安全问题,电子政务环境下政府信息安全问题,土地资源安全问题,水资源安全问题等。

把外语与国家安全联系起来,这就涉及国家外语能力。我国公民的外语能力以及由此而形成的国家外语总量是国家重要的政治、经济、文化和教育资源,这些都直接影响到国家在国际上的话语权,而国际话语权对提升国家的软实力很有帮助。一个国家的总体的国家外语能力直接影响国家的话语权,对国家的国际地位和国家形象有很大的影响。

语种选择、语言能力需求等都会影响国家安全。因此,我们在语种的安排上,应加大国家和政府层面上的规划,应根据国家发展的需要,在不同的省份或地区进行合理的语种教育规划和安排,如:在广西等地,应加大与我国国土接壤的国家的语言教育,使更多的公民能够用对方国家的语言与这些国家的人们自然地开展交流。从长远来看,外语是保障国家利益的重要法宝，这关系到国家的长治久安。①

在全球化时代，世界媒体对中国越来越关注，很多问题也变得越来越复杂，我们要加强对世界主要媒体的舆情分析与研究，有意识地进行舆情观察并尽可能地深度介入。加强以外语为基础的国家软实力建设，加强学术著作的海外出版和宣传，加强中国文化在海外传播，加强对于政治家、企业家、学者等群体的外语能力的提升，尤其是跨文化沟通能力，以使他们达到无障碍交流的水准，从而提升我国的国家形象，进而保障国家安全。

四 中国安全语言的界定和选择

语言规划应从长远计议，做好国家安全需求下的语言规划，特别要做好非通用语种的规划，解决小语种紧缺问题。

首先在语言规划方案的制定方面，要关注外语教育规划与政策、中国外语人力资源规划与留学政策、外交语言政策及外宣语言政策等。

与国防与国家安全相关的外语政策。我们要高度警惕"三股势力"，又称"三个主义"，即民族分裂主义、宗教极端主义、暴力恐怖主义。"冷战"后，特别是进入 21 世纪以来，"三股势力"在中亚地区不断蔓延并制造事端，对我国西部安全构成直接的威胁。

我们要重视发展与我国周边邻国和地区的友好邻居关系，学会使用经济一体化合作组织的通用语言或主流社会语言，维护睦邻友好关系和边境外交合作关系。重视发展与我国在政治、经贸、文化、安全等领域长期交往的国家或地区的通用语言。

在安全语言政策的制定方面，要考虑区域或跨境语言需求，需对边境地区或省份的语言需求进行深入的调查研究。大致来说，广西、云南等地区对东盟国家的语言需求比较大，而辽宁、吉林等东北地区对朝鲜语、日语的需求较大，在黑龙江、内蒙古等北方边疆地区对俄语、蒙古语等的需求较大。

五 重视军队外语能力的规划和建设

美国军队外语能力建设的"战略性、系统性和可操作性"特征非常

---

① 鲁子问：《外语影响中国国家安全的形态与对策建议》，《国际关系学院学报》2011 年第 6 期。

明显，彰显外语规划的重要性，外语人才培养体系建设的必要性，任务分配、监督机制、绩效机制等方面的可操作性。

在全球化的背景下，军队的使命和任务发生了很大的变化，除了传统的通过特定的作战任务来维护国家的主权和领土的完整外，军队还要通过各种非战争军事行动来维护国家的安全。如参加维和行动、联合军演、人道主义援救、反恐战争、海上护航，或进行军事方面的外交与宣传等，这些都需要军队人员有较强的外语交流和文化理解能力。然而，我国军队外语能力的不足已日益凸显。李洪乾指出我国维和人员的外语水平普遍较低的问题；胡平军指出在联合军演中我国的军队官兵普遍需要借助翻译才能完成一些协作任务；韦慧华通过对部队远洋航海人员的调查研究发现我国军队官兵在远洋航海中普遍缺乏用外语与国外同行人员进行有效沟通的能力；文秋芳、苏静在对美国军队外语能力的形成和发展做了全面地分析和研究后发现，我国的军队在很多方面要向国外学习，特别是向美国等发达国家学习，以全球的视野来规划我国军队的外语能力。

中国军队语言教育存在的主要问题是：维和人员的外语技能较低，在联合军演中，即便是在有翻译的情况下，也很难顺畅地交流，在远洋护航中也不能很好地用外语与外国军舰上的人员进行常规的交流；在军事外交或宣传活动中，也因不能确切地用英语表达自己的想法而引起一些误解或失误。军队外语能力的不足或缺失已引起了越来越多的专家和学者的关注。

造成我国军队外语能力不足的主要原因如下：一是军队外语教育中应试现象明显；二是过于重视普通外语教育而忽视军事外语教育；三是缺乏有效的军事外语需求分析和相应的应对措施；四是在职军事人员的外语培训过于简单、过于形式化，没有根据具体军事岗位的实际需求来进行语言和文化方面的教育与培训；五是军事外语教学师资偏重于传统思维，缺乏与国际接轨的视野和能力；六是军事外语教材偏向于普通外语教材，缺乏军事外语自身的教材体例和原则，有关军事外语的本体研究和教学方面的研究都比较缺乏；七是军事外语教育管理力量不足，至今没有机构来对我国的军队外语教育进行整体规划、管理和监控，且军队内部的外语教育也处于无序的混乱状态。

在全球化进程加剧的背景下，我国应重视军队外语能力的规划和建设以改进我国军队外语能力不足的现状，主要可在以下方面做出规划：第一，通过全方位、多维度的调查研究来对军队外语的需求展开分析；第二，尽快制定目标明确、与国际和国内军事发展相匹配的军队外语能力建设发展规划；第三，成立专门的管理机构来管理、监控军队的外语能力建设，最重要的是建立起军队与外语教育管理机构之间的紧密联系与互动；第四，重视军队外语教育的科学定位，加强军队外语教学师资队伍的建设，特别是具有国际视野的军事碍于教育专家和学者的大力引进和培养；第五，加强军队语言教育资源与民间外语教育资源的交流与互动，实现军队和地方外语教育与研究的合作与互动；第六，加强军队外语能力评价体系的建设，尽快建立合理的、复合国际社会发展需要的军队外语能力评价标准和体系。

据最新报道，中国的军队也开始向社会招聘各种文职人员，包括科研、教学、工程等文职人员，以改变军队人员的队伍结构，相信我们的军队队伍的整体综合素质将会越来越高，特别是文职人员的语言和跨文化能力将会得到更多的重视。

六 建立国家安全语言战略预警管理机制

在语言安全化的背景下，我国可以从美国的安全语言教育规划中吸取一些好的经验。比如建立国家安全语言战略预警管理机制。所谓"语言战略预警管理"，是指政府机构对国家语言战略的制定、实施进行动态、预控管理，以避免语言战略危机的发生。其主要功能包括对语言战略管理行为和活动的监测、诊断、预警和控制。我国与周边很多接壤国家在国家安全方面需要语言战略的预警管理机制，同样国内面临的汉语与众多少数民族语种并存的状况也需要语言战略的预警管理机制，目前我国既无明确的国家语言战略规划，更缺少语言战略的预警管理。美国提出安全语言战略后，我国就需要把自身面临的语言问题上升到国家安全高度，并提出相应的对策。

七 建立顶层的危机应对机构，加强对语言规划的指导与管理

美国推出国家安全语言战略后，其国会议员多次提交议案呼吁建立"国家外语协调委员会"，并建议由总统任命国家语言顾问领导该委员会，以监督和协调国家安全语言战略的实施。因为如果国家没有一个协调各级机构落实安全语言战略的委员会，美国的国家和经济安全将会再次面临危

险的境界。2013 年年末，中共中央十八届三中全会公报表明：我国将设立国家安全委员会，完善国家安全体制和国家安全战略，确保国家安全。主要目的就是要通过建立顶层的危机应对机构来协调、指挥、应对突发或危机事件，完善国家安全体制和国家安全战略，确保国家安全。

八　建立语言人才储备库，为国家的未来储备语言人才

　　语言的安全化使美国把语言问题上升到前所未有的高度。外语能力成为国家未来竞争力的重要组成部分。因此，美国为了顺利实施安全语言战略，由国防部负责建立"民间语言学家储备团"。目的是赋予语言学家在国家安全方面的话语权，希望语言学家为政府提供与国家安全至关重要的专家意见。而我国在国家语言战略的制定和规划上，对语言专家在语言战略规划中的作用缺乏足够的认识，更谈不上建立以国家安全为目的、以语言专家为核心的语言战略研究机构，致使我国在国家安全语言战略研究上几近空白，语言战略研究人才匮乏。这种状况将直接影响我国在未来全球化竞争中在政治、经济、文化等方面的竞争力。因此，建议国家充分发挥语言学家在汉语国际传播中的作用，赋予语言学家在制定国家安全语言战略等方面的话语权，为国家语言战略的实施提供具有竞争力的专家意见。

　　总之，国家的外语能力是国家的经济、文化竞争力的重要支点。在新世纪的全球化竞争中，国家的经济、文化竞争力将以国家的外语能力为支撑，外语技能对保持美国的经济竞争力是非常重要的，本书的研究足见安全语言教育规划对美国未来发展的重要性。我国必须尽快确定我国的安全语言，不仅仅是英语教育的问题，而且那些事关国家未来发展的小语种教育都应该重视起来，从中小学教育抓起，为国家未来的经济竞争力和国际文化交流储备外语人才。

第二节　加强汉语教育的国际推广战略

　　目前世界各国为确保自己国家的语言文化的优势而制定了各种推广自己国家的语言和文化的政策，如英国的文化委员会、德国的歌德学院、法国的法语联盟、中国的孔子学院都是各自国家推广本国语言和文化的重要机构。这些来自各个国家的语言文化机构，为自己国家的语言在国外的教学提供了良好的教师资源和设施。比如中国的孔子学院遍布世界各地，在

美国就有很多孔子学院，它们为美国各级教育机构提供汉语教学，最终也促使越来越多的美国学生和社会人员学习汉语。

中国的崛起主要是经济上的崛起，随着中国经济的发展，中国与世界各国的交往越来越频繁，尤其是经济、贸易往来，但中国应当追求全面的发展，包括诸如经济那样的硬性指标和语言、文化那样的软性指标。中国语言和文化的海外传播和推广直接影响中国在海外的地位和国际关系，中国必须高度重视语言和文化战略。

无论从哪个角度上来看，21世纪中国的战略重点应当是在亚洲。中国是亚洲国家，中国的崛起应当首先在亚洲。中国若要成为世界大国，就要在世界事务上扮演一个大国所应当扮演的角色，中国首先要成为亚洲大国，要实实在在地处理亚洲的问题，如果处理不好亚洲地缘政治，中国就很难崛起成为大国。然而，中国要成为亚洲大国，必须使亚洲的其他国家在意识形态、思想文化等方面接受、认同、传播中国的思想和文化，中国和亚洲其他国家有着很大的文化共核，比起西方国家来，亚洲其他国家更容易接受中国的思想和文化。

中国的周边外交，也就是亚洲外交，中国提出了睦邻、安邻和富邻的政策取向。中国和东盟已经达成自由贸易区，中国在上海合作组织和朝核问题六方会谈等多边组织上起着非常关键的作用。但中国也面临着很多棘手的事，当今世界上的绝大多数热点问题都发生在中国周边，基本都和中国直接相关，主要有朝鲜半岛问题、东海问题（包括钓鱼岛）、与东南亚国家的南海主权纠纷、与南亚印度的边界问题、阿富汗问题、巴基斯坦问题及缅甸问题等。

根据中国国家汉办统计，全世界已有100多个国家的2500余所学校开设了汉语课程，中国以外学习汉语的外国人近4000万。世界各地兴起了"汉语热"，汉语国际教学正如朝阳般升腾发展。

中国的汉语国际推广可以分两个部分：一是在本国接受来华学习汉语的外国学生，即采取"请进来"方法；二是派汉语教师到国外从事汉语教学，如孔子学院，即采用"走出去"战略。前者属于第二语言教学，即在有汉语使用的社会环境中教学汉语。后者属于外语教学，即在没有汉语使用的社会环境下教学汉语。

因此，要扩大汉语国际的教学，既要采取"请进来"的方法，也要实施"走出去"的战略。

一 重视来华留学生的汉语教育

中国的"请进来"汉语国际教学是从 1950 年才开始的。20 世纪 50 年代中国政府就成立专门的教学机构和领导机构开展汉语国际教育，现在的北京语言大学就是专门为外国留学生提供汉语教学而成立的。语言是各国人民友好交往的桥梁，汉语则是了解中国的最佳途径。随着中国与各国间经济、贸易、科学、技术、文化、教育、艺术、旅游等各方面的交流日益频繁，世界上学习汉语的人越来越多。现在，来华留学情况有以下特点：

留学队伍日益壮大，留学专业逐年扩大

中国现在已经成为世界第六大留学国。中国的国际办学规模日益壮大，总体发展趋势平稳上升，而且绝大部分是来自亚洲，但亚洲学生的比例呈下降趋势，相反，非洲等地的留学生比例呈上升趋势。从 2008 年起，中国政府决定在"十一五""十二五"期间大幅扩大政府来华留学的奖学金规模，鼓励接收高层次来华留学生。

根据教育部的统计，每年来华留学的国际学生当中，大部分是来学习文科的，文科包括汉语和部分艺术专业，来学习汉语的很多。不过，随着时间的推移，选文科专业的比例逐渐下降，这说明越来越多外国留学生来中国学习其他专业，特别是经济类和理工类专业，这种走向表明，中国需加强其他学科的留学生比例，特别是理工科方面，只有各类学科都能吸引外国留学生，来华留学生的总数才会不断攀升并向多样化方向发展。

留学生生源国逐年增多：来华留学的国家和地区也逐年增多，从 2006 年的 184 个国家和地区增加到 2018 年的 254 个国家和地区。可以说，世界上绝大多数国家都有留学生在中国学习。另外，国家留学网上发布的《2006—2018 年来华留学生最多的前 10 个国家》说明来华留学生近些年来呈快速上升趋势，在这些来华留学生生源国中，中国周边国（如东亚和东南亚国家）、贸易伙伴国（如美、法、德、英）、"一带一路"沿线国家及非洲国家是输送来华留学生的主要国家。

二 加快海外汉语国际推广步伐

先前，中国的汉语国际教育主要是接受外国留学生来中国学习，北京语言大学的成长就是中国 50 多年来汉语国际教育发展的见证。"走出去"的汉语教育发展状况，总体规模很小。新世纪以来，中国汉语国际教育开始采取"走出去"战略，并形成了一定的规模。世界性的"中国热"和"汉语热"推动了汉语国际教育的发展和繁荣，孔子学院、孔子课堂发展速度较快，在数量上取得了一定的突破。2004 年中国在韩国首尔成立了世界上的第一家孔子学院。截至到 2017 年 12 月 31 日，中国已经在全球 146 个国家（地区）建立 525 所孔子学院和 1113 个孔子课堂，孔子学院分布在全球 138 个国家和地区，其中，亚洲 33 国 118 所，非洲 39 国 54 所，欧洲 41 国 173 所，美洲 21 国 161 所，大洋洲 4 国 19 所；孔子课堂分布在 79 个国家或地区，其中，亚洲 21 国 101 个，非洲 15 国 30 个，欧洲 30 国 307 个，美洲 9 国 574 个，大洋洲 4 国 101 个。

中国人民一直努力学习外语、吸收外国文化。在全球化背景下，随着中国综合国力的增强，汉语和中国文化在国际上影响力不断扩大，国外很多学校自愿要求增设汉语课，学习汉语言和中国文化。我国的汉语推广不是语言扩张，它是建立在各国语言使用者自发自愿的基础上，目的在于扩大世界各地区华人的沟通交流、方便汉语学习者和使用者用汉语进行交流而开展的，不具有强加于人的性质。

但中国文化的输出尚缺乏明确的国家战略和传播模式，中国在世界上的话语权还不够，一些中国文化、中华艺术的输出还局限在满足华侨社团的文化自娱自乐上，还没有深入外国本土人群中去。中国需要明晰自己的文化输出模式与战略，改变现存与西方交流的话语模式，以西方习惯和认同的交流模式与方法来推广汉语、传播中国文化。

汉语国际推广的未来趋势

长期以来，中国政府采取多种措施推进汉语教育的国际推广。首先，成立"国家汉语国际推广领导小组办公室"（简称为国家"汉办"），早在 1987 年我国就成立"国家汉语国际推广领导小组办公室"，专门负责和协调汉语教育的国际推广工作。这样无论在政策制定上，还是在行政管理上都给汉语教育的国际推广提供了保障。

其次，中国推出了汉语水平考试（HSK），1991 年中国开始向海内外推广"汉语水平考试"，该考试主要是为了测试母语非汉语者（包括外国人、华侨和中国少数民族人员）的汉语水平，是国家级的标准化考试，能够指导海外的汉语测试工作，目前国家汉办正在进一步完善 HSK 考试的各项工作以吸引更多的汉语学习者参加考试。2007 年中国政府又推出了"商务汉语"考试，为从事商务交流活动的汉语学习者提供提升自己汉语水平的机会，这样就更有助于汉语的对外推广。

再次，教育部建立了汉语国际教育学科，中国把汉语国际教育学提升为二级学科，即在汉语言文学项下设一个"国际汉语教学"二级学科。越来越多的高校成立了汉语国际教育学院或汉语国际教育系，设立了汉语国际教育的学士、硕士和博士学位，这大大促进了我国汉语国际教育学科的发展。

另外，中国的孔子学院在世界各地的发展速度也是非常迅猛，孔子学院现已遍布全球。自 2004 年开始在韩国开设立孔子学院，至今孔子学院已有五百多所，孔子学院是中外合作建立的非营利性教育机构，其宗旨和使命是"增进世界人民对中国语言和文化的了解，发展中国与外国的友好关系，促进世界多元文化发展，为构建和谐世界贡献力量"。孔子学院的建立为汉语"走出去"提供了基地。世界各地汉语教学的快速发展和学习汉语人数的迅速增加，使得汉语国际教师的需求也与日俱增，国家汉办制定了"国际汉语教师中国志愿者计划"以帮助世界各地发展汉语教育。

中国政府有着明确的未来汉语国际推广策略和方向。原国务委员陈至立曾在全国汉语国际推广工作会议上提出要实现汉语教育国际推广的六大转变：一是汉语国际教育发展战略从单一的汉语国际教学向全方位的汉语国际教育推广转变；二是未来的工作重心从把外国人"请进来"学汉语加快向"走出去"转变；三是推广理念从专业化汉语教学向大众化、普及化、应用型转变；四是推广机制从教育系统内向系统内外转向；向政府与民间、国内与国外共同推进的方向转变；五是推广模式从政府行政主导为主向政府推动的市场运作转变；六是教学方法从纸质教材面授为主向充分利用现代信息技术、开展多媒体网络教学为主转变。有了明确的汉语教育国际推广策略和方向，我们的汉语教育推广战略的未来就更加明朗了。

当前，汉语已具备了向国际推广的条件：世界上有六千多种语言，能在国际间传播的为数不多。语言的国际传播不仅需要具备一定的条件，还需要科学的语言推广规划。但是，在语言传播中，语言实力是本，语言规划是标。中国的快速发展和变革，使中国的国际地位快速提升，提升了海外华人的文化认同，也扩大了汉语的国际影响力，这样汉语国际教育规划就可以获取更多的社会支持。这为全球化视角下的中国语言推广提供了有利的外部条件。在"标本兼治"的基础上，充分发挥汉语的影响力，努力向外推广汉语。

从语言推广的外在要素来分析，语言的国际传播需两个要素：一是经济要素，这是首要的，虽然语言传播的因素包括宗教传播、移民、经济政策和地理位置等因素，但最重要的还是经济要素。二是人口要素，一种语言的生命力在很大程度上取决于该语言的使用人口。也就是说，人口是语言保持和语言传播的重要因素。在全球化进程中，中国的经济得到快速发展，中国已经成为世界第三大经济体和第二大贸易体。另外中国有13亿人口，海外还有5千多万的华侨。因此，汉语国际推广的强势开展完全符合上述两个要素要求。

从二语学习的动机来分析，学习动机一直被认为是二语言习得的关键因素。加拿大语言学家伽德纳·兰博特和弗里曼把语言学习动机分为融入性动机和工具性动机。具有融入性动机的学习者更喜欢并欣赏所学的语言以及与之相联系的文化。而持工具性动机的学习者则把目标语看作是一种工具，希望目标语能给他们带来实惠。中国有世界上罕见的表意汉字、悠久的历史和灿烂的文化，这些因素可以让一些外国人产生学习汉语的融入性动机；此外，中国经济的高速发展刺激了外国人学习中文的工具性动机。可见，汉语的国际推广已具备激发外国人学习汉语学习动机的条件。

总之，我们必须针对外国汉语学习者和外国教育的特点来有效地开展海外汉语推广工作，我们要挑战现行的国际语言秩序，打破英语一统天下的主导地位，加大汉语的国际推广进程，使汉语成为国际语言秩序的超级语言之一。

总结

美国的安全语言教育规划体现了美国对国际形势的及时回应与积极行动，现在的安全问题不仅在军事、国防层面，而且也在语言、文化、宗教、艺术等方面。语言，作为存在的家，是人们生存的基础。因而，改变对方的生存根基，首先要深入对方语言体系中去了解其特性，然后再返回到自身文化当中，用对方的语言和范式，输送和传递自己的文化。这种输送和传递是"软性"的，更具有微妙性和精巧性。当前我国的汉语对外推广就需要有国际视野和传播策略，以适合外国国情的方式和方法传递中国声音。

美国的安全语言规划是把安全语言所关涉的国家的人们当成想象中的敌人来构思如何培养具备较强语言能力的管理人才。因此，美国安全语言战略带有强烈的政治色彩和国家意识，我们应客观地看待，不必过多停留在外在需求上，更应该从深层次上去思考，借鉴并学习其长远规划意识和语言人才储备机制的建立。同时，我们应从中国的国情出发，为我国的安全语言规划提出建设性的方案，并加大人力和物力等的投入，致力与符合社会发展所需要的、有中国特色的语言规划。美国把汉语确定为对国家发展极为重要的安全语言，我们也应更加清醒地认识到美国的语言规划的政治动机和安全诉求，因此在推广汉语、传播中国文化时更应有自己审慎的态度和方略。

美国在安全语言战略规划中，把语言、区域研究与文化结合起来培养综合型、高质量语言人才，特别是把跨文化交际能力置于安全语言战略的重点，这更值得我们借鉴并细细考量。我们要对美国的软性攻击、政治渗透有明确的防范意识；同时，坚持文化自信，完善文化发展战略，在语言规划和教育实践中重视培养学习者的文化能力，特别是跨文化沟通能力，在全球化的时代，提升国家软实力，把中国教育和中华文化推向世界，实现中华民族的伟大复兴。

附录一

联邦机构需要的各种语言翻译（笔译和口译）人才

机构	所需语言
总统执行办公室	
中央情报局 外国广播信息服务	阿拉伯语，巴尔干半岛语，汉语，克罗地亚语，东欧语，波斯语，法语，德语，希腊语，日语，韩语，俄语，塞尔维亚语，西班牙语，泰语，越南语
农业部	
国家农业图书馆 国外农业局 食品和药品部门	
商务部	
美国和外国商业服务 人口统计局 国际科技信息服务 专利和商标办公室 国家标准语技术研究院	德语，法语，意大利语，荷兰语，汉语，日语，西班牙语，葡萄牙语，罗马尼亚语，丹麦语，挪威语，瑞典语，芬兰语，保加利亚语，俄语，波兰语，捷克语，阿拉伯语，韩语，印尼语，非洲语，乌克兰语
国防部	
国防部长办公室 国防安全合作局 国防战俘和失踪人员管理办公室 国防科技信息中心 国防情报机构 国防威胁降低局 国家安全机构 国家图像和测绘局 美国空军 空军情报处 美国陆军 美国陆军情报和安全机构 国家地面情报中心 美国海军 海军情报机构 海军陆战情报活动	阿拉伯语，汉语，俄语，波斯语，法语，德语，阿尔巴尼亚语，阿塞拜疆语，塞尔维亚语，波斯尼亚语，克罗地亚语，马其顿语，库尔德语，达里语，西班牙语变体，瑞典语，波兰语，阿拉伯语，乌克兰语，荷兰语，捷克语，汉语，日语

续表

机构	所需语言
能源部	
能源部图书馆 桑迪亚国家实验室技术图书馆 劳伦斯伯克利实验室图书馆 劳伦斯利弗莫尔国家实验室 洛斯阿拉莫斯国家实验室 情报办公室 反间谍办公室	
健康和服务部门	
美国国立卫生研究院 疾病控制和预防中心	俄语，法语，德语，西班牙语，意大利语，塞尔维亚语，克罗地亚语，波兰语，荷兰语，丹麦语，挪威语，瑞典语，乌克兰语，保加利亚语，捷克语，斯洛伐克语，斯洛维尼亚语，拉丁语，葡萄牙语，汉语，芬兰语，加泰罗尼亚语，匈牙利语，日语，泰语，希腊语，韩语，罗马尼亚语，阿拉伯语，希伯莱语，广东话，孟加拉语，旁遮普语，印度语，乌尔都语，古吉拉特语，泰米尔语，辛迪语，马拉亚拉姆语，埃纳德语，柬埔寨语，海地语，克里奥尔语，阿姆哈拉语，波斯语，立陶宛语，巴拉迪语，土耳其语，越南语
内政部	
回收技术中心	
司法部	
特别调查办公室 联邦情报局 政策和审查情报办公室 药品管制局 移民审查办公室 移民和入籍审查 美国国际刑警组织中心 国家药品情报处	140 种语言，包括汉语普通话、广东话，阿拉伯语，波斯语，日语，俄语，西班牙语，越南语等
国务院	
语言服务部 美国国外服务 陆军控制和裁军机构 信息局 国际广播局	超过 60 种语言，包括阿尔巴尼亚语，阿姆哈拉语，亚美尼亚语，阿塞拜疆语，孟加拉语，保加利亚语，缅甸语，克罗地亚语，捷克语，达里语，爱沙尼亚语，波斯语，希伯莱语，印度语，匈牙利语，哈萨克斯坦语，柯尔克孜族语，老挝语，拉脱维亚语，立陶宛语，蒙古语，尼泊尔语，普什图语，僧伽罗语，斯洛伐克语，塔加拉族语，塔吉克语，泰米尔语，泰语，土耳其语，土库曼语，乌克兰语，乌尔都语，乌兹别克语，阿拉伯语，汉语普通话、广东话，日语，韩语等

续表

机构	所需语言
财政部	
烟草局 国税局 美国海关总署 美国特情处	14种语言，包括德语，法语，意大利语，阿拉伯语，豪萨语，俄语，西班牙语等
国际机构	
美国国际发展机构 环境保护机构 美国国际米兰基金会 美国国会图书馆 国会研究局 联邦调查部门 国际航天航空管理机构 国家科学基金会 海外私人投资公司 社会保障局 和平队 美国邮政局 美国国际贸易委员会	西班牙语，汉语及藏语，日语，韩语，阿拉伯语，法语，葡萄牙语，加泰罗尼亚语，加利亚语，荷兰语，塔加拉族语，阿拉伯语，苗族语，波兰语，保加利亚语，意大利语，俄语，斯洛伐克语，乌克兰语，罗马尼亚语，捷克语，德语，匈牙利语，塞尔维亚语，克罗地亚语，挪威语，芬兰语，瑞典语，希伯来语，意第绪语，阿拉姆语，叙利亚语，科普特语，埃塞俄比亚语，豪萨语，斯瓦西里语，祖鲁语，南非荷兰语，索马里语，土耳其语，巴厘岛语，巴塔语，布列塔尼语，格鲁吉亚语，格林兰语，夏威夷语，马达加斯加语，非洲语，马来语，马耳他语，波利尼西亚语，普什图语，乌尔都语，威尔士语，白俄罗斯语，越南语，盖尔语，爱尔兰语，老挝语，拉普兰语，马其顿语，立陶宛语，斯洛维尼亚语，索马里语，拉丁语，阿尔巴尼亚语，汉语，丹麦语，爱沙尼亚语，波斯语，冰岛语，韩语，中亚语言

附录二

美国联邦各机构《国家安全语言计划》（NSLI）的资助经费

（单位：百万美元）

	活动	07 最终开销	07 预算	08 最终开销	08 预算
教育部	外语协助项目	$ 24	$ 24	$ 26.5	$ 24
	通过外语合作推动美国	$ 0	$ 24	$ 0	$ 24
	语言教师联合会	$ 0	$ 5	$ 0	$ 5
	在线语言学习中心	$ 0	$ 1	$ 0	$ 1
	教师交换或重新定向	$ 0	$ 3	$ 0	$ 3
国家情报总监办公室	星谈计划	$ 4.9	$ 4.9	$ 12MIL	$ 10
国防部	K-16 扩大到 3 个项目	$ 3	$ 3	$ 3	$ 3
	扩大国家旗舰语言计划	$ 11.3	$ 7.2	$ 11.2	$ 8.7
	国家语言军队	$ 6.5	$ 9	$ 6.5	$ 9
国务院	夏季强化语言研究所	$ 6	$ 6	$ 9	$ 9
	提升吉尔曼留学奖学金	$ 1.1	$ 1	$ 1.1	$ 1.1
	为美国学生提供的福布莱特关键语言奖学金	$ 1.5	$ 3	$ 1.5	$ 1.5
	福布莱特外语助教计划	$ 5MIL	$ 5	$ 5	$ 5
	老师交换计划	$ 900000	$ 2.6	$ 1.5	$ 1.5
	国家安全语言项目学生	$ 1.3	$ 1	$ 5	$ 5
	国家安全语言项目学生（学期和一年的国外学习）	$ 0	$ 8	$ 3.6	$ 3.6
	国家安全语言项目（总计）	$ 65.5	$ 107.7	$ 85.9	$ 114.4

参考文献

英文参考文献

Ager D.E., *Motivation in Language Planning and Language Policy* [M]. Multilingual Matters Ltd, 2001.

A Sabar, "Want to be a Spy? NSA is hiring," Baltimore Sun, April 10, 2004.1.

American Association of Teachers of Korean. 2007. "Schools Offering Korea.http：//www.aatk.org/html/schools.html.

Ashley M.Wright, Air University Public Affairs, "Air University Culture, Language Center Prepares for New Mission, Name," Maxwell Gunter Dispatch, VOL.61, NO 47, November 30.2006.

A Call to Action for National Foreign Language Capabilities, 2005 The National Language Conference.

Allouche E.K., *Expanding the Options：Curricula in Many Languages* [A].In Gilbert A.Javis, (Ed).*An Integrative Approach in Languages Teaching：Choosing Among Options* [C].ACTFL Review of Foreign education, Volume 8. Skokie, Illinois：National Textbook Company, 1976.245-283.

American College Testing.The Condition of College & Career Readiness 2010 [R].ACT, Inc.2010.19.

British Council (1940-1990).Annual Reports.London：British Council.

Bourdieu P. & Passero J.C., *Reproduction in Education, Society and Culture* (2nd ED.) [M].London：Sage, 1990.13.

Brod R.& Welles E. (2000).Foreign language enrollments in the United States institutions of higher education, Fall 1998.*ADFL Bulletin* 31, 2, 22-29.

Brecht R. D. &Rivers W. (2000). *Language and national security for the 21st century: The role of TitleVI/Fulbright-Hays in supporting national language capacity* (pp.85-88). Dubuque, IA: Kendall/Hunt.

Beyond September11: A Comprehensive National Policy on International Education, American Council on Education Center for Institutional and International Initiatives, Washington D.C.2002, P.7.

Barak A.Salmoni, Advances in Pre-depolyment Culture Training: the US Marine Corps approach, *Military Review*, November 01, 2006.

Brigadier General Richard Lake, USMC, Director of Intelligence, Senior Language Authority, Headquarters Marine Corps, Statement before the US House, Armed Services Committee, Subcommittee on Oversight & Investigations, hearing on "Transforming the US Military's Foreign Language, Cultural Awareness and Regional Expertise Capabilities" (Washington D.C.: 10 September, 2008).

Brecht R.D., Golonka E.M., Rivers W.P.& Hart M.E. (Eds.).Language and Critical Area Studies after September 11: An Evaluation of the Contributions of Title VI/FH to the National Interest [R].Report submitted to the U.S.Department of Education.College Park: The National Foreign Language Center at the University of Maryland, 2007.

Biddle S., *Internationalization: Rhetoric or Reality* [M]. New York: American Council of Learned Society, 2002.14.Birch, M.Statement for National Academy of Sciences on the Higher Education Act, Title VI, Part B, Centers for International Business Education, on behalf of Association for International Business Education and Research [R]. Presentation and written submission, Washington D.C.: National Research Council Committee to Review the Title VI and Fulbright-hays International Education Programs, 2006.1-20.

Buehner W.J., Language Study versus the Hydrogen Bomb [J].*The Modern Language Journal*, 1952 (2): 80-83.

Building Community of Practice for Foreign Language Teachers, *The Modern Language Journal* volume 95, issue 2 pages 296-300, summer 2011.

Board Members of the Joint National Committee on Languages, *Personal communication*, February 27, 2009.

Baum S. & Ma J. Advocacy & Policy Center of College Board: Trends in College Pricing 2010 [R].

Caldera L., & Echevarria A.J. (2001). The Strategy-resource mismatch: The US Amy is the nation's premier global engagement and operations-other-than-war force. *Armed Forces Journal International*, March, 32.

Center for Quality Assurance in International Education, The Globalization of the Professions in the United States and Canada: A Survey and Analysis, Washington DC: CQAIE, 2000.

Cooper R. L., *Language Planning and Social Change* [M]. Cambridge: Cambridge University Press, 1989.

Committee for Economic Development (2006). Education for global leadership: The importance of international studies and foreign language education for U.S. Economic and national security. Washington DC: Committee for Economic Development.

Crystal D. *English as a Global Language* [M]. Beijing: Foreign Language Teaching and Research press, 2001.23.

Crump T. (2001). Translation and interpretation in the US Government 2001. Alexandria, VA: The American Translator Association.

Crump T. (1985). Translation and interpretation in the US Government 2001. Alexandria, VA: The American Translator Association.

Colvin R. & Nelson S. (2001). After the attack; Foreign affairs; FBI issues call for translators to assist problem. LosAngeles: Bilingual Education Service.

College Board Advocacy & Policy Center. The College Completion Agenda [R/OL]. Congressional Record [Z]. House, October 29, 1979.29844.

Committee on Appropriations, H.Rpt.107-229 (2001), P.16.

Crawford, James. *Bilingual Education : History, Politics. Theory and Practice* [M]. LosAngeles: Bilingual Education Service, 1995.

Colin Baker, *Foundations of Bilingual Education and Bilingualism* [M]. Clevedon: Multilingual Matters Ltd Bernard, 1996.

Changing Minds, Winning Peace: A New Strategic Direction for U.S. Public Diplomacy in the Arab& Muslim World, US Department of State, 2004.

Desai Zubeida &Nick Taylor, *Language and Education in South Africa*, p169, 转引自周玉忠、王辉主编《语言规划与语言政策：理论与国别研究》，中国社会科学出版社 2004 年版。

David Crystal, *English as a Global Language* Cambridge University Press, 1997.

DoD Regional Capabilities: The Way Ahead: Regional and Cultural Expertise, Building a DoD Framework to Meet National Defense Challenges, white paper: Oct 2007, page 3.

Defense Science Board, "2004 Summer Study on Transition To and From Hostilities," Supporting Papers, Office of the Under Secretary of Defense For Acquisition, Technology, and Logistics, January 2005, 67.

Defense Science Board, "2004 Summer Study on Transition To and From Hostilities," Supporting Papers, Office of the Under Secretary of Defense For Acquisition, Technology, and Logistics, January 2005, 79.

Defense Language Transformation Roadmap (Washington D.C.: Department of Defense, January 2005, http://www.global-security.org/military/library/policy/dod/d20050330roadmap.pdf.

DoD Regional Capabilities: The Way Ahead: Regional and Cultural Expertise, Building a DoD Framework to Meet National Defense Challenges, white paper: Oct 2007, page 2.

DoD Regional Capabilities: The Way Ahead: Regional and Cultural Expertise, Building a DoD Framework to Meet National Defense Challenges, white paper: Oct 2007, page 2.

Education for Economic Security Act, PUBLIC LAW 98-377, Executive Order 13166, August 20, 2000.

Empowering beginning language teachers through global community of practice.Building Community of Practice for Foreign Language Teachers.The Modern Language Journal., Volume 95, Issue 2.P296-300.Summer 2011.Frederick H. Jackson, Margaret, E. Malone, *Building the Foreign Language Capacity We Need: Towards a Comprehensive Strategy for a National Language Framework*, 2008.

Furman N., Goldberg D.& Lusin N.Enrollments in Languages Other Than

English in United States Institutions of Higher Education, Fall 2009 [R]. New York: MLA Web publication, 2010.

Freeman D.L & Long M.H. *An Introduction to Second Language Acquisition Research*. Beijing: Foreign Language Teaching and Research Press, 2000. P.173.

Gramsci, Antonio. *Prison Notebooks*, Beijing: People Press, 1983. (安东尼奥·葛兰西:《狱中札记》, 葆熙译, 人民出版社1983年版。)

Hans J.Morgentllau. *In Defense of the National Interest: A Critical Examination of American Foreign Policy* [M]. New York. Alfied A.Knopf.1951.172

House Permanent Select Committee on Intelligence (2001.p.17).

Helms R. M., *Inhabiting the Borders: Foreign Language Faculty in American Colleges and Universities* [M]. New York & London: Routledge: Taylor & Francis Group, 2005, 45.

Ingold C.W. &Wang S.C. (2010). *The teachers we need: Transforming world language education in the United States*, College Park, MD: National Foreign Language Center at the University of Maryland. Retrieved from: http://www.nflc.org/publications/the_ teachers_ we_ need.pdf.

John Conway, Civilian Language Education in America: How the Air Force and Academia Can Thrive Together [J]. *Air & Space Power Journal* (*ASPJ*).

Jeffrey Bale. Language Education and Imperialism: The Case of Title Ⅵ and Arabic [J]. *Journal for Critical Education Policy Studies*, 2010. vol.9. no.1 375-409.

Johnson L. B., Remarks at the Smithsonian Institution at a Ceremony Marking the 200th Anniversary of the *Encyclopedia Britannica* [Z]. http://www.presidency.ucsb.edu/ws/index.php? pid=28606&st=&st1=.2009.11.

Joseph S.Nye, Jr., *The War on Soft Power*, April 12, 2011, http://www.foreign-policy.com/articles/2011/04/12 the_ war_ on_ soft_ power.

Jacques delsle and Avery Goldstein: *China's Global Engagement: Cooperation, Competition and Influence in the 21st Century*. Brookings Institution Press, Washington D.C.

Kramsch C. Post 9/11: Foreign languages between knowledge and power. *Applied Linguistics*, 2005 (26), 545-567.

Kim Potowski (2010). *Language diversity in the US.* Cambridge University Press.

Kelman H.C., A Time to Speak: On Human Values and Social Research. San Francisco.Jossey-Bass, 1971.

Kenneth N.Waltz, *Theory of International Politics* [M]. New York: Mac Gram Hii, 1979.112.

Kaplan, Robert B, *Language planning from practice to theory*, Robert B. Kaplan and Richard B.*Baldauf Multilingual Matters*, 1997.

K.L.Adams&DT.Brink.*Perspectives on Official Language: the Campaign of English as the Official Language of the USA* [M].Berlin and New York: Moutonde Gruyter, 13.

Leslie L Schrier & Michael E Everson (2001).*From the Margins to the New Millennium: Preparing Teachers of Critical Languages.ADFL BULLETIN.*

Lost in Translation: A Review of the Federal Government's Efforts to Development and a Foreign Language Strategy (2006, January25).Senate Committee on Homeland Security and Governmental Affairs.Retrieved on July25, 2008.

List of Current Boren Awardees, 2010 Boren Fellows.

Manjula Shinge (2008).The National Security Language Initative and the Teaching of Hindi.*Language, Culture and Curriculum*, Taylor & Francis.

Metz S., American Strategy: Issues and Alternatives for the Quadrennial Defense Review [R].Strategic Studies Institute, 2000: 95.

Michelle Austein Brooks: Clinton Hilary will try to revive the American leadership by diplomacy, January 13, 2009, American International Informational Bureau of Department of State, America Reference.

Marine Corps Vision and Strategy 2025 (June 2008).

Metzler J.M., *Challenges for Title VI Programs of Outreach in Foreign Language and International studies* [A].In J.M.Hawkins and C.M.Haro. (Eds.). *International Education in the New Global Era: Proceedings of a National Policy Conference* [C].Los Angeles: International and Overseas Program, University of California, 1997.17-133.Manhattan, New York City, 2010: 4.

National Security Agency Act of 1959, Public Law 86-36.

National Commission on Terrorist Attacks Upon the US. (2004) Reforming law enforcement, counter-terrorism, and intelligence collection in US (Tenth Public Hearing, Staff statement No.12) Available: http://www.9-11 Commission.gov/staff _ statements/index.htm (accessed Feb.2007).

Nye,.J.S, Jr.Soft power [J] *Foreign Policy*, Fall 1990.

Nye..J.S, Jr.*Soft Power: The Means to Success in World Politics* [M]. NewYork: public Affairs, 2002: 25.

National Commission on Terrorist Attacks Upon the US. (2004) Reforming law enforcement, counter-terrorism, and intelligence collection in US (Tenth Public Hearing, Staff statement No.12) Available: http://www.9-11 Commission.gov/staff _ statements/index.htm (accessed Feb.2007).

Nordin G. H. (1999). Language and the Department of Defense: Challenges for the 21st century.An Interview with Glenn H.Nordin, Assistant Director of Intelligence Policy. (Language and Training) Office of the Assistance Secretary of Defense, C3I.NFLC Policy Issues, Vol.2 number 2, December.

National Commission on America's National Interests, America's National Interests (2000), Executive Summary, p.2.

National Geographic Society and Roper ASW. (2002, November). Roper2002 global geographic literaphic literacy survey. Retrieved July23. 2008, fromhttp://www. national geographic. com/geosurvey2002/download/ Roper survey.pdf.

National Association of State Boards of Education (2003, October). Ensuring a place for the arts and foreign languages in Ameria's school.The Complete Curriculum.Alexandria, VA: NASBE.

National Flagship Language Initiative [EB/OL].

National Security Language Initiative [J]. *Journal of International Security Assistance Management*.Volume28, Issue 2, 2006, 28 (2): 115-116.

Nancy C.Rhodes and Ingrid Pufahl, *Foreign Language Teaching in U. S. School Result of a National Survey*, 2010.

O'Connell, M.E.& Norwood J.L. (Eds.) *International Education and Foreign Languages: Keys to Secure America's Future* [C].Washington D.C.: The National Academies Press, 2007.18.

O'Connell, M.E.& Norwood J.L. (Eds.) *International Education and Foreign Languages: Keys to Secure America's Future [C]. Washington D.C.: The National Academies Press, 2007.94-95.

Not Gail McGinn states "over 88%" in Gail H. McGinn, "Statement of Mrs.Gail H.McGinn, Deputy Under Secretary of Defense for Plans and the Department of Defense Senior Language Authority before the House Armed Services Committee Subcommittee on Oversight and Investigations," September 10, 2008, page 8.

Peyre, H.The Need for Language Study in America Today [J].*The Modern Language Journal*, 1956 (6): 323-334.

Petro, M. (2007) Testimony on national language needs to the Senate Subcommittee on Oversight of government management, the Federal Workforce and the District of Columbia.

Paul Simon. Securing Ameria'Future: Global Education in a Global Age [R].Association of National Foreign Language Center, Policy Issues, 1999.

"Quadrennial Defense Review 2006", http://www.com.org/qdr/qdr2006.pdf.

"Quadrennial Defense Review 2006", http://www.com.org/qdr/qdr2006.pdf.

Ruiz. Orientations in Language Planning, 1998. *NABE Journal*, 1984 (2): 23-25.

Richard D. Brecht (2007). National language educational policy in the nation's interests: Why? How? Who is responsible? *The Modern Language Journal*, 91, 264-265.

Rush D. Holt, Introduction of National Security Language Act, Congressional Record: December 9, 2003, p2493, [EB/OL] http://www.fas.org/congress/2003_ cr/3676.htrnl.

Report of the Joint Inquiry into the Terrorist Attacks of September11, 2001, Systemic Finding6, p.xvi.

Rear Admiral Daniel P Holloway, USN, Director, *Military Personnel Plans and Policy Division* (OPNAV N 13), Statement before the US House, Armed Services Committee Marine Corps Vision and Strategy 2025 (June 2008).

参考文献

Richard D Brecht, EwaGolonia, Mary Elizablth Hare, William P Rivers, *National Capacity in Language and Area Studies, Post 9/11: An Evaluation of the Impact of Title Ⅵ/Fulbright-Hays of the Higher Education Act.*

Remarks Delivered by Secretary Spellings at the U.S. University President Summit on International Education, http://www.ed.gov.news speeches/2006/01/01062006.html.

Richard D. Brecht and William P. Rivers, US Language Policy in Defense and Attack. Spolsky, B. *Sociolinguistics* [M]. Oxford: Oxford University Press, 1998.

Road-map for Improving the Language Capabilities of the Intelligence Community: Strategic Direction for Intelligence Community Foreign Language Activities.

Ronald D. Liebowitz, *The Foreign Language Challenge: What America Must Do to Achieve Competence*, March 24, 2006.

Stephen Schwalbe, Potential Air Force Shortfalls in Implementing the Defense Language Transformation Roadmap [J]. *Air & Space Power Journal (ASPJ)*.

ShuHan C Wang, Building Societal Capital: Chinese in the US Language Policy 2007 (6): 27-52.

Swenson, Steven Robert (1999). International Education and the National Interest: The National Defense Education Act of 1958, the International Education Act of 1966, and the National Security Education Act of 1991. PhD. thesis: University of Oregon, Eugene, Oregon.

Scarfo, R.D. (1998) The history of Title Ⅵ and Fulbright-Hays. In J.N. Hawkins (Ed.), *International Education in the New Global Era: Proceedings of a National Policy Conference on the Higher Education Act*, Title Ⅵ, and Fulbright - Hays Programs (pp. 23 - 25). Los Angeles, CA: Los Angeles International Studies and Overseas Programs, University of California.

Samuel R Huntington. The Erosion of American National Interests [J]. *Foreign Affairs*, September/October, 1997.

Spolsky, Bernard, *Language Policy*. UK: Cambridge University Press, 2004, 8.

Skutuabb Kangas, Tove &Pillipson. Robert. *Linguistic Human Right: Overcoming Linguistic Discrimination.* [M].Berlin/NY: Mouton de Gruyter, 1994.

Statement for the Record by Mr. William B. Black, Deputy Director, National Security Agency, Before the House Permanent Select Committee On Intelligence : Building Capabilities: the Intelligence Community's National Security Requirement for Diversity of Language, Skills, and Ethnic and Cultural Understanding, 5 November2003, P.2 of 12.

Scarfo, R.*The History of Title VI and Fullbright-Hays* [A].In Hawkins J. N., Haro C.M., Kazanjian M.A., Merkx G.W.& Wiley D. (Eds.) *International Education in the new global era: Proceedings of a National Policy Conference on the Higher Education Act*, Title VI and Fulbright-Hays programs [C]. Los Angeles: University of California, 1998.23-25.

Stoltman, J.P. (2002) The 2001 National assessment of educational progress in geography.Retrieved from ERIC database (ED 468593).

Slater, J.*Legislative History of Title VI/F* [A]. In Mary Ellen O'Connell and Janet L.Norwood, (Eds.) *International Education and Foreign Languages: Keys to Secure America's Future* [C].Washington D.C.: The National Academies Press, 2007.267-283.Singapore: Time Academic Press, 28.

Transformation Roadmap [J]. *Air & Space Power Journal (ASPJ)*.

Terrence G.Wiley (2007), The Foreign Language "Crisis" in the US: Are Heritage Language and Community Languages the Remedy? *Critical Inquiry in Language Studies*, Taylor & Francis.

Talbot M., Atkinson K.& Atkinson D.*Language and Power in the Modern World* [M].Tuscaloosa: The University of Alabama Press, 2003.264.

Testimony of ELLEN Laipson, Vice Chairman, National Intelligence Council, before the Subcommittee on International Security, Proliferation and Federal Services, Senate Committee on Governmental.

The 1998 Amendments to the Higher Education Act of 1965, P.L. 105-244.

Teaching Language for National Security and American Competitiveness, January 2006.US Department of Education, Archived Information.

Thompson R.T.*Modern Language Teaching in the Uncommonly-taught Languages [A].In Dale L Lange (Ed.) *Pluralism in Foreign Language Education* [C].ACTFL Review of Foreign Education, Volume 3.Skokie, Illinois: National Textbook Company, 1973.279-309.

Terrence G.Wiley (2007), The Foreign Language "Crisis" in the US: Are Heritage Language and Community Languages the Remedy? *Critical Inquiry in Language Studies*, Taylor & Francis.

The White House, The National Security Strategy, Sept. 2002. http://www.white-house.gov/nsc/nss/2002/.

The National Commission on terrorist attacks upon the United State (2004), Staff Statement 12.

Teaching Language for National Security and Global Competitiveness: U.S. Department of education Fact Sheet. Available at: http://www.ed.gov/news/pressreleases/2006.html.August 25, 2007.

US Commission on National Security in 21st Century.Roadmap for National Security: Imperative for Change.p.88.

U. S. House of Representatives, Committee on Armed Services, Subcommittee on Oversight and Investigations, "*Building Language Skills and Cultural Competencies in the Military: DoD's Challenge in Today's Educational Environment*," November 2008, Committee Print 110-12 45-138, p 61-64; Government Accountability Office (GAO), "Review of DoD's Language and Cultural Awareness Capabilities: Preliminary Observations, November 24, 2008, p 11.

U.S. Department of Education. *Strategic Plan for Fiscal Years* 2007-12 [R].Washington D.C., 2007: 23.

U.S. Department of Education.*Expanding the Advanced Placement Incentive Program* [EB/OL].

Walter C Parker, International Education in US Public Schools [J]. *Globalization, Society and Education*, September-November 2011.

Welles E.B., Foreign Language Enrollments in United States Institutions of Higher Education, Fall 2002 [J].*ADFL Bulletin*, 2004, (2-3): 7-26.

Wiley D., The Importance of Ⅵ Programs that Develop Research and Teaching Materials—The Technological Innovation and Cooperation for Foreign

Information Access Program and International Research and Studies Program [R]. Washington D.C.: National Research Council Committee to Review the Title Ⅵ and Fulbright-hays International Education Programs, 2006. White House, National Strategy for Combating Terrorism (2003), p.16.

Wang S.C. (2004), Bi-literacy Eco-system of inter-generational transmission of heritage language and culture: An ethnographic study of a Chinese community in the US Unpublished Ph. D Dissertation, University of Pennsylvania, Philadelphia, PA.

Walton R.A., *Expand the vision of Foreign language education: Enter the less-commonly Taught languages* [A].In Ellen S.Silber (Ed.).*Critical Issues in Foreign language Instruction* [C]. New York & London: Garland Publishing, 1991.162.

Wardhaugh, Ronald. 1987. *Languages in Competition: Dominance, Diversity, and Decline.*Oxford: Basil Blackwell Ltd, p.6.

Wang S.C., Jackson F.H., Mana M., Liau R.&Evans B. (2010).Resource Guide to Developing Linguistic and Cultural Competency in the United States.College Park, MD: National Foreign Language Center at the University of Maryland.Retrieved from: http://www.nflc.org/publications/.

ZH.W.Kam &R.L.Wong (eds.).*Language Policy Learning in East Asia in the Next Decade* [Ml.Japanese Language Education in the U.S.

中文参考文献

艾萍:《论语言安全与民族文化安全》,硕士学位论文,中南民族大学,2009 年版。

奥利·维夫在《新安全论》中有大量关于言语行为的分析,这是他在 1989 年完成的手稿《安全与言语行为》(Security and Speech Acts),参见 [英] 巴瑞·布赞的《新安全论》,朱宁译,中文版前言,浙江人民出版社 2003 年版。

[英] 巴瑞·布赞等:《新安全论》,浙江人民出版社 2003 年版。

常庆波、糕宝山:《论冷战后的非传统安全问题》,《开封教育学院学报》2005 年第 6 期。

蔡拓:《全球问题与当代国际关系》,天津人民出版社 2002 年版。

从丛、李联明：《美国高校外语教育服务国家安全战略的启示》，《教育学研究》2008年第10期。

陈赟：《20世纪90年代以来美国教育发展战略分析》，《外国中小学教育》2003年第11期。

蔡永良：《美国的语言教育与语言政策》，上海三联书店2002年版。

陈倩：《美国华文教育的现状与启示》，《比较教育研究》2010年第3期。

陈卫东：《全球化背景下的美国联邦高等教育战略分析》，硕士学位论文，首都师范大学，2001年。

从丛、李联明：《论美国大学外语教学如何与国家安全战略发生联系》，《南京社会科学》2008年。

曹迪：《国家文化利益视角下的中国语言教育政策研究》，博士学位论文，北京师范大学，2011年。

陈章太：《语言资源与语言问题》，《云南师范大学学报》（哲学社会科学版）2009年。

陈章太：《语言规划研究》，商务印书馆2005年版。

蔡永良：《论美国的语言政策》，上海三联书店2007年版。

成有信：《教育政治学》，江苏教育出版社2000年版。

陈东东：《美国的中文教学：从小语种发展到关键语言》，《汉语国际传播研究》2011年第2期。

蔡永良：《美国的语言教育与语言政策》，上海三联书店2007年版。

曹迪：《国家文化利益视角下的中国语言教育政策研究》，博士学位论文，北京师范大学，2011年。

查默斯·约翰逊：《帝国的悲哀》，上海人民出版社2005年版。

蔡永良：《2012年北京外国语大学的语言政策及语言规划研讨会发言摘要》。

程爱民等：《对美汉语教学论集》，外语教学与研究出版社2007年版。

戴曼纯：《国家语言能力、语言规划与国家安全》，《语言文字应用》2011年第11期。

丁安琪：《美国星谈语言教师培训项目论析》，《云南师范大学学报》（汉语国际教学与研究版）2010年1期。

俫晓梅：《国家安全视阈下的中国外语教育政策问题研究》，《社会科学辑刊》2011年第2期。

［美］丹尼斯·朗：《权力论》，陆震纶译，中国社会科学出版社2001年版。

冯大鸣、赵中建：《世纪初美、英、澳国家教育战略述评》，《教育发展研究》2002年第10期。

冯大鸣、赵中建：《"9·11"后美国教育战略调整的两个标志》，《教育发展研究》2003年第3期。

傅勇：《非传统安全与中国》，上海人民出版社2007年版。

［美］弗雷德·桑德曼：《国家利益》，《环球季刊》1977年第1期。

高书国：《教育战略规划——复杂—简单理论》，教育科学出版社2009年版。

高书国：《教育战略规划》，博士学位论文，北京师范大学，2007年。

郭熙：《华文教学概论》，商务印书馆2007年版。

郭熙：《论华语视角下的中国语言规划》，《语言研究》2006年第1期（总第98期）。

郭家栓：《美国外语教育史——60年代末到现在》，《佛山大学学报》1993年第3期。

郭玉贵：《全球化背景下美国教育政策的战略调整（摘要）》，《中国高等教育评估》2005年第4期。

郭树勇：《建构主义与国际政治》，长征出版社2001年版。

胡明勇、雷卿：《中美语言政策和规划对比研究及启示》，《三峡大学学报》（人文社会科学版）2005年第6期。

胡文仲：《我国外语教育规划的得与失》，《外语教学与研究》2001年第4期。

胡文仲：《关于我国外语教育规划的思考》，《外语教学与研究》2011年第1期。

胡德海：《教育学原理》，甘肃教育出版社2006年版。

胡国成、韦伟、王荣军：《21世纪的美国经济发展战略》，中国城市出版社2002年版。

胡壮麟：《语言规划》，《语言文字应用》1993年第1期。

贺川生：《美国语言新产业调查报告：品牌命名》，《当代语言学》

2003年第1期。

豪根：《语言学与语言规划》，林书武译，《国外语言学》1984年第3期。

黄永垠：《互联网与国家安全》，《中国党政干部论坛》2010年第2期。

黄宏：《安全语言之所以"关键"，从美国媒体有关汉语教学的报道看美国"汉语热"的相关背景》，《国际汉语教学动态研究》2008年。

金志茹：《试论我国目前的外语教育政策》，《吉林师范大学学报》2008年第3期。

巨静：《9·11之后美国外语教育的进退维谷及其启示》，《赤峰学院学报》2010年第8期。

贾爱武：《以国家安全为取向的美国外语教育政策》，《比较教育研究》2007年第4期。

焦希武、万首圣：《国际间谍》，群众出版社1988年版。

康均心：《论我国的国家安全战略》，《武汉大学学报》（哲学社会科学版）2006年第3期。

《孔子学院章程》（试行）第一章总则第一条，参见www.jyb.cn。

廖亚辉、徐容雅：《论全球化背景下我国国家安全战略转移》，《郴州师范高等专科学校学报》2003年第6期。

鲁子问：《我国义务教育外语课程目标质疑与重构》，《课程·教材·教法》2007年第7期。

刘微：《外语语言教育与新疆稳定和国家安全的思考》，《新疆教育学院学报》2010年第3期。

李宇明：《提升国家语言能力的若干思考》，天津语言培训与测试中心2010年工作总结暨"十二五"规划会议，2011年1月15日。

李宇明：《中国外语规划的若干思考》，《外国语》2010年第1期。

李英姿：《美国语言政策研究》，博士学位论文，南开大学，2009年。

陆忠伟：《非传统安全论》，时事出版社2003年版。

[美]罗伯特·阿特：《美国大战略》，郭树勇译，北京大学出版社2005年版。

鲁子问：《外语影响中国国家安全的形态与对策建议》，《国际关系学院学报》2011年。

李联明:《后"9·11"时代美国高等教育国际化新发展研究》,博士学位论文,南京大学,2012年。

刘海涛:《语言规划的动机分析》,《北华大学学报》(社会科学版)2007年。

鲁子问:《美国外语政策的国家安全目标对我国的启示》,《社会主义研究》2006年第3期。

吕祥:《美国国家战略传播体系初探》,载《美国的逻辑:意识形态与内政外交》,中国经济出版社2011年版。

[英]罗素:《权力论》,商务印书馆1991年版。

李景鹏:《权力政治学》,黑龙江教育出版社1995年版。

刘栋:《美国2006年版国家安全战略报告》,《国际资料信息》2006年第6期。

刘海涛:《语言规划的动机分析》,《北华大学学报》(社会科学版)2007年。

[美]罗伯特·罗斯:《美中和睦:大国政治、影响范围与东亚和平》,《世界经济研究》2004年第3期。

鲁子问:《外语影响中国国家安全的形态与对策建议》,《国际关系学院学报》2011年第6期。

刘永涛:《话语作为(不)安全实践:语言、理论和"邪恶轴心"》,《世界经济与政治》2008年第5期。

[美]罗伯特·阿特:《美国大战略》,北京大学出版社2005年版。

李宇明:《国外语规划的若干思考》,《外国语》2010年。

门洪华:《霸权之翼:美国国际制度战略》,北京大学出版社2005年版。

[美]迈克尔·亨特:《意识形态与美国外交政策》,津元译,世界知识出版社1999年版。

孟凡礼等:《国家安全战略的四种文化视角初探》,《国防科技》2009年。

[德]马克斯·韦伯:《经济与社会》(上卷),荣远译,商务印书馆2004年版。

[法]米歇尔·福柯:《必须保卫社会》,上海人民出版社1999年版。

尼克松：《真正的战争》，世界知识出版社 2000 年版。

［美］诺姆·乔姆斯基：《霸权还是生存：美国对全球统治的追求》，张鲲译，上海译文出版社 2006 年版。

彭念：《孟加拉国——美国南亚政策的新焦点》，《全球经济》2012 年。

《全面建设小康社会，开创中国特色社会主义事业新局面》，中国经济网。

群懿等：《外语教育发展战略研究》，四川教育出版社 1991 年版。

萨本望：《我国安全观的变化及新的"普遍安全观"的主要特征》，《世界经济与政治论坛》2000 年第 1 期。

沈骑：《当代东亚外语教育政策发展研究》，北京大学出版社 2012 年版。

苏金智、张强、杨亦鸣：《国家语言能力理论新框架研究》，《汉字文化》2019 年。

孙渝红：《语言教育与国家战略》，博士学位论文，西南大学，2009 年。

［美］塞缪尔·亨廷顿：《文明的冲突与世界秩序的重建》，周琪等译，新华出版社 2002 年版。

孙大廷：《美国教育战略的霸权向度》，吉林大学出版社 2009 年版。

时殷弘、陈然然：《论冷战思维》，《世界经济与政治》2001 年第 6 期。

佟晓梅：《国家安全视阈下中国外语教育政策问题研究》，《社会科学辑刊》2011 第 2 期。

王逸舟：《中国与非传统安全》，《国际经济评论》2004 年第 11—12 期。

王辉：《近二十年澳大利亚外语教育政策演变的启示》，《北华大学学报》（社会科学版）2010 年第 12 期。

王建勤：《美国安全语言战略与我国国家安全语言战略》，《云南师范大学学报》（哲学社会科学版）2010 年第 3 期。

王辉：《澳大利亚语言政策研究》，中国社会科学出版社 2010 年版。

王逸舟：《"非典"与非传统安全》，《中国社会科学院研究生院学报》2003 年第 4 期。

王逸舟：《全球化时代的国际安全》，上海人民出版社 1999 年版。

文秋芳、苏静、监艳红：《国家外语能力的理论构建与应用尝试》，《中国外语》2011 年第 3 期。

王建勤：《汉语国际推广的语言标准建设与竞争策略》2008 年第 1 期。

王建勤：《语言问题安全化与国家安全对策研究》，《语言教学与研究》2011 年第 6 期。

王建勤：《美国安全语言战略与我国国家安全语言战略》，《云南师范大学学报》（哲学社会科学版）2010 年第 2 期。

王逸舟：《国家利益再思考》，《中国社会科学》2002 年第 64 期。

王春霞：《非传统安全问题兴起的原因初探》，《兰州学刊》2008 年第 8 期。

文秋芳、苏静、监艳红：《国家外语能力的理论建构与应用尝试》，《中国外语》2010 年。

魏晖：《国家语言能力有关问题探讨》，《语言文字应用》2015 年第 11 期。

吴遵民：《基础教育决策论》，华东师范大学出版社 2006 年版。

吴忠：《美国加州参议会出台新法案，中文学校将成为主流校》[N/OL]．中国新闻网。

王华丹：《知己知彼 百战不殆——谈国家安全对外语能力建设的需求》，《江西教育学院学报》2011 年第 2 期。

熊光楷：《协力应对非传统安全威胁的新挑战》，《世界知识》2005 年第 15 期。

肖晞：《加强中国国家安全战略的思考》，《中国外交》2011 年第 9 期。

肖舜良：《美国外语政策与美国汉语传播》，《汉语国际传播研究》2011 年第 2 期。

许琳：《汉语国际推广的形势和任务》，《世界汉语教学》2007 年第 2 期（总 80 期）。

俞可平：《全球治理引论》，《马克思主义与现实》2002 年第 1 期。

叶江：《全球治理与中国的大国战略转型》，时事出版社 2010 年版。

杨发仁：《民族分裂主义思潮和宗教极端主义思潮剖析》，《实事求是》2002 年第 3 期。

杨惠中、桂诗春：《语言测试的社会学思考》，《现代外语》2007 年第 4 期。

俞晓秋：《非传统安全论析》，《现代国际关系》2003 年第 5 期。

余潇枫：《非传统安全蓝皮书：中国非传统安全研究报告（2011—2012）》，社会科学文献出版社 2012 年版。

闫秋菊：《试论俄语在中国国家语言战略中的地位和作用》，《中国俄语教学》2011 年第 2 期。

于歌：《美国的本质》，当代中国出版社 2006 年版。

于泓珊：《葛兰西文化霸权理论与美国语言政策》，硕士学位论文，天津师范大学，2008 年。

[美]约瑟夫·奈：《软力量：世界政坛成功之道》，吴晓辉等译，东方出版社 2005 年版。

[美]约翰·米尔斯海默：《大国政治的悲剧》，王义桅、唐小松译，上海人民出版社 2003 年版。

[美]约翰·F.沃克（John F. Walker），哈罗德·G.瓦特（Harold G. Vatter）：《美国大政府的兴起》，刘进、毛喻原译，重庆出版社 2001 年版。

于泓珊：《葛兰西文化霸权理论与美国语言政策》，硕士学位论文，天津师范大学，2008 年。

张静：《对新时期国家安全战略的思考》，《人民论坛》2012 年第 20 期。

赵蓉晖：《国家安全视域的中国外语规划》，《云南师范大学学报》2010 年第 2 期。

张正东：《中国外语教育政策漫议：外语教育是把双刃剑》，《基础教育外语教学研究》2006 年第 1 期。

赵蓉晖：《国家安全视域的中国外语规划》，《云南师范大学学报》2010 年第 2 期。

赵世举：《全球竞争中的国家语言能力》，《中国社会科学》2015 年第 3 期。

张治国：《国家战略视角下的外语与外语政策——2010 年中国外语战略论坛述评》，《现代外语》2010 年。

张治国：《全球化背景下中美语言教育政策的比较研究》，博士学位论文，华东师范大学，2009年。

中国社会科学院语言研究所词典编辑室：《现代汉语词典》，商务印书馆2002年版（增补本）。

张治国：《中国的"关键外语"探讨》，《外语教学与研究》2011年第1期。

孙大廷：《美国教育战略重塑与维护霸权的国家意向》，《东北亚论坛》2009年第5期。

周明朗：《语言意识形态和语言秩序：全球化与美中两国的多语（教育）战略》，《暨南学报》（哲学社会科学版）2009年第1期。

赵学功：《当代美国外交》，社会科学文献出版社2001年版。

张爽：《冷战后美国国家安全战略的抉择——民族主义视角的思考》，华中师范大学学报（人文社会科学版）2013年第S2期。

《中国威胁论在美国兴起，可能影响对华外交政策》[OL]. http：//www.cnr.cn/allnews/201011/20101119_507347829.html.

转引自潘文国：《汉英语对比纲要》，北京语言大学出版社1997年版。

转引自蔡辉：《语言经济学：发展与回顾》，《外语研究》2009年第4期。

赵世举：《语言观的演进与国家语言战略的调适》，《长江学术》2010年第3期。

周煦：《冷战后美国的中东政策》，五南图书出版公司2002年版。

朱文昌：《中国周边安全环境与安全战略》，北京时事出版社2003年版。

[美]兹比格纽·布热津斯基：《大棋局：美国的首要地位及其地缘战略》，中国国际问题研究所译，上海人民出版社1998年版。

周建明：《美国国家安全战略的基本逻辑：遏制战略分析》，社会科学文献出版社2009年第5期。

周庆生：《国外语言规划理论流派和思想》，《世界民族》2005年第4期。

参考网站

http：//www2.ed.gov/about/inits/ed/competitiveness/expanding-apip.

html. 2006-09-08/2011-03-15.

http：//cox.house.gov/press/coverage/2000/washposttranslators.htm.

http：//news.qq.com/a/20120715/000676.htm.

http：//www.aatk.org/html/schools.html.

http：//www.deomi.org/CulturalReadiness/documents/CulturalSummit-WhitePaper（Signed）October 2007.

See http：//www.state.gov/r/pa/prs/2006/58733.html for full details of the NSLI.

http：//www.census.gov/population/www/cen2000/phc-t20.html.

http：//www.mla.org/cgishl/docstudio/docs.pl? map_ data_ results.

http：//www.csus.edu/indiv/m/masuyama/community/history_ jpn.pdf.

http：//www.mla.org/2006_ flenrollmentsurvey.

http //：www.fas.org/irp/congress/2003_ cr/hr3676.html.

http：//news.163.com/05/0421/22/1HT8864Q00011233.html：《语言：美国 21 世纪最新武器》

http：//www.deomi.org/CulturalReadiness/documents/CulturalSummit-WhitePaper（Signed）October 2007.pdf.

http：//www.nsliforyouth.org/

http：//www.dhra.mil/website/fieldActivity/fieldActivity.shtml.

http：//grad.berkeley.edu/financial/pdf/flas_ academic_ year_ announcement.pdf.

http：//www.hanban.edu.cn/content.php? id=3258.

http：//www.voanews.com/chinese/news/20101220-US-College-Foreign-Languages-112212784.html.

http：//www.hwjyw.com/dictionary/terms/200803/20080320_ 14421.shtml.

"Quadrennial Defense Review 2006", http：//www.comw.org/qdr/qdr2006.pdf.

http：//www.2ed.gov/about/inits/ed/competitiveness/nsli-preliminary-results.pdf.

http：//completionagenda.collegeboard.org/.2011-03-13.

http：//news.sohu.com/20100607/n272617054.shtml.2010-06-07/

2010-07-05.

http://www.hsk.org.cn/Center_ intro.aspx.

http://www.nvtc.gov/lotw/months/november/USschoollanguages.htm.

http://aiislanguageprograms.org/urdu.php.

http://zh.wikipedia.org/wiki.

http://slaviccenters.duke.edu/webliogra/azerbaijani.

http://www.amesall.rutgers.edu/languages/112-hindi.

http://aiislanguageprograms.org/urdu.php.

http://zh.wikipedia.org/wiki.

http://www.ohio.edu/linguistics/swahili/index.html.

http://www.defenselink.mil/news/Mar2005/d20050330roadmap.pdf, last accessed March 10, 2006.

http://www.defenselink.mil/qdr/report/Report20060203.pdf, last accessed March 10, 2006.

http://www.dhra.mil/website/fieldActivity/fieldActivity.shtml.

Interlationlal Edueators, http://www.nafsa.org/_/Document/_/securing_ Ameria's_ future.pdf.